utb 6065

Eine Arbeitsgemeinschaft der Verlage

Brill | Schöningh – Fink · Paderborn
Brill | Vandenhoeck & Ruprecht · Göttingen – Böhlau · Wien · Köln
Verlag Barbara Budrich · Opladen · Toronto
facultas · Wien
Haupt Verlag · Bern
Verlag Julius Klinkhardt · Bad Heilbrunn
Mohr Siebeck · Tübingen
Narr Francke Attempto Verlag – expert verlag · Tübingen
Psychiatrie Verlag · Köln
Ernst Reinhardt Verlag · München
transcript Verlag · Bielefeld
Verlag Eugen Ulmer · Stuttgart
UVK Verlag · München
Waxmann · Münster · New York
wbv Publikation · Bielefeld
Wochenschau Verlag · Frankfurt am Main

Grundwissen Theologie

Herausgegeben von Klaus von Stosch

Martin Breul

Schöpfung

BRILL | SCHÖNINGH

Der Autor:
Martin Breul (*1986), Dr. phil. Dr. theol. habil., ist derzeit Vertreter der Professur für Katholische Theologie mit Schwerpunkt Systematische Theologie am Institut für Kath. Theologie der TU Dortmund. Studium der Kath. Theologie, Philosophie und Anglistik in Köln, Belfast und Münster; Promotion zum Dr. phil. an der Universität zu Köln 2015; Promotion zum Dr. theol. an der Universität Bonn 2018; Habilitation im Fach Fundamentaltheologie an der Universität Salzburg 2021. Seine Forschungsschwerpunkte sind Philosophische und theologische Gotteslehre; Religion und Evolution; Demokratie und Digitalisierung; Religion und (post-)säkulare Gesellschaft.

Bibliografische Information der Deutschen Nationalbibliothek

Die Deutsche Nationalbibliothek verzeichnet diese Publikation in der Deutschen National-bibliografie; detaillierte bibliografische Daten sind im Internet über https://www.dnb.de abrufbar.

Koninklijke Brill NV umfasst die Imprints Brill, Brill Nijhoff, Brill Schöningh, Brill Fink, Brill mentis, Brill Wageningen Academic, Vandenhoeck & Ruprecht, Böhlau und V&R unipress

www.brill.com

Printed in Germany.
Herstellung: Brill Deutschland GmbH, Paderborn
Einbandgestaltung: siegel konzeption | gestaltung

UTB-Band-Nr: 6065
ISBN 978-3-8252-6065-1
eISBN 978-3-8385-6065-6

Inhaltsverzeichnis

Danksagung

Dieses Lehrbuch wäre nicht entstanden, wenn es nicht von unterschiedlichen Seiten große Unterstützung erfahren hätte. Ich bedanke mich ganz herzlich bei Klaus von Stosch für die Aufnahme in die Reihe *Grundwissen Theologie* und bei Nadine Klassen und Sophie Stangl vom Verlag Brill | Schöningh für die wie immer herzliche und professionelle Zusammenarbeit. Dank gebührt auch meinem Dortmunder Team, welches wichtige Rückmeldungen zu verschiedenen Kapiteln des Buches in unserem Forschungskolloquium gegeben hat. Ebenso bedanke ich mich herzlich bei Franz Gruber und Markus Knapp für einen intensiven Forschungs-Retreat in den Österreichischen Bergen zu Fragen der Schöpfungstheologie. Für die redaktionelle Überarbeitung und Korrektur des Manuskripts sowie für hilfreiche inhaltliche Hinweise bedanke ich mich bei meiner Mitarbeiterin Paula Schütze.

Der größte Dank gebührt den Studierenden der Katholischen Theologie an der Technischen Universität Dortmund, da ich viele Ideen aus diesem Buch in verschiedenen Lehrveranstaltungen mit ihnen ausprobieren konnte und das Buch durch ihre Rückmeldungen entscheidend verbessert worden ist.

Dortmund, im März 2023 — Martin Breul

Die letzte Frage ist immer: warum ist überhaupt etwas, warum ist nicht nichts?

Friedrich Joseph Wilhelm Schelling[1]

Das Reich Gottes kommt nicht so, dass man es beobachten könnte.
Man kann auch nicht sagen: Seht, hier ist es!, oder: Dort ist es!
Denn siehe, das Reich Gottes ist mitten unter euch.

(Lk 17, 20f.)

1 Philosophie der Offenbarung, 12. Vorlesung.

Einleitung

„Im Anfang schuf Gott Himmel und Erde“ (Gen 1,1) – schon der erste Satz der Bibel bringt zum Ausdruck, dass die Rede von Schöpfung als zentrale Basiskategorie des Christentums verstanden werden sollte. Würde man die Idee, dass das Universum eine Schöpfung Gottes ist, aufgeben, wäre nicht mehr viel vom christlichen Bekenntnis übrig, da diese Idee sich als Hintergrundrauschen durch nahezu alle anderen christlichen Glaubensüberzeugungen zieht.

Daher verwundert es auch nicht, dass die Relevanz der Rede von Schöpfung an allen klassischen theologischen Erkenntnisorten belegt werden kann: Die Bibel ist voll von schöpfungstheologischen Aussagen, und es gehört zu ihrem gar nicht weiter thematisierten lebensweltlichen Hintergrund, dass die Welt eine Schöpfung Gottes ist (Erkenntnisort: Schrift). Die Rede von Schöpfung bildet sodann den Hintergrund der Ausbildung des christlichen Glaubensbekenntnisses in den ersten Jahrhunderten nach Christus – nicht nur bestimmte christliche Grundüberzeugungen wie die der ‚*creatio ex nihilo*‘, der Schöpfung der Welt aus dem Nichts, entwickeln sich, sondern es werden im Laufe der Jahrhunderte auch ausgefeilte schöpfungstheologische Entwürfe formuliert (Erkenntnisort: Tradition). Diese Einsicht wird im Laufe der Jahrhunderte in kirchlichen Enzykliken immer wieder betont – vor einigen Jahren erfuhr beispielsweise die sogenannte ‚Umwelt-Enzyklika‘ *Laudato Si* von Papst Franziskus eine große öffentliche Aufmerksamkeit (Erkenntnisort: Kirche). Zudem ist es nicht ohne größere Widersprüche möglich, an einen liebenden und geschichtsmächtigen Gott zu glauben und ihm zugleich jede schöpferische Lebensmacht abzusprechen – das Umfasstsein jedes Menschen von göttlicher Liebe erfordert es in logischer Hinsicht, Gott eine lebensbejahende Schöpfungsmacht zuzusprechen, da andernfalls nicht klar wird, was es überhaupt heißen soll, von göttlicher Liebe umfasst zu sein (Erkenntnisort: Vernunft). Zu guter Letzt scheinen gegenwärtige Entwicklungen wie die sich verschärfende ökologische Krise oder die Versuche der technologischen Verfügbarmachung menschlichen Lebens die grundlegende schöpfungstheologische Frage nach dem Sinn und Zweck des Seins neu anzuschärfen, was die Notwendigkeit einer plausiblen und in der säkularen Moderne anschlussfähigen Schöpfungstheologie aufzeigt (Erkenntnisort: Zeichen der Zeit).

Es lässt sich also festhalten, dass die Rede von der Schöpfung des Universums durch Gott ins Herz des christlichen Glaubens zielt. Die Auffassung, dass die Welt eine Schöpfung Gottes ist, lässt sich nicht aufgeben, ohne zugleich das eigene Christ-Sein aufzugeben. Zudem ist sie so grundlegend, dass sie als eine der großen Gemeinsamkeiten der großen monotheistischen Religionen begriffen werden kann. Mit Klaus von Stosch lässt sich sagen, dass „der Glaube an den Schöpfergott eine der offensichtlichsten Gemeinsamkeiten von Judentum, Christentum und Islam [ist]. Dabei eint alle drei Religionen die Annahme, dass Schöpfung den freien Ausgang der Welt aus Gott bezeichnet. Schöpfung wird dadurch als ein spontaner, ungeschuldeter und freier Akt der Zuwendung konzipiert und nicht als Erfüllung eines göttlichen Bedürfnisses oder einer übergeordneten Notwendigkeit.“[1] Die Rede von der Schöpfung ist also eine tragende Säule aller monotheistischen Religionen.

Zugleich aber erweist sich die christliche Rede von der Schöpfung der Welt durch Gott in den pluralen und säkularen Gesellschaften des Westens im 21. Jahrhundert als unselbstverständlich und rechtfertigungsbedürftig. Vielleicht könnte man sogar von einer Krise des Schöpfungsglaubens sprechen, die von einer Vielzahl von Entwicklungen ausgelöst wird: Hat sich die Auffassung, dass die Wirklichkeit eine göttliche Schöpfung sei, nicht in den Augen vieler durch die moderne Naturwissenschaft erledigt? Ist diese Auffassung vielleicht sogar in einem strikt empirischen Sinne widerlegt? Führt die Rede von Schöpfung zu einer unplausiblen Alleinstellung des Menschen, die angesichts der Erkenntnisfortschritte in der Evolutionstheorie, der Psychologie, den Neurowissenschaften oder auch angesichts der neuen Entwicklungen mit Blick auf Künstliche Intelligenz nicht länger als angemessen gelten kann?

Sigmund Freud hat diese Erkenntnisfortschritte auch als ‚Kränkungen der Menschheit‘ bezeichnet: Seit *Kopernikus* wissen die

1 Stosch, Klaus von: Gott als Schöpfer denken, in: Ders.: Einführung in die Komparative Theologie, Paderborn 2021, 41–58, hier 41.

Menschen, dass die Erde nicht im Zentrum des Universums steht und sich nicht die Sonne um die Erde, sondern die Erde um die Sonne dreht. Kosmologisch betrachtet ist der Lebensraum des Menschen nicht der Nabel des Universums. Seit Darwin wissen die Menschen, dass sie aus einem evolutiven Prozess hervorgegangen sind und Vorfahren im Tierreich haben – sie sind genauso Teil der Naturgeschichte wie andere Tierarten. Sodann reiht Freud – was sicherlich umstritten ist – seine Psychoanalyse als dritte Kränkung des Menschen in diese Auflistung ein: Die moderne Psychologie zeige, dass Menschen häufig nicht ‚Herr im eigenen Haus' seien – sie seien nicht immer bloß rationale Wesen, sondern oft von Instinkten, Trieben und unterbewussten Prozessen beeinflusst. Heutzutage könnte man, gewissermaßen als vierte Kränkung des Menschen, noch die Erkenntnisfortschritte mit Blick auf die Neurowissenschaften und Künstliche Intelligenz nennen: Der Mensch ist auch in seinen geistigen Vermögen übertreffbar. All diesen Kränkungen – man könnte etwas wertfreier auch sagen: Erkenntnisfortschritten – ist gemeinsam, dass sie ohne Bezüge auf eine transzendente Wirklichkeit auskommen. Der katholische Philosoph Charles Taylor formuliert als Tiefenstrom der säkularen Moderne daher auch die Idee eines ‚immanent frame', also eines *Rahmens der Immanenz*:

> „Die große Erfindung des Abendlands war der Gedanke einer immanenten Ordnung der Natur, deren Wirken mit Hilfe der ihr vorbehaltenen Begriffe systematisch verstanden und erklärt werden könne, wobei die Frage offenbleibt, ob diese ganze Ordnung eine tiefere Bedeutung hat und, wenn ja, ob daraus die Existenz eines transzendenten jenseitigen Schöpfers gefolgert werden sollte. Diese Vorstellung von ‚Immanenz' beinhaltet, dass man jede Form von wechselseitiger Durchdringung der Naturdinge einerseits und des ‚Übernatürlichen' andererseits bestreitet."[2]

Wenn man die Entwicklung seit der Neuzeit vereinfacht zusammenfassen möchte, ist sie von einer *Dezentrierung des Subjekts* und einer *Immanentisierung der Erklärung der Welt* geprägt: Einerseits wird immer klarer, dass menschliche Subjekte in kosmologischer oder erdgeschichtlicher Perspektive nicht das Zentrum sind, und an-

2 Taylor, Charles: Ein säkulares Zeitalter, Frankfurt 2009, 37.

dererseits erklärt der Mensch mit großem Erfolg die Dinge in der Welt, ohne auf Gott Bezug nehmen zu müssen. Beide Entwicklungen machen die Rede von einer Schöpfung der Welt oder des Universums durch Gott unselbstverständlich und rechtfertigungsbedürftig.

Gleichzeitig lässt sich als gegenläufige Tendenz festhalten, dass auch die modernen Naturwissenschaften und die Philosophie zunehmend wieder das Staunen über den Kosmos als Grunderfahrung für sich entdecken. Während die Newton'sche Mechanik die Welt als strikt deterministisches und im Prinzip berechenbares System auffasste, zeigen die Erkenntnisse der modernen Physik über nicht tilgbare Unschärfen im Quantenbereich oder die beeindruckenden Aufnahmen des James-Webb-Teleskops, dass der Kosmos im ganz Kleinen wie im ganz Großen zum Staunen anregt. Dies mag der Grund dafür sein, dass inzwischen auch die derzeit führenden Physiker:innen wieder damit beginnen, Schöpfungsgeschichten zu erzählen – so formuliert Guido Tonelli, ein italienischer Physiker am CERN in Genf, in seinem Buch ‚Genesis' eine ‚Geschichte des Universums in sieben Tagen'.[3] Und auch atheistische Philosophen wie beispielsweise Ronald Dworkin beschreiben ihr Staunen, wenn sie den Kosmos betrachten, in eindrücklichen Worten: „Wenn sie [Physiker:innen, M.B.] ihre Entdeckungen schön nennen, meinen sie das stellvertretend: Sie sind schön, weil sie auf eine noch unbekannte und noch rätselhafte letzte Schönheit hindeuten."[4] Gegenwärtige naturwissenschaftliche oder philosophische Beschreibungen des Kosmos betrachten diesen also nicht mehr nüchtern-mechanisch im Sinne einer berechenbaren Maschine, sondern lassen erneut Kategorien wie Zufall, Kreativität oder Schönheit zu. Die Newton'sche Mechanik, die auf einen strikten naturgesetzlichen Determinismus hinausläuft, hat sich in den letzten Jahrzehnten – spätestens seit Einsteins Relativitätstheorie und den Entdeckungen der Quantenphysik – als nicht vollständige Theorie der Wirklichkeit erwiesen. Daher lässt sich insgesamt sagen: Die schöpfungstheologische Grundfrage nach

3 Tonelli, Guido: Genesis. Die Geschichte des Universums in sieben Tagen, Darmstadt 2020.

4 Dworkin, Ronald: Religion ohne Gott, Berlin 2014, 63.

dem Sinn des Seins hat sich durch die jüngsten Erkenntnisse der Naturwissenschaften nicht erledigt, sondern verschärft.

Für die Theologie ergibt sich aus diesem Zueinander von Unaufgebbarkeit und Unselbstverständlichkeit der Rede von Schöpfung die Aufgabe, eine zeit- und vernunftgemäße Rede von Schöpfung zu formulieren, die anschlussfähig in einer säkularen Moderne ist und die auf Augenhöhe mit anderen Wissenschaften die Rechtfertigbarkeit der Aussage ‚Das Universum ist eine Schöpfung Gottes' verteidigen kann. Die Grundaussage der christlichen Rede von der göttlichen Schöpfung des Universums lautet, dass die gesamte irdische Wirklichkeit sich der freien Tat eines Gottes verdankt, der in seiner Wesensbestimmung als Liebe den Urgrund des Seins nicht als Tod und Vergänglichkeit, sondern als Leben und Liebe ausmacht. Durch diesen göttlichen Ur-Grund kann jedes Geschöpf als in seiner Existenz angenommen und bejaht verstanden werden. Es ist die ureigene Aufgabe der Schöpfungstheologie, die vernünftige Rechtfertigbarkeit dieser Grundaussage zu prüfen und im Gespräch mit anderen wissenschaftlichen Disziplinen zu verteidigen.

Die Schöpfungstheologie, oft auch als Protologie, als ‚Lehre von den ersten Dingen' bezeichnet, ist ein klassisches Traktat der Systematischen Theologie. Auch wenn sie einige Jahrzehnte eher ein Schattendasein fristete – viele schöpfungstheologische Bücher aus den 1980er und 1990er-Jahren beinhalten Appelle, sich wieder vermehrt der Schöpfungstheologie zu widmen[5] – ist der Bedarf an Schöpfungstheologie in den letzten Jahren wieder gestiegen. Dies ist sicherlich den vielfältigen ökologischen Krisen geschuldet, die eine Menge ethischer Fragen mit sich bringen, aber auch der Einsicht, dass sich Schöpfungstheologie nicht durch Anthropologie allein ersetzen lässt. Die Frage nach dem Grund und Sinn der Schöpfung zielt auf mehr als die Frage nach dem Grund und Sinn des Menschen, und eine über das Ziel hinausschießende anthropologische Wende hat zu einem gewissen Anthropozentrismus geführt, der nicht

5 Vgl. als beliebig gewähltes Beispiel das Einleitungskapitel von Löning und Zenger aus dem Jahr 1997, die davon sprechen, dass „die theologische Diskussion auf der Stelle" trete und es eine „schöpfungstheologische Zurückhaltung in Theologie und Kirche" gebe (Löning, Karl/ Zenger, Erich: Als Anfang schuf Gott. Biblische Schöpfungstheologien, Düsseldorf 1997, 11).

nur zu ökologisch problematischen Konsequenzen führt, sondern auch theologisch bestimmte Schwierigkeiten hat.

Die Schöpfungstheologie ist innertheologisch verflochten mit einer Vielzahl anderer Traktate. So ist beispielsweise die ‚Theologische Anthropologie' ursprünglich ein Teil der Schöpfungstheologie und wurde erst im Gefolge der ‚Anthropologischen Wende' zu einem eigenen theologischen Traktat. Die Schöpfungstheologie hat direkte Auswirkungen auf die Soteriologie, die Eschatologie, aber auch auf die Christologie oder die Gotteslehre. Schöpfungstheologische Erwägungen haben daher einen grundlegenden Charakter, da bestimmte Entscheidungen innerhalb der Schöpfungstheologie nicht getroffen werden können, ohne auch das dahinterstehende Gottesbild, die dahinterstehende Vorstellung von Erlösung oder das Verhältnis von Gott und Welt zu beeinflussen.

Dieses Buch bietet eine systematisch orientierte Einführung in die Grundlagen des Schöpfungsglaubens. Zugleich adressiert es viele aktuelle Herausforderungen dieses Glaubens, da die Schöpfungstheologie nicht nur für den innertheologischen Diskurs von Interesse ist, sondern auch relevante Inhalte für den öffentlichen und politischen Diskurs bereitstellt. Das Buch hat neun Hauptkapitel, von denen diese Einleitung das erste ist. Im Anschluss werden wir uns biblische Schöpfungsnarrative und theologiegeschichtliche Entwicklungen anschauen, die den Wurzelgrund der Entstehung des christlichen Schöpfungsglaubens bilden und die für ein zeitgemäßes Verständnis dieses Glaubens unverzichtbar sind (1). Nach dieser biblisch und historisch angelegten Einführung in das Schöpfungsdenken folgt das zweite Kapitel, in dem in systematischer Perspektive die Rede von der Schöpfung des Universums durch Gott entfaltet wird und ebenso herausgestellt wird, was Schöpfung nicht bedeutet – dies ist wichtig, um herauszuarbeiten, weshalb der Schöpfungsglaube nicht quer zu einer naturwissenschaftlich geprägten Weltsicht oder zu einer säkularen Moderne steht, sondern einen legitimen und sinnvollen Platz in ihnen hat (2). Diese grundlegende Einsicht wird in den dann folgenden Kapiteln vertieft. Das dritte Kapitel widmet sich dem Verhältnis von Schöpfungstheologie und Naturwissenschaft und argumentiert dafür, dass sowohl ein Naturalismus, der den Schöpfungsgedanken für überholt hält, als auch ein kosmologisches Denken, welches Schöpfungserzählungen als Konkurrenzprodukte zu empirischen Erklärungen betrachtet, keine haltbaren Positionen sind (3). Das vierte Kapitel untersucht die Rede vom ‚Schöpfungshandeln' Gottes näher und führt in einige Grundunterscheidungen der Debatte um das besondere Handeln Gottes ein, die wichtig sind, um näher zu verstehen, was eine Rede vom Schöpfungshandeln Gottes bedeuten kann (6). Das fünfte Kapitel weitet den Fokus und prüft die Konsequenzen bestimmter schöpfungstheologischer Ansichten für die Gotteslehre im Ganzen. Dabei stehen insbesondere die drei Optionen des Personalen Theismus, des Klassischen Theismus und des Panentheismus im Fokus, die abschließend ins Gespräch mit der Trinitätstheologie gebracht werden (5). In den folgenden beiden Kapiteln werden gegenwärtige Bezugsdebatten der Schöpfungstheologie in den Mittelpunkt gerückt: Zum einen schauen wir uns die gegenwärtige Debatte über die (Un-)Zulässigkeit eines Anthropozentrismus in der Schöpfungstheologie an (6), zum anderen werden gegenwärtige Herausforderungen der Schöpfungstheologie – konkret: die Klimakrise, die Digitalisierung und der Transhumanismus – thematisiert (7). Das Buch schließt mit einem kurzen Epilog, welcher die Rationalität der Rede von der Gegenwart Gottes in seiner guten Schöpfung herausstellt und dafür plädiert, das grundsätzliche Bejahtsein des Lebens im Universum als gleichermaßen existenziell wie gesellschaftlich tragfähige Grundbotschaft des Christentums stärker in den Mittelpunkt zu rücken.

1. Biblische und theologiegeschichtliche Problemhorizonte

Die biblischen Schöpfungsnarrative und die ersten frühchristlichen Jahrhunderte bilden den Wurzelgrund der Entstehung des christlichen Schöpfungsglaubens. Der *locus classicus* der biblischen Schöpfungstheologie ist Gen 1–9, aber schöpfungstheologische Aussagen ziehen sich wie ein roter Faden durch das Alte und das Neue Testament (1.1). Zugleich finden sich einige Grundaussagen der christlichen Schöpfungstheologie – wie etwa die Rede von der Schöpfung aus dem Nichts (*creatio ex nihilo*) – noch nicht in der Bibel, weshalb auch ein Blick in die theologiegeschichtlichen Hintergründe notwendig ist: Viele schöpfungstheologische Grundaussagen entstehen in Auseinandersetzung mit und in Abgrenzung von vorherrschenden Konzepten der antiken Philosophie und von alternativen religiösen Bewegungen wie der Gnosis (1.2).[1]

1.1 Biblische Schöpfungsnarrative

Die Bibel ist als Ganze getragen von schöpfungstheologischen Aussagen, und es würde ein langes Buch brauchen, um diesen in Gänze gerecht zu werden.[2] Es versteht sich von selbst, dass hier nur ein ausschnitthafter Einblick gegeben werden kann. Wir fangen mit dem Anfang an – den Urgeschichten der Schöpfung in Gen 1–9. In der modernen biblischen Theologie verzichtet man darauf, diese Schöpfungstexte als ‚Schöpfungsberichte' zu bezeichnen, da es sich nicht

1 Für wichtige Hinweise zu diesem Kapitel bedanke ich mich herzlich bei Egbert Ballhorn und Katharina Pyschny.

2 Vgl. dazu beispielsweise das opulente Werk von Janowski, Bernd: Biblischer Schöpfungsglaube. Religionsgeschichte – Theologie – Ethik, Tübingen 2023.

um eine beschreibende Darstellung eines objektiven Geschehens handelt, sondern um Erzählungen mit theologischer Aussageabsicht.[3]

1.1.1 Die biblischen Urgeschichten in Genesis

In Genesis 1–9 werden zwei parallele Schöpfungsgeschichten erzählt und teilweise miteinander verwoben: Zum einen eine nicht-priesterliche, zum anderen eine priesterliche Urgeschichte. Die nicht-priesterliche Urgeschichte gilt als älter und ist als vorexilisches Zeugnis im 10./9. Jahrhundert vor Christus entstanden; die priesterliche Urgeschichte ist exilisch oder nach-exilisch zu datieren, da sie bereits das babylonische Exil sowie die Katastrophe der Zerstörung des Tempels reflektiert. In der Bibel selbst ist die Reihenfolge aber umgekehrt: In Gen 1 – Gen 2,4a steht zunächst die priesterliche, in Gen 2,4b – Gen 3,24 die eigentlich ältere, nicht-priesterliche Urgeschichte.

Die ersten Sätze der *priesterschriftlichen Schöpfungserzählung* (=P) sind sehr berühmt: „Im Anfang schuf Gott Himmel und Erde. Die Erde war wüst und wirr und Finsternis lag über der Urflut und Gottes Geist schwebte über dem Wasser. Gott sprach: Es werde Licht. Und es wurde Licht. Gott sah, dass das Licht gut war. Gott schied das Licht von der Finsternis. Und Gott nannte das Licht Tag und die Finsternis nannte er Nacht. Es wurde Abend und es wurde Morgen: erster Tag." (Gen 1,1–1,5). Die ersten Sätze verdeutlichen exemplarisch, worum es in P im Ganzen geht: Zum einen wird das Gegensatzpaar Chaos und Ordnung thematisiert, und die Schöpfung Gottes wird als ein Ordnungshandeln verstanden: Gott drängt das Tohuwabohu der chaotischen Welt zurück und schafft eine wohlgeordnete Struktur, obwohl die Welt dauerhaft vom Chaos bedroht ist und daher auf die dauerhafte gnadenhafte Zuwendung Gottes angewiesen ist. Schritt für Schritt erschafft Gott in sechs Tagen diese geordnete Welt, und er beschließt sein Werk mit dem Urteil: „Gott sah alles an, was er gemacht hatte: Und siehe, es war sehr gut." (Gen 1, 31). Diese ‚Billi-

3 Vgl. Konkel, Michael: 'Und siehe, es war sehr gut.' (Gen 1,31). Thesen zu Hermeneutik und Relevanz der biblischen Schöpfungserzählungen, in: ThGl 99 (2009), 588–604, hier 590.

gungsformel' verdeutlicht die Lebensförderlichkeit, Zweckgemäßheit und Qualität der Schöpfungswerke.

Die von Gott erschaffene Ordnung der Dinge zeigt sich auch stilistisch in der formelhaften und repetitiven Erzählweise, die sich durch die ganze Priesterschrift zieht. Dieser Fokus auf die Ordnung der Dinge legt nahe, dass die Aussageabsicht dieses Textes nicht die Beschreibung vergangener Ereignisse ist, sondern es vielmehr ein theologisch-normativer Text ist, der die Gegenwart beschreibt. Franca Spies spricht daher treffend von einer ‚präsentischen Schöpfungstheologie': „Es geht darin [in der priesterschriftlichen Schöpfungserzählung, M.B.] weniger um die konkrete Erschaffung konkreter Werke im Sinne eines geschichtlichen Ereignisses und mehr um den Zustand der Erde, um nicht zu sagen: bestimmte Muster irdischen Lebens, die in der Erstschöpfung gesetzt werden. Mit anderen Worten: Es wird weniger die Entstehung der Welt verhandelt als deren prinzipielle Ordnung (…); es liegt hier gewissermaßen eine ‚präsentische Schöpfungstheologie' vor."[4]

Zum anderen ist die Formel „Dann sprach Gott…" das ausschlaggebende Strukturmoment in Gen 1 – ganze zehn Mal wird dieser Ausdruck genutzt, um die verschiedenen Schöpfungstaten Gottes zu beschreiben. Es geht also gerade nicht um eine Erklärung der genauen handwerklichen Verfertigung der Welt oder um die Beschreibung bestimmter kausaler Mechanismen, die die Welt ins Sein setzen. Gott erschafft alles Sein vielmehr durch bloßes Sprechen – die Welt entsteht, indem Gott ausspricht, was die Welt ist. Franz Gruber formuliert es so: „Um Wirklichkeit ins Dasein zu bringen, braucht der Schöpfergott keine ihm vorausliegende Urmaterie, sondern er ruft die Elemente und die Lebewesen durch sein Wort ins Dasein."[5] Zugleich wird diese göttliche Wort-Schöpfung als unbedingt lebensbejahend beschrieben, sie hat fast schon utopische Züge – und kann damit als schöpfungstheologische Antwort auf bestimmte Krisenerfahrungen, konkret: die Erfahrung des Exils des Volkes Israel gele-

4 Spies, Franca: Let there be Light. Zur Performativität der Schöpfung, in: Wasmaier-Sailer, Margit/ Durst, Michael (Hg.): Schöpfung und Ökologie, Freiburg 2023, 96–121, hier 105.

5 Gruber: Franz: Im Haus des Lebens. Eine Theologie der Schöpfung, Regensburg 2001, hier 60f.

sen werden, da gegen die Erfahrung einer irdischen Heimatlosigkeit das Gut-Sein der Schöpfung als solcher und die Herausgehobenheit und Gottebenbildlichkeit des Menschen betont wird. In die konkrete Krisenerfahrung hinein wird das grundsätzliche ‚Ja' Gottes zum Leben und zur Schöpfung zum Ausdruck gebracht.

Das Sechstagewerk stellt zudem eine deutliche Strukturierung des Schöpfungshandelns Gottes dar, allerdings ohne auf das ‚Wie' näher einzugehen – wichtiger erscheint das Gesamturteil ‚Es war sehr gut', welches die gelungene Ordnung der Schöpfung als Zentralaussage des Textes markiert. Kurz zuvor wird in Gen 1,26 der Mensch als Werk des sechsten Tages erschaffen und als Bild Gottes ausgezeichnet, was einerseits die besonders herausgehobene Stellung des Menschen im Kosmos verdeutlicht und ihm andererseits eine Repräsentationsfunktion zuschreibt: In der menschlichen Beziehungswirklichkeit wird die Gegenwart Gottes in der Welt vermittelt.[6] Zudem wird mit der nicht weiter qualifizierten Gottebenbildlichkeit des Menschen eine fundamentale schöpfungstheologische Gleichheitsaussage getroffen: *Alle* Menschen sind gleichermaßen Ebenbilder Gottes. Daher folgert Zenger völlig zu Recht: „Diese schöpfungstheologische Festschreibung der Gleichheit aller ist eine scharfe Absage an die Ideologie und die Praxis rassistischer und sexistischer Diskriminierung."[7]

Sehr bekannt und heftig umstritten ist zudem der sogenannte ‚Herrschaftsauftrag', der in Gen 1,28 von Gott an die Menschen adressiert wird: „Gott segnete sie und Gott sprach zu ihnen: Seid fruchtbar und mehrt euch, füllt die Erde und unterwerft sie und waltet über die Fische des Meeres, über die Vögel des Himmels und über alle Tiere, die auf der Erde kriechen." Dieser sogenannte Herrschaftsauftrag sollte aber nicht so interpretiert werden, dass er eine Legitimation einer aggressiven, ausbeuterischen Haltung des Menschen gegenüber der Schöpfung wäre. Die entscheidenden hebräischen Verben *radah* und *kabas* wären missverstanden, wenn man sie

6 Vgl. Scoralick, Ruth: Biblische Schöpfungstheologie in Gen 1–9, in: Münk, Hans/ Durst, Michael (Hg.): Schöpfung, Theologie und Wissenschaft, Freiburg 2006, 58–93, hier 76.

7 Zenger, Erich: ‚Als Gott anfing zu schaffen…' (Gen 1,1). Zur Relevanz biblischer Schöpfungstheologien, in: Langthaler, Rudolf (Hg.): Evolutionstheorie – Schöpfungsglaube, Würzburg 2008, 81–100, hier 87.

als ‚unterdrücken' oder ‚beherrschen' übersetzen würde. Allerdings geben beide Verben auch nicht die ebenfalls weit verbreitete Alternative her, dass es sich um einen Hüteauftrag handle. Mit Bernd Janowski lässt sich dafür argumentieren, dass es vielmehr die gerade schon betonte Repräsentationsfunktion des Menschen ist, die hier zum Ausdruck kommen soll: „Für das Verständnis von radah bedeutet das, dass mit diesem Verb […] die universale Ordnungsfunktion zum Ausdruck gebracht wird, die der Mensch als lebendige ‚Statue' bzw. als Repräsentant des Schöpfergottes wahrnimmt."[8] Es ist also der Mensch, der verantwortlich dafür ist, dass die von Gott geschaffenen Lebensräume nicht lebensfeindlich werden – er ist derjenige, der ordnend in der Welt handeln muss und diese Aufgabe auch nicht an andere Lebewesen delegieren kann. Es handelt sich weder um einen Herrschafts- noch einen Hüteauftrag, sondern um einen Auftrag zur Verteidigung der Erde als Lebensraum.[9] Die semantische Ambivalenz der beiden hebräischen Verben erklärt sich daraus, dass diese Verteidigung nicht ohne ‚Macht' funktioniert.

Nicht zu vernachlässigen ist darüber hinaus der siebte Tag, an dem Gott sein Schöpfungswerk vollendet und ruht. Dieser Struktur der priesterschriftlichen Schöpfungserzählung verdankt sich nicht nur die häufig als selbstverständlich hingenommene, aber keineswegs alternativlose Struktur der Zeit in Wochen von je 7 Tagen, von denen der siebte Tag ein Tag der Ruhe und des Gottesdienstes ist. Das Ruhen am siebten Tag hat auch eine theologische Aussageabsicht, da nicht die Erschaffung des Menschen am sechsten, sondern das Ruhen Gottes am siebten Tag die Vollendung der Schöpfung ist: „Am siebten Tag vollendete Gott das Werk, das er gemacht hatte, und er ruhte am siebten Tag, nachdem er sein ganzes Werk gemacht hatte" (Gen 2,2). Das Ineinsfallen von Vollendung und Ruhe zielt dabei auf die gemeinschaftliche Feier der guten Schöpfung. Zentral ist die Zugewandtheit Gottes zur Welt, die bereits im Schöpfungsakt angelegte Vollendung der Welt. In Zengers Formulierung: „Das ist kein Versehen der Erzähler, sondern die hochbedeutsame Perspektive: Schöpfung Gottes ist Welt vor allem von seinem Handeln am siebten Tag her. Das Schöp-

8 Janowski, Bernd: Anthropologie des Alten Testaments. Grundfragen – Kontexte – Themenfelder, Tübingen 2019, 411.

9 Vgl. dazu auch ausführlich Löning/ Zenger: Als Anfang schuf Gott, 146–155.

ferhandeln Gottes zielt auf einen feiernden Umgang mit dieser unserer Welt."[10] Zudem ist es wichtig zu sehen, dass nicht die Erschaffung des Menschen der Höhepunkt der priesterschriftlichen Schöpfungserzählung ist – es ist daher nicht plausibel, aus Gen 1,1–2,4a die Rede vom Menschen als ‚Krone der Schöpfung' abzuleiten.[11]

Die zweite Schöpfungserzählung der Bibel, die *nichtpriesterliche Schöpfungerzählung* (Gen 2,4b-3,24), hat eine andere theologische Schwerpunktsetzung. Sie beschreibt die Schöpfung des Menschen durch Gott und erzählt die Geschichte ihrer Vertreibung aus dem Garten Eden. Damit betont sie zwar in Gen 2 ebenfalls die Wohlgeordnetheit der Schöpfung durch Gott, fokussiert in der Folge dann aber primär die Störung dieser Wohlgeordnetheit durch den sündhaften Menschen. Weniger die Komposition der Schöpfung steht, wie in der priesterlichen Urgeschichte, im Mittelpunkt, sondern eher die Konfliktgeschichte zwischen dem Schöpfer und den Menschen, die ihre vom Schöpfer zugewiesenen Grenzen nicht beachten. Die zweite Schöpfungsgeschichte legt damit einen besonderen Fokus auf die die menschliche Freiheit und Erkenntnisfähigkeit. Sie eröffnet dem Menschen die Möglichkeit, sich zwischen dem Guten und dem Schlechten zu entscheiden und betont, dass bereits die ersten Menschen sich für das Schlechte entschieden haben: „Die jahwistische Urerzählung schiebt die Herkunft des Bösen nicht auf irgendwelche Götterkämpfe oder gar ein böses Prinzip, das gleichberechtigt neben dem guten Gott stünde. Sie weiß um die Verantwortlichkeit des Menschen für die Entstehung des Bösen, sie weiß von der unabweisbaren Verantwortung vor Gott und dem anderen Menschen."[12]

In den Blick kommt damit die reale, leiddurchtränkte Wirklichkeit, und dieser Blick zieht sich durch die folgenden Kapitel, in der der Ungehorsam Adams und Evas (Gen 3), die Ermordung Kains durch Abel (Gen 4), die Geschichte von der Sintflut (Gen 6–9) oder der Turmbau zu Babel (Gen 11) Thema sind. Alle diese Narrative sind, Medard Kehl zufolge, „Variationen typischer Grenzüberschreitungen

10 Zenger: ‚Als Gott anfing zu schaffen…', 82.

11 Vgl. dazu prägnant auch Scoralick: Biblische Schöpfungstheologie, 62f.

12 Lüke, Ulrich: Das Säugetier von Gottes Gnaden. Evolution, Freiheit, Bewusstsein, 3. Auflage, Freiburg 2016, 82.

des Menschen."[13] Zugleich wird immer wieder das Erbarmen Gottes trotz der Störungen der Ordnung durch den Menschen betont. Die nicht-priesterliche Schöpfungsgeschichte balanciert daher ständig zwischen dem Formulieren des gottgewollten Ideals und der faktischen Verfehlung dieses Ideals durch den Menschen: „Das zentrale Anliegen der jahwistischen Urgeschichte ist es, die ursprüngliche, gottgewollte Bestimmung des Verhältnisses von Mensch (*adam*) und ‚Ackerboden, Erde, Welt' (*adamah*) und ihre faktische Störung aufzuzeigen."[14]

Die biblische Urgeschichte endet keineswegs mit der Erzählung der Vertreibung aus dem Garten Eden in Gen 3, sondern fährt mit der Erzählung vom Brudermord und von der Sintflut (Gen 6–9) fort. Mit dem Tode Noahs endet die Urgeschichte.[15] Insbesondere die Androhung der Vernichtung der gesamten Schöpfung in der Sintflutgeschichte und die anschließende Errettung und das Schließen des Noah-Bundes gehören zur biblischen Urgeschichte: In ihnen wird eine Art Anti-Mythos erzählt, der die Utopie der ursprünglichen Schöpfung radikal bedroht. Angesichts dieser Bedrohung erneuert Gott sein ‚Ja' zur Schöpfung und betont die Unerschütterlichkeit dieses erneuerten Schöpfungsbundes, denn in Gen 9 wird die Möglichkeit einer Abkehr Gottes von seiner Schöpfung nun ein für allemal ausgeschlossen. In den Worten Scoralicks: „Die Erzählung setzt dem [der drohenden Abkehr Gottes von seiner Schöpfung, M.B.] nun nicht ein thesenhaftes Bekenntnis zu Gottes Barmherzigkeit entgegen, sondern führt in der Lektüre die Leser in einen Nachvollzug der Entschlüsse Gottes ein, der eine Sicherung des Daseins, ein Sich-Verlassen-Können auf eine göttliche Bestandsgarantie der Welt, erfahrbar und glaubhaft macht."[16] Auch wenn die Sündhaftigkeit des Menschen nicht abgestritten wird, kann der Mensch diesen göttlichen Bund

13 Kehl, Medard/ Ansorge, Dirk: Und Gott sah, dass es gut war. Eine Theologie der Schöpfung, 3., durchgesehene und aktualisierte Auflage, Freiburg 2018, 149.

14 Sattler, Dorothea/ Schneider, Theodor: Schöpfungslehre, in: Handbuch der Dogmatik, hg. v. Th. Schneider, Bd. 1, Düsseldorf 1992, 120–238, hier 126.

15 Vgl. die überzeugenden Argumente für den Einsatz einer neuen Erzählperspektive ab Gen 10 in Baumgart, Norbert/ Clemens: Die Umkehr des Schöpfergottes. Zu Komposition und religionsgeschichtlichem Hintergrund von Gen 5–9, Freiburg 1999.

16 Scoralick: Biblische Schöpfungstheologie, 89.

nicht durchbrechen, was durch das von Gott eingesetzte Zeichen des ‚Bogens in den Wolken' (Gen 9, 12–16) verdeutlicht wird.

Wenn man die beiden Schöpfungserzählungen in Gen 1,1–3,24 vergleicht, fallen zum einen die theologischen Unterschiede ins Auge, die wir bereits erörtert haben. Zum anderen widersprechen sich die Texte aber auch in vielen Punkten der Beschreibung des Schöpfungshandelns Gottes, etwa was die Abfolge der Schöpfungstaten oder die Szenerie der Schöpfung angeht. Daher sollte es völlig klar sein, dass diese Texte missverstanden wären, wenn man sie nicht als theologische Texte, sondern als historische Tatsachenberichte oder naturwissenschaftliche Erklärungen begreifen würde. Würde man sie auf diese wörtliche Weise missverstehen, könnten sie beide nicht zugleich wahr sein – ein wortwörtliches Verständnis dieser Texte hebt sich also selbst aus den Angeln.

Exemplarisch lässt sich dies an der unterschiedlichen Beschreibung der Erschaffung des Menschen verdeutlichen: Während in der priesterlichen Urgeschichte der Mensch am sechsten Tage als abschließendes Werk der Schöpfung und als Bild Gottes erschaffen wird, erfolgt in der nicht-priesterlichen Urgeschichte die Erschaffung des Menschen noch vor der Erschaffung der Pflanzen und der Tiere. Und während in der priesterlichen Urgeschichte die Erschaffung des Menschen durch eine Sprechhandlung Gottes erfolgt, wird in der nicht-priesterlichen Urgeschichte die Erschaffung des Menschen aus Erde vom Ackerboden beschrieben, dem Gott den Lebensatem einbläst. Zudem erfolgt in der priesterlichen Urgeschichte die Erschaffung des Menschen von Beginn an als Mann und Frau, während in der nicht-priesterlichen Urgeschichte zunächst ein geschlechtsloser Mensch – das hebräische *adam* leitet sich vom Wort *adamah* (Erdboden) ab und lässt sich am ehesten mit ‚Erdling' übersetzen – erschaffen und die Geschlechterdifferenz erst in Gen 2,22 eingezogen wird, als Gott eine Rippe vom Menschen nimmt und von da an Männer und Frauen existieren. Die simple Tatsache, dass es bei einer wortwörtlichen Lesart nicht versöhnbare Widersprüche zwischen beiden Schöpfungserzählungen gibt, verbietet ein Verständnis dieser Erzählungen als historische Tatsachenberichte oder wörtlich zu verstehende Augenzeugenberichte.[17] Es handelt sich

17 Vgl. dazu auch Konkel: ‚Und siehe, es war sehr gut', 594.

vielmehr um theologische Texte mit theologischen Aussageabsichten. Mit Georg Steins gesprochen: „Die Beschäftigung mit Gen 1 klärt nicht darüber auf, wie die Welt entstanden ist; aber wie die Welt verstanden werden kann und gut werden soll, bringt uns dieser Anfangstext der Bibel nahe: Es handelt sich um einen im weitesten Sinne ‚politischen' Blick auf die Welt, der zu denken und zu tun gibt."[18]

Zugleich lässt sich, mit Michael Konkel, für eine komplementäre Betrachtung der beiden Schöpfungsgeschichten plädieren: Die nicht-priesterliche Schöpfungserzählung treffe bestimmte Aussagen, die im priesterschriftlichen Schöpfungsbericht fehlten und umgekehrt. Zudem sei die redaktionelle Reihung – der jüngere priesterschriftliche Text wird im Buch Genesis vor den eigentlich älteren Text gesetzt – kein Zufall, da es sich bei der priesterlichen Urgeschichte in Gen 1,1-Gen 2,4a um „eine Leseanweisung für die nichtpriesterliche Paradieserzählung"[19] handle, die den Rahmen für die folgende Schöpfungs- und Paradieserzählung setze. Die absichtliche Zusammenstellung von zwei in wörtlichem Verständnis sich widersprechenden Texten spricht dafür, dass es um die theologische Deutung des irdischen Seins in verschiedenen Perspektiven, nicht um konkurrierende ‚Augenzeugenberichte' gehen soll. Beide Texte ergänzen einander, der erste gibt eine Leseweise vor.

Insgesamt ergibt sich, dass die in Gen 1–9 entwickelte Schöpfungstheologie als eine vielschichtige und diverse Herangehensweise an den Topos der Schöpfung der Welt durch Gott bezeichnet werden kann. Sie bildet in ihrer Pluralität den Rahmen für die weiteren biblischen Schriften und bleibt ihr ständiger Referenzpunkt. Auch wenn weitere schöpfungstheologische Aussagen in AT und NT mitunter andere theologische Akzentsetzungen vornehmen, bleibt Gen 1–9 die Grundlage, auf der diese Akzentuierungen entwickelt werden können. In den Worten Zengers: „Die in Gen 1–9 entworfene Schöpfungstheologie ist nicht ein bloßes Vorspiel zur Heilsgeschichte, sondern trägt, durchwirkt und umfängt das gesamtbiblische Gottes-Zeugnis. Die schöpfungstheologische Melodie durchklingt in

18 Steins, Georg: Wovon sprechen die biblischen Erzählungen am ‚Anfang'?, in: Voges, Stefan: Christlicher Schöpfungsglaube heute, Ostfildern 2020, 11–33, hier 33.

19 Konkel: ‚Und siehe, es war gut', 593.

immer neuen Variationen die Sinfonie der Bibel vom ersten bis zum letzten Satz.“[20]

1.1.2 Exkurs: Schöpfung als Sprechhandlung

Wenn man die biblischen Urgeschichten in Gen 1–9 (und insbesondere Gen 1) daraufhin befragt, wie Gott die Schöpfung vollzieht, lässt sich sagen, dass die Schöpfung der Welt durch Gott als kommunikatives Handeln, genauer: als eine Sprechhandlung bezeichnet werden kann. Gott erschafft Wirklichkeit, indem er sie ausspricht. Diese biblische Idee lässt sich insbesondere mit der Sprechakttheorie näher erläutern, die im 20. Jahrhundert von den US-amerikanischen Philosophen John Austin und John Searle entwickelt wurde.[21] Die Sprechakttheorie besagt, dass eine wichtige Funktion von Sprache nicht bloß das Beschreiben von Sachverhalten in der Welt ist, sondern dass eine Vielzahl von Sachverhalten in der Welt durch das Äußern von bestimmten Sätzen überhaupt erst entstehen: „There is something which is *at the moment of uttering being done by the person uttering*.“[22] Ein Sprechakt informiert nicht nur über einen Sachverhalt, sondern performiert durch die Praxis des Äußerns eines Satzes eine Handlung, die einen neuen Sachverhalt erzeugt. Typische Beispiele für performative Sprechakte sind das Geben eines Versprechens, das Formulieren eines Wunsches oder das Verkünden eines Gerichtsurteils. Performativen Sprechakten ist gemeinsam, dass sie eine bestimmte Realität dadurch erzeugen, dass sie etwas sagen.

Im Laufe der Theologiegeschichte wurde diese sprechakttheoretische Durchdringung der biblischen Schöpfungsgeschichte zwar implizit ausgesagt, aber nicht vollends auf den Begriff gebracht. So liegt beispielsweise in der Patristik der Fokus weniger auf der Schöpfung als Selbstkommunikation Gottes, sondern vielmehr auf der Betonung der Vollkommenheit und Allmacht des Schöpfers, wie Jürgen Werbick herausarbeitet: „Die Schöpfung aus dem Wort er-

20 Löning/ Zenger: Als Anfang schuf Gott, 15f.

21 Vgl. Austin, John L.: How to do Things with Words, Oxford 1962; Searle, John: Speech Acts: An Essay in the Philosophy of Language, Cambridge 1969.

22 Austin: How to do Things with Words, 60.

scheint vielmehr eher als Ausweis der spielerischen Mühelosigkeit, in der Gott alles aus dem Nichts hervorbringen kann.“[23] Dieser früh formulierte Gedanke einer ‚Schöpfung aus dem Wort‘ spielt jedoch schon auf eine sprachphilosophisch ausgefeilte ‚Sprechakttheorie‘ an, die die Idee einer Schöpfung durch das Wort noch einmal vertiefen kann. Mit Medard Kehl können gerade die biblischen Urgeschichten als idealtypische Beispiele für solche Sprechakte gelten: „Darum ist das Schöpfungswort das wirkende Wort schlechthin: Es bewirkt, was es sagt. Durch sein Aussprechen setzt es den Sachverhalt – die Wirklichkeit überhaupt.“[24]

Der große Vorteil einer solchen sprechakttheoretischen Durchdringung der biblischen Schöpfungserzählungen besteht darin, dass sie es erlaubt die göttlichen Schöpfungsworte und die göttlichen Schöpfungstaten ineinsfallen zu lassen. Es wäre ein mythologisierendes und auch anthropomorphes Bild, wenn Gott zunächst seinen Schöpfungswunsch ausspricht und sich anschließend daran macht, seinen Wunsch auch noch durch bestimmte Handlungen in die Tat umzusetzen. Gegen ein solches Bild sollte die Identität von göttlichem Schöpfungswort und göttlicher Schöpfungstat betont werden: Die göttliche Schöpfungstat ist das göttliche Schöpfungswort und umgekehrt. In den Worten Franca Spies‘: „Wort- und Tatschöpfung ereignen sich gewissermaßen in ‘Wort-Tateinheit’, sie stellen einen einzigen Vorgang dar und stehen somit nicht in Konkurrenz zueinander. Die Wortschöpfung kann dann immer noch als ein performativer Sprechakt verstanden werden, denn sie zielt auf unmittelbare Verwirklichung in der Einheit von Wort und Tat.“[25]

1.1.3 Weitere alttestamentliche Schöpfungserzählungen

Die biblischen Urgeschichten in Gen 1–9 sind bei weitem nicht die einzigen schöpfungstheologisch relevanten Passagen des AT. Zentrale schöpfungstheologische Einsichten finden sich beispielsweise

23 Werbick, Jürgen: Gott verbindlich. Eine theologische Gotteslehre, Freiburg 2007, 388.

24 Kehl/Ansorge: Und Gott sah, dass es gut war, 142.

25 Spies: Let there be Light, 104.

auch in den Psalmen, die poetisch mit dem Topos der Schöpfung der Welt umgehen und insbesondere über Lob und Klage die prinzipielle göttliche Gewolltheit der Schöpfung bei ihrer gleichzeitigen Unerlöstheit betonen. Exemplarisch kann hier auf Psalm 93 und Psalm 147 verwiesen werden: In Psalm 93 wird der Schöpfergott als König beschrieben, der das Chaos ordnet und damit besiegt: „Der HERR ist König, bekleidet mit Hoheit; der HERR hat sich bekleidet und mit Macht umgürtet. Ja, der Erdkreis ist fest gegründet, nie wird er wanken“ (Ps 93,1). Der Fokus liegt hier eindeutig nicht darauf, wann und wie Gott den Erdkreis erschaffen hat, sondern vielmehr auf seiner Überlegenheit gegenüber allen irdischen Gefahren und seiner dauerhaften Schöpfungstätigkeit, die sich seiner königlichen Macht verdankt. Es geht um die permanente Erhaltung der Schöpfung angesichts der Fluten, die ihr Brausen und Tosen erheben – ein Topos, der in den frühchristlichen Jahrhunderten in der Formel der *creatio continua* Ausdruck findet (vgl. Kap. 1.2).[26] Einen ähnlichen schöpfungstheologischen Impuls setzt auch Psalm 147: „Jerusalem, rühme den HERRN, / Lobe deinen Gott, Zion! Denn er hat die Riegel deiner Tore fest gemacht, / die Kinder in deiner Mitte gesegnet. Er verschafft deinen Grenzen Frieden / er sättigt dich mit bestem Weizen.“ (Ps 147, 12–14). Auch hier findet eine Parallelisierung des göttlichen Schöpfungshandelns und seiner besonderen Handlungen innerhalb der Geschichte statt: Beide Tätigkeitsformen werden im hebräischen Text in diesem Psalm stets partizipial ausgedrückt, was dazu führt, dass „Schöpfung nicht als Initialereignis, sondern vor allem als *creatio continua* in den Blick kommt.“[27] Zudem ist Schöpfung nicht etwas, das vor langer Zeit geschehen ist, sondern eine Tätigkeit Gottes, die relevant für die Vergangenheit, Gegenwart und Zukunft ist.[28] Der schöpfungstheologische Fokus liegt im Psalter also auf der Permanenz des Schöpfungshandelns und der Geschichtsmächtigkeit des Schöpfergottes.

---

26 Vgl. auch Löning/ Zenger: Als Anfang schuf Gott, 49–52.

27 Ballhorn, Egbert/ Müllner, Ilse: Inspiratio Continua. Wort Gottes durch die Zeiten, in: Braulik, Georg/ Siquans, Agnethe/ Tück, Jan-Heiner (Hg.): Dein Wort ist meinem Fuß eine Leuchte (FS Schwienhorst-Schöneberger), Freiburg 2022, 30–52, hier 33.

28 Vgl. ebd., 34.

Schöpfungstheologisch relevant ist auch Deuterojesaja (Jes 40–55), der wie die priesterschriftliche Schöpfungserzählung in Gen 1 eine Reaktion auf die Krisenerfahrung des Exils ist (während die meisten Psalmen vorexilische Zeugnisse sind, genau wie die nichtpriesterliche Schöpfungserzählung). Jes 40–55 betont die schöpferische Allmacht, die Souveränität Gottes über seine Schöpfung und gibt damit dem Glauben Israels ein breiteres schöpfungstheologisches Fundament angesichts der Krise des Exils, in der der Tempel zerstört, das Königtum vernichtet und das verheißene Land verloren ist.[29] In dieser Situation rückt Deuterojesaja „viel stärker als gewohnt die *ursprüngliche* und urzeitliche Konstitution von Himmel und Erde in den Blick des Volkes. Warum? Weil dadurch am deutlichsten begründet werden kann, dass Gottes Heilshandeln *alle* Zeiten und Ereignisse umgreift."[30] Der Schöpfungstheologie fällt daher die Rolle zu, die ursprünglich dem Tempel zufiel: Sie verbürgt die Treue des einen und allmächtigen Gottes zu seinem Volk und betont die unendliche Schöpfungsmacht Gottes: „Denn so spricht der HERR, der den Himmel erschafft, er ist der Gott, der die Erde formt und macht – er ist es, der ihr Bestand gibt, er hat sie nicht als Nichtiges erschaffen, er hat sie zum Wohnen geformt – : Ich bin der HERR und sonst niemand." (Jes 45,18). Eine solch explizite Verknüpfung mit dem Monotheismus hat zur Folge, dass Schöpfung und Heil stark miteinander verwoben werden und aufeinander verweisen. Die Gesamtheit der Schöpfung liegt, vom Anfang bis zum Ende, in der Hand Gottes: „Der HERR ist ein ewiger Gott, der die Enden der Erde erschuf." (Jes 40, 28).

Neben den Psalmen und Deuterojesaja ließe sich auf weitere Propheten (z. B. Am 5,8) oder auf die Weisheitsbücher (Ijob 38–41; Spr 8, 22–31) verweisen, die ebenfalls schöpfungstheologische Aussagen machen. Ohne hier weiter ins Detail zu gehen, lässt sich als kleinster gemeinsamer Nenner der alttestamentlichen Schöpfungserzählungen festhalten, dass es sich um existenziale Reflexionen über die grundsätzliche Bejahung der Welt durch ihren Schöpfer und über die damit verbundene Sinnperspektive für das menschliche Dasein

---

29 Vgl. Kehl/Ansorge: Und Gott sah, dass es gut war, 132.
30 Ebd., 133.

trotz der Erfahrung multipler Krisen und der Allgegenwart menschlicher Verfehlungen handelt. Zenger zufolge reden die biblischen Schöpfungserzählungen „also eigentlich nicht darüber, wie es zu dieser Welt gekommen ist, sondern wie diese Welt eigentlich ist, wie der Mensch sie und sich in ihr sehen soll und vor allem: wie die Götter bzw. der Gott Israels zu dieser Welt stehen, sie halten und schützen sollen."[31]

1.1.4 Neutestamentliche Perspektiven auf die Schöpfungstheologie

Das NT setzt die Schöpfungsvorstellungen des AT umstandslos voraus: Gott hat die Welt geschaffen, hält sie im Dasein und auf ihn ist die Welt im Ganzen ausgerichtet.[32] Deshalb gibt es keine klarerweise schöpfungstheologischen Texte wie etwa die Schöpfungserzählungen in Gen 1–9 im AT. Dies liegt unter anderem daran, dass eine stärkere Verknüpfung der Schöpfungstheologie des AT mit der Erlösungshoffnung durch Christus erfolgt, weshalb man von einer christologischen Rahmung des Schöpfungsgedankens oder auch von einer soteriologischen Konkretion der Schöpfung sprechen kann (vgl. 2 Kor 5,17; Kol 1,15).

Exemplarisch wird dies in der paulinischen Adam-Christus-Typologie in Röm 5, 12–17 und 1Kor 15 deutlich: Christus wird verstanden als der ‚neue Adam', der den erlösungsbedürftigen Adam aus Gen 3 errettet: „Der erste Mensch stammt von der Erde und ist Erde; der zweite Mensch stammt vom Himmel." (1 Kor 15,47). Auch wenn eine derart scharfe Kontrastierung des sündhaften ersten Adams (hebr. Adam = Erdling, Mensch) mit dem himmlischen zweiten Adam religionstheologisch nicht unproblematisch ist, verdeutlicht sie doch das schöpfungstheologische Grundanliegen des Paulus: Die Schöpfung ist von der Sünde des Menschen geprägt und damit zutiefst unvollendet: „Durch einen einzigen Menschen kam die Sünde in die Welt und durch die Sünde der Tod und auf diese

31 Zenger, Erich: ‚Als Gott anfing zu schaffen…', 84.
32 Vgl. Scholtissek, Klaus: Art. Schöpfung (NT), in: HGANT (^{2}2009) 361–362.

Weise gelangte der Tod zu allen Menschen, weil alle sündigten." (Röm 5,12). Die Herrschaft des Todes, die sich der Mensch selbst zuzuschreiben habe, wird in und durch Jesus Christus durchbrochen: „Denn ist durch die Übertretung des einen der Tod zur Herrschaft gekommen, durch diesen einen, so werden erst recht diejenigen, denen die Gnade und die Gabe der Gerechtigkeit zuteilwurde, im Leben herrschen durch den einen, Jesus Christus." (Röm 5, 17). Das Christusgeschehen wird hier als allgemeingültige Aufhebung der allgemeinen Menschheitssünde gesetzt.

Als genuin neutestamentliche Neuerung der Schöpfungstheologie ergibt sich also, dass der Schöpfungsglaube immer schon in die Hoffnung auf das hereinbrechende Reich Gottes verstanden wird: „Was Jesus dem Schöpfungsglauben einträgt, ist vielmehr die Perspektive der Schöpfung aus der eschatologischen Hoffnung des Gottesreiches."[33] Es ist dabei absolut zentral zu betonen, dass Christus nicht den Bund Gottes mit dem Volke Israel ersetzt, sondern in Kontinuität zu diesem steht und ihn konkretisiert. Durch Gottes Entschluss, sich in Jesus von Nazaret selbst mitzuteilen, ist seine nachhaltige Treue zu seiner Schöpfung zum Ausdruck gebracht worden sowie sein Wille, die Schöpfung aus Leid, Schuld und Sünde zu erlösen. Diese Verknüpfung von der guten Schöpfung mit einer Hoffnung auf Vollendung wird von Paulus im Römerbrief in einer vielschichtigen Metapher ausgedrückt: „Denn wir wissen, dass die gesamte Schöpfung bis zum heutigen Tag seufzt und in Geburtswehen liegt. Aber nicht nur das, sondern auch wir, obwohl wir als Erstlingsgabe den Geist haben, auch wir seufzen in unserem Herzen und warten darauf, dass wir mit der Erlösung unseres Leibes als Söhne offenbar werden." (Röm 8, 22–23). Es wird deutlich, dass die Erlösung und Vollendung der Welt etwas Zukünftiges ist, das aber bereits durch Jesus Christus hereingebrochen ist. Zugleich sind auch hier Dualismen ausgeschlossen: Es ist *diese eine Schöpfung*, in der wir leben, die vollendet werden wird – sie ist nicht so verdorben, dass sie durch eine neue Welt ersetzt werden wird. Schon bei Paulus ist also klar: Es gibt keinen Planeten B.

33 Gruber: im Haus des Lebens, 65.

Neben der paulinischen Briefliteratur ist auch der Johannesprolog (Joh 1, 1–18) schöpfungstheologisch von Relevanz. In ihm wird die Idee einer Schöpfung durch das Wort Gottes in Gen 1 mit der philosophischen Idee der ‚Schöpfungsmittlerschaft' durch den *Logos* verknüpft.[34] Wenn es in den ersten Versen des Johannesprologs heißt: „Im Anfang war das Wort, und das Wort war bei Gott und das Wort war Gott. Dieses war im Anfang bei Gott. Alles ist durch das Wort geworden und ohne es wurde nichts, was geworden ist" (Joh 1, 1–3), wird hier zunächst auf den Beginn des Alten Testaments (Gen 1,1: Im Anfang schuf Gott...) angespielt, um zu signalisieren: Dieses Evangelium liefert den entscheidenden Interpretationsschlüssel für die Schöpfungsgeschichten des AT.[35] Zugleich wird auf engstem Raum auch eine Verknüpfung von biblischem Schöpfungsnarrativ und Neuplatonismus erreicht: Der Ausdruck ‚Logos' zielt zum einen auf die Idee, dass die Schöpfung Gottes durch eine Sprachhandlung erfolgt. Zum anderen übernimmt der Autor des Johannesevangeliums die Idee, dass es einen ‚präexistenten Logos' (gr. logos = Wort) gebe, der ‚bei Gott' sei. Zugleich wird dieses ‚Bei-Gott-Sein' durch eine Identifikation des Wortes mit Gott ergänzt: Das Wort ist bei Gott – und zugleich ist es Gott. Es ist also nicht ein erstes geschaffenes Wesen, sondern Gott selbst. Durch die Identifikation des Logos mit Gott wird eine gnostisch-dualistische Kosmologie auch im NT vermieden: Joh 1, 1–18 verdeutlicht, dass der Logos der Schöpfungsmittler ist; aber der Logos ist kein böser oder gefallener zweiter Gott, sondern Gott selbst. Der Logos wird nicht von Gott geschaffen, sondern existiert bereits vor aller Zeit. Dieses durchaus an die zeitgenössische hellenistische Philosophie anschlussfähige Logosdenken wird dann mit der Inkarnation ebendieses Logos in die Welt verknüpft: „Und das Wort ist Fleisch geworden und hat unter uns gewohnt" (Joh 1,14). Auch wenn sich im Laufe des Johannes-Evangeliums der Blick auf die irdische Welt als durchaus negativ und die Sündhaftigkeit des Menschen betonend beschreiben lässt, wird eine schöpfungstheologische Grundaussage nie aufgegeben: Gott wird an

34 Vgl. dazu Kehl/Ansorge: Und Gott sah, dass es gut war, 175f.

35 Vgl. Löning/ Zenger: Als Anfang schuf Gott, 90–104.

seiner Schöpfung festhalten – und dies so weitgehend, dass er sogar den Tod seines eigenen Sohnes in Kauf nimmt.[36]

Es gibt eine Vielzahl weiterer schöpfungstheologisch relevanter Erzählungen im NT – zu denken ist an weitere paulinische Briefe mit schöpfungstheologischen Bezügen (1Kor 8; 1Kor 15; Phil 2, 5–11), den Kolosserhymnus (Kol 1, 15–20), die Missionsreden in der Apostelgeschichte oder auch die Bergpredigt (Mt 5–7), die die Güte des einen Schöpfers betont.[37] Ihnen gemein ist, dass die Rede von Schöpfung nicht erst erklärt, sondern in bestimmten erzählerischen Kontexten bereits in Anspruch genommen wird. Die Schöpfungsgeschichten des AT erweisen sich also als häufig unthematischer, aber stets präsenter Hintergrund des NT.

Insgesamt zeigt sich als zentraler theologischer Grundzug der biblischen Schöpfungstexte eine große Vielfalt, die es verunmöglicht, eine historische Harmonisierung aller biblischen Schöpfungserzählungen vorzunehmen. Dies wäre aber nur dann ein Problem, wenn man diese Erzählungen als Tatsachenberichte oder naturwissenschaftliche Erklärungen betrachten würde – wenn sie als theologische Texte verstanden werden, die darüber reflektieren, wie das eigene Sein trotz Erfahrungen der Krise und des Leidens angenommen und bejaht werden kann, ist diese Vielfalt, ja fast schon Disparatheit der Texte nicht nur kein Problem, sondern geradezu ein Schlüssel zum rechten Verständnis der Texte. Es geht in der Bibel nicht um eine naturwissenschaftliche Perspektive, sondern um das beständige Verhältnis von Gott, Welt und Mensch. In den Worten von Sattler und Schneider: „Die biblischen Schöpfungsaussagen sind ein authentisches Zeugnis für gläubige Weltbetrachtung und Weltdeutung. Die heiligen Schriften informieren nicht über naturwissenschaftliche Fakten, sondern sie helfen, das Dasein zu bestehen, sie wollen trösten, ermutigen und einladen zum gemeinschaftlichen Lob des Schöpfers."[38] Zudem sind die biblischen Schöpfungsvorstellungen

---

36 Vgl. dazu Gradl, Hans-Georg: Siehe, ich mache alles neu. Schöpfung im Neuen Testament, Freiburg 2022, 48–51.

37 Vgl. für weitere Belegstellen auch Shoukry, Zacharias: Art. Schöpfung (NT), in: Das Wissenschaftliche Bibellexikon im Internet (www.wibilex.de), Zugriff am 11.03.2023.

38 Sattler/ Schneider: Schöpfungslehre, 151.

durch ein großes gemeinsames Thema vereint: Sie bringen die Zugewandtheit Gottes zur Schöpfung trotz menschlicher Verfehlungen zum Ausdruck und eröffnen eine Deutungsperspektive, die das Sein als lebensbejahend und von einem guten letzten Grund getragen begreift.

1.2 Theologiegeschichtliche Entwicklungen

Das biblische Zeugnis bildet die Grundlage des christlichen Schöpfungsglaubens. Zugleich lassen sich zentrale Elemente dieses Glaubens nicht in der Bibel finden, da sie erst in den frühchristlichen Jahrhunderten entstehen. Dies betrifft insbesondere die Grundüberzeugung, dass Gott die Welt aus dem Nichts erschaffen habe (*creatio ex nihilo*). Doch auch die in der Bibel weit verbreitete Überzeugung, dass Gott die Welt dauerhaft im Sein erhält (*creatio continua*), wird erst im Laufe der frühchristlichen Jahrhunderte explizit auf den Begriff gebracht. Beide Formeln entwickeln sich in der Auseinandersetzung mit zwei Konkurrentinnen, die in der Lebenswelt der frühchristlichen Jahrhunderte sehr einflussreiche Strömungen sind: die vorherrschende hellenistische Philosophie und die Gnosis.

1.2.1 Zur Entstehung der Formel der ‚creatio ex nihilo'

Die Rede von der *creatio ex nihilo* ist etwas, das in den Urgeschichten der Bibel nicht vorkommt. Die einzige Passage, die diese Rede nahelegt, ist das vergleichsweise spät und in einem hellenistischen Kontext verfasste zweite Buch der Makkabäer: „Ich bitte dich, mein Kind, schau dir den Himmel und die Erde an; sieh alles, was es da gibt, und erkenne: Gott hat das aus dem Nichts erschaffen und so entstehen auch die Menschen." (2Makk 7,28). Exegetisch ist allerdings umstritten, inwiefern hier wirklich schon die Schöpfung aus dem Nichts beschrieben wird.[39] Vielmehr scheint es so zu sein, dass

39 Vgl. gegen diese Auffassung z.B. Bauks, Michaela: Die Welt am Anfang. Zum Verhältnis von Vorwelt und Weltentstehung in Gen 1 und in der altorientalischen Literatur, Neukirchen-Vluyn 1997.

die Rede von der *creatio ex nihilo* als „markante Unterscheidungsformel der christlichen Schöpfungstheologie von der griechischen Kosmologie“[40] verstanden werden kann – diese Rede entsteht, als die biblischen Urgeschichten mit den damals vorherrschenden geistigen Strömungen konfrontiert werden und bestimmte philosophische Hintergrundannahmen des biblischen Schöpfungsglaubens in Abgrenzung zu diesen Strömungen verdeutlicht werden müssen.

Die Lehre von der Schöpfung aus dem Nichts – der *creatio ex nihilo* – wird also besonders dann verständlich, wenn man sich vor Augen führt, gegen welche beiden einflussreichen geistigen Strömungen sich die christliche Schöpfungslehre in den ersten Jahrhunderten durchsetzen musste. *Zum einen* ist dies die *griechische Metaphysik*, die insbesondere im Neuplatonismus den Gedanken der *Emanation* der Welt stark macht. Emanation bedeutet ein Aus-sich-heraus-Strömen, ein Überströmen des vollkommenen und ewigen Grundes der Welt. So wie ein zu volles Gefäß überquillt, so lässt auch das Göttliche das Sein aus sich herausfließen. Dies ist nach diesem Verständnis ein notwendiges und anonymes Geschehen – das vollkommene Sein kann gar nicht anders, als sich zu verströmen und das Sein in bestimmten Abstufungen von seinem Ursprung her zu gründen.

Diese Vorstellungen der griechischen Metaphysik passen nicht besonders gut zum biblisch-christlichen Schöpfungsverständnis, welches von einem einzigen, personalen und handlungsmächtigen Gott ausgeht, der eine Geschichte mit seinem Volk hat. Schöpfung ist im christlichen Verständnis auf einen freien Entschluss eines personalen Gottes zurückzuführen, nicht auf den automatisch ablaufenden Prozess des Ausströmens des Seins aus einem abstrakten Absoluten. Daher kann man mit Saskia Wendel kritisch gegen den Emanationsgedanken festhalten: „Im emanativen Schöpfungsverständnis ist genau besehen die Schöpfung gar keine Schöpfung, sondern ein Entstehen oder Hervorgehen, denn zur Schöpfung gehört die Tat des Schaffens, also ein willentlicher Handlungsakt.“[41] Die christliche Schöpfungsvorstellung widerspricht zudem der Auffas-

40 Kehl/Ansorge: Und Gott sah, dass es gut war, 192.
41 Wendel, Saskia: Gott. Das Geheimnis des Anfangs, Freiburg 2011, 37.

sung, dass der Kosmos ewig sei und sich einem notwendigen Herausströmen aus dem all-einen Sein verdanke. Es ist der eine (und einzige) Gott Israels, der in einer Sprechhandlung etwas erschafft, das von ihm unterschieden ist. Der Kosmos ist im christlichen Verständnis also weder ewig noch ein Teil Gottes, sondern eine endliche, vom Schöpfer unterschiedene und von ihm in Freiheit ins Sein gesetzte Schöpfung. Um diese Differenz zu betonen, entwickeln die Theologen der ersten christlichen Jahrhunderte die Rede von der *creatio ex nihilo*.

Zum anderen muss sich die biblisch-christliche Schöpfungsvorstellung auch mit der *Gnosis* auseinandersetzen, die anders als das kosmologische Einheitsdenken der griechischen Philosophie von starken Dualismen geprägt ist: Zunächst geht der Mainstream der Gnosis davon aus, dass es einen guten, radikal transzendenten Ur-Gott und einen bösen, unvollkommenen Schöpfergott gebe, der sogenannte Demiurg. Letzterer erschaffe die materielle Welt, die sich seither in einem kosmischen Götterkampf zwischen den Prinzipien des Guten und des Bösen befinde. Es handelt sich also um einen doppelten Dualismus: Im Bereich der *Gotteslehre* gibt es den Dualismus von gutem Ur-Gott und bösem Schöpfergott, und dieser Dualismus spiegelt sich auch in der *Schöpfung* selbst wider, in der es beständig Kämpfe zwischen Gut und Böse gibt: Als Werk des bösen Demiurgen ist die Welt eine abgrundtief böse, und es ist die Aufgabe der Gnostiker, in Übersteigung der bösen Materie zum transzendenten guten Ur-Gott zurückzukehren. Auch die Gedankenwelt der Gnosis ist nicht kompatibel mit den biblischen Schöpfungstexten, weshalb es hier eine zweite Folie der Auseinandersetzung und Abgrenzung in den ersten frühchristlichen Jahrhunderten gibt.

Einer der ersten christlichen Denker, der in Abgrenzung zum griechischen Emanationsdenken und vor allen Dingen gegen die Gnosis die Erschaffung der Welt aus dem Nichts betont, ist der 2022 von Papst Franziskus zum Kirchenlehrer erhobene Irenäus von Lyon (ca. 135 – ca. 200 n. Chr.).[42] In seinem fünfbändigen Hauptwerk *Adversus Haereses*, das eine Auseinandersetzung mit der Gnosis ist und

42 Irenäus ist nicht der ‚Erfinder' der Rede von der creatio ex nihilo – wichtige Etappen auf dem Weg zur Formulierung dieser Lehre sind Philo von Alexandrien und Justin der Märtyrer. Einen guten Überblick über die Entstehungsgeschichte

das Ziel hat, diese als Häresie zu entlarven, betont Irenäus, dass sich das Schaffen Gottes vom menschlichen Schaffen in der Hinsicht unterscheide, als dass Menschen nur vorgegebenes Material verfertigen, Gott aber etwas aus nichts schaffen könne: „Man muss die Materie der geschaffenen Dinge der Kraft und dem Willen des Gottes aller Dinge zuschreiben: das ist glaubhaft, annehmbar und feststehend. […] Denn Menschen können nicht aus Nichts etwas machen, sondern nur aus vorhandener Materie; Gott dagegen ist den Menschen gerade darin überlegen, dass er die Materie für seine Schöpfung, die vorher nicht da war, selbst kreierte."[43] Diese Schöpfungsdifferenz unterscheidet das menschliche und das göttliche Tun, und es qualifiziert das göttliche Schöpfungshandeln in der Hinsicht, dass es den göttlichen Ursprung des endlichen Seins herausstellt: „Schöpfung aus dem Nichts bedeutet dann die prinzipielle Unbegründbarkeit endlicher Wirklichkeit aus der endlichen Welt, anders gesagt: die Unmöglichkeit, Immanenz in Immanenz zu gründen."[44]

In der frühen Theologiegeschichte erfolgt somit die Entwicklung der Auffassung einer *creatio ex nihilo* – und damit auch die dogmatische Festlegung eines personalen und trinitarischen Monotheismus – in der Auseinandersetzung mit der hellenistischen Philosophie auf der einen, der wirkmächtigen Strömung der Gnosis auf der anderen Seite. Dabei galt es zu verdeutlichen, „dass Schöpfung aus keiner ewigen Chaosmaterie durch einen unvollkommenen Demiurgen entstanden sei, also ‚aus dem Nichts' kam: dass Schöpfung als solche gut war und ist."[45] Die Rede von der *creatio ex nihilo* ist daher eine klare Absage an alle dualistischen Fiktionen eines kosmischen Kampfes zwischen Gut und Böse. Die christliche Schöpfungslehre sagt die prinzipielle Gutheit des Seins aus, da dieses allein auf einen freien Schöpfungsakt Gottes zurückgeht und Gott in diesem Schöpfungsakt auch nicht auf möglicherweise ‚böse' vorhandene Materie zurückgreifen musste oder er die Schöpfung der Welt gar nicht woll-

gibt Steenberg, Matthew: Irenaeus on Creation: The Cosmic Christ and the Saga of Redemption, Leiden/ Boston 2008.

43 Irenäus von Lyon: Adv. Haer. II 10, 4 (Fontes Christiani, Band 8/2, Freiburg 1993).

44 Gruber: Im Haus des Lebens, 190.

45 Ebd., 11.

te und diese auf einen bösen unvollkommenen Gott zurückzuführen ist. Es ist gerade die Betonung des ‚Nichts', aus dem die Schöpfung entstand, die sowohl die Unbedingtheit der Bejahung der Schöpfung und des Lebens in ihr zum Ausdruck bringen soll als auch die Souveränität und Einzigkeit Gottes, der keine anderen Götter oder göttlichen Prinzipien neben sich hat.

Die Vorstellung, dass Gott bereits eine bestimmte ‚Ur-Materie' vorfand, aus der er dann die Schöpfung verfertigte, ist auch in der modernen Theologie nicht verschwunden – vielmehr bildet diese Auffassung den Ausgangspunkt der sogenannten ‚Prozesstheologie', die meist in enger Anlehnung an die ‚Prozessphilosophie' formuliert wird, die auf den englischen Mathematiker und Philosophen Alfred North Whitehead zurückgeht. Die gegenwärtige Debatte um die Prozesstheologie ist zu komplex, um sie im Rahmen dieser Einführung zu behandeln. Grundlegend lässt sich nur sagen, dass die Prozesstheologie zwar einige Potenziale hat, dornige theologische Fragen wie das Theodizeeproblem auf innovative Weise zu bearbeiten, sie aber dafür den recht hohen Preis bezahlt, die Rede von der *creatio ex nihilo* und damit auch von der Allmacht Gottes aufgeben zu müssen. Das grundlegende Problem dualistischer Positionen, die neben Gott ein zweites Prinzip wie etwa das einer Urmaterie postulieren, die Gott nicht erschaffen habe, sondern nur kreativ bearbeiten könne, bleibt auch für die Prozesstheologie bestehen: Gott gerät in eine metaphysische Abhängigkeit von einer vorgefundenen ewigen Materie, was die Transzendenz und Vollkommenheit des einen Gottes gefährdet und die im Monotheismus ausgesagte Differenz von Schöpfer und Geschöpf nicht hinreichend beachtet.

Mit der Rede von der *creatio ex nihilo* können also zentrale Überzeugungen des biblischen Schöpfungsgedankens näher bestimmt werden: die Differenz von Schöpfer und Geschöpf, die Verdanktheit des endlichen Seins vom unendlichen Gott, die Nicht-Notwendigkeit des freien Schöpfungsentschlusses Gottes. Die Aussage der Schöpfung aus dem Nichts zielt also auf die Souveränität und Freiheit Gottes, die quer steht zum Gedanken eines notwendigen Ausströmens der Welt aus einem ewigen Absoluten. Zugleich ist dann aber auch mit der biblisch bezeugten Grundüberzeugung, dass Gott wesenhaft Liebe ist, ernst zu machen: Die Rede von Souveränität und Freiheit Gottes wäre falsch verstanden, wenn man sie als unendliche Steigerung innerweltlicher Souveränität und Machtfülle begreifen würde. Daher kann parallel zur *creatio ex nihilo* mit Medard Kehl auch von einer *creatio ex amore*, einer Schöpfung aus Liebe gesprochen werden: „Darum zieht sich vom biblischen Schöpfungsglauben an durch die ganze Tradition hindurch die einhellige Überzeugung von der *creatio ex amore*: Gott schafft die Welt vollkommen frei, aus purer, überschwänglicher Güte, um ihr an der Fülle seines Lebens, an der unerschöpflichen Liebe zwischen Vater und Sohn im Heiligen Geist Anteil zu geben."[46]

Weiterhin wäre es ein Missverständnis, das ‚Nichts' in der Formel der ‚Schöpfung aus dem Nichts' als etwas zu bestimmten, das ‚vor' der Schöpfung da war und aus dem Gott die Welt dann geschaffen hat. Eine solche *ontologisierende* Rede vom Nichts ist zunächst *philosophisch* problematisch. Weder ist klar, was ‚das Nichts' überhaupt bezeichnen soll – es handelt sich vielmehr um eine merkwürdige Vergegenständlichung dieses Ausdrucks. Noch ist die Rede vom Nichts, das ‚vor' der Schöpfung schon da war, verständlich, da ja auch die Zeit allererst im Schöpfungsakt erschaffen wird. Und auch theologisch verfehlt diese ontologisierende Rede vom Nichts die Aussageabsicht der *creatio ex nihilo*: Es soll nicht etwas Vorgängiges benannt werden, aus dem Gott etwas schafft, sondern vielmehr die Freiheit und Nicht-Notwendigkeit des Schöpfungsentschlusses betont werden. Daher gilt: Die Rede vom Nichts in der Formel der *creatio ex nihilo* „verneint jegliche Abhängigkeit des Schöpfergottes und hat darüber hinaus keine andere inhaltliche Bedeutung."[47] Prägnant hält dies auch Helmut Hoping fest: „Die Schöpfung hat ihren Ursprung allein in der Freiheit Gottes, deren schöpferischer Akt außer Gottes Existenz nichts voraussetzt, mit ihr aber nicht notwendig gegeben ist."[48]

---

46 Kehl/Ansorge: Und Gott sah, dass es gut war, 43.

47 Knapp, Markus, Weltbeziehung und Gottesbeziehung. Das Christentum in der säkularen Moderne – eine anerkennungstheoretische Erschließung, Freiburg 2020, 168.

48 Hoping, Helmut: Creatio ex nihilo. Von der Bedeutung einer schwierigen Unterscheidung für den Begriff des Monotheismus, in: JBTh 12 (1997) 291 – 307, hier 301.

Mit der Rede von der Schöpfung aus dem Nichts wird schließlich, gegen das hellenistisch-emanative Denken und das dualistische Denken der Gnosis, die *Singularität* der göttlichen Schöpfung betont, da ein solcher Akt die Fähigkeiten des Menschen übersteigt. Das Schaffen des Menschen ist auf Vorgegebenes angewiesen, auf bestimmte Materialien, die verfertigt werden. Trotz der fehlenden biblischen Verankerung der Rede von der *creatio ex nihilo* kann sie daher als folgerichtige Explikation grundlegender Einsichten der biblischen Schöpfungstheologie betrachtet werden, da sie aus der Aussage der Einzigkeit und der schöpferischen Allmacht des Gottes Israels folgt. So findet sich beispielsweise die Betonung der Singularität des Schöpfungshandelns Gottes bereits in der Bibel, da es für das göttliche Schöpfungshandeln ein eigenes Wort gibt (*bara'*), welches nie für Handlungen des Menschen verwendet wird. Im Laufe der frühchristlichen Jahrhunderte wird diese eher implizite Betonung der Singularität des göttlichen Schöpfungshandelns dann in der Formel der *creatio ex nihilo* expliziert, weshalb diese Formel als konsequentes Fortdenken der biblischen Rede des Schöpfungshandelns Gottes verstanden werden sollte. Dies wird auch darin deutlich, dass die Schöpfung aus dem Nichts in kirchlichen Lehrentscheidungen immer wieder betont wird – auf dem Konzil von Nizäa 325 (DH 125) genauso wie auf dem IV. Laterankonzil 1215 (DH 800) oder auf dem 1. Vatikanischen Konzil 1869/70 (DH 3002 und DH 3025).

Insgesamt lässt sich festhalten, dass die Lehre von der *creatio ex nihilo* eine folgerichtige Ableitung der Auffassung ist, dass ein personaler und allmächtiger Gott die Welt erschaffen habe, indem er sie als von sich unabhäniges Sein aus sich herausgesetzt habe. Sarah Rosenhauer fasst die systematischen Konsequenzen der in der Lehre von der *creatio ex nihilo* ausgesagten Schöpfungsdifferenz – Gott ist nicht die Welt, und die Welt ist nicht Gott – prägnant zusammen: „Einerseits entweltlicht man Gott, weil er nicht inneres Prinzip der Welt, sondern der von ihr verschiedene Schöpfer ist. Andererseits entgöttlicht man aber zugleich die Welt, insofern sie von Gott unterschieden und derart wirklich selbstständig ist.“[49] Mit dieser in den

49 Rosenhauer, Sarah: Creatio ex nihilo, in: Dockter, Cornelia/ Dürnberger, Martin/ Langenfeld, Aaron (Hg.): Theologische Grundbegriffe. Ein Handbuch, Paderborn 2021, 36.

frühchristlichen Jahrhunderten entwickelten Vorstellung navigiert das Christentum zwischen einem kosmologisch-hellenistischen Einheitsdenken und einem gnostisch-dualistischen Denken und formuliert eine zu beiden Gedankenwelten querliegende, christlich-monotheistische Schöpfungsvorstellung, die dem dynamisch-narrativen biblischen Denken besser gerecht wird und die sich als Grundüberzeugung des Christentums durchgesetzt hat.

1.2.2 Zur Entstehung der Rede von der ‚creatio continua'

Eine zweite Grundformel des christlichen Schöpfungsglaubens neben der *creatio ex nihilo* ist diejenige der *creatio continua* – also der fortwährenden schöpferischen Zugewandtheit Gottes, die das Fortdauern der Schöpfung sicherstellt. In dieser Hinsicht ist Schöpfung nicht nur etwas, das aus Nichts geschieht, sondern etwas, das dauerhaft geschieht. Die Rede von der *creatio ex nihilo* und der *creatio continua* stehen dabei in einem organischen Zusammenhang, da das erste und ursprüngliche Ja Gottes zur Schöpfung kein wirkliches Ja wäre, wenn Gott im nächsten Moment sich von der Schöpfung abkehren würde. In den Worten Franca Spies': „Gott ermöglicht in einer Urtat die weitere Existenz dessen, was im Wort als zu Schaffendes bezeichnet wurde. Das Erschaffungswort wird verwirklicht durch eine Tat, die notwendig auf Wiederholung angelegt ist, da sie sonst in ihrer wirklichkeitskonstitutiven Funktion gewissermaßen erstickt."[50]

Die alternative Vorstellung, dass die Schöpfung mit einem initialen göttlichen Akt des Ins-Sein-Setzens des Universums abgeschlossen ist und Gott sich seither vornehm zurückhält, impliziert ein mythologisches und anthropomorphes Verständnis von Schöpfung: Gott ist kein Ingenieur, der eine Welt-Maschine entwirft und sie danach nur noch bei der Arbeit beobachtet. Ein christliches Verständnis von Schöpfung begreift diese als dauerhaften Prozess, als Dynamik, als Performation der Gegenwart Gottes. Daher kann die Schöpfung auch verstanden werden als ein „über-empirisches Geschehen, das deswegen auch nicht auf den zeitlichen Anfang der Existenz unserer

50 Spies: Let there be Light, 111.

Welt beschränkt werden darf. Es umspannt gründend-tragend das ganze raum-zeitliche Dasein unserer Welt von ihrem Anfang bis zum Ende."[51]

Im Gegensatz zur Rede von der *creatio ex nihilo* gibt es biblisch diverse explizite Anknüpfungspunkte für die Rede von der *creatio continua*.[52] Theologiegeschichtlich auf den Begriff gebracht wird diese Idee bei Augustinus (354–430), der die biblischen Schöpfungsgeschichten theologisch auslegt. Auch wenn Augustinus stark vom Neuplatonismus beeinflusst gewesen ist und auf dessen Basis gegen einen von ihm in seinen jungen Jahren selbst vertretenen dualistischen Manichäismus[53] argumentiert, setzt er sich gerade mit Blick auf die Schöpfung der Welt von dieser philosophischen Rahmentheorie ab und kritisiert das Emanationsdenken Plotins, welches er durch den Gedanken des freien Schöpfungsentschlusses eines freien Gottes ersetzt.

In seiner Schrift *De Genesi ad Litteram* argumentiert Augustinus, dass Schöpfung nicht ein singulärer Akt gewesen sein kann, da die Liebe Gottes eine fortwährende Schöpfungstätigkeit impliziert.[54] Schöpfung ist daher ein kontinuierlicher Akt Gottes, und der Fortbestand der Schöpfung ist abhängig von Gott. Augustinus schreibt: „Denn die Ursache für das Bestehen jeglichen Geschöpfs ist allein die Kraft des Schöpfers, die Wirksamkeit des Allvermögenden und Allbeherrschenden. Würde diese Wirksamkeit auch nur einen einzigen Moment aufhören, das von ihr Geschaffene zu regieren, es würde zugleich auch seine Erscheinung schwinden, und die ganze Natur fiele zusammen. Wenn ein Architekt seinen Bau fertiggestellt hat, kann er abziehen, und wenn er mit seiner Arbeit aufgehört hat und abgezogen ist, bleibt sein Werk bestehen. Nicht so die Welt, die auch nicht einen Augenblick bestehen könnte, wenn Gott ihr seine Lei-

51 Kehl/Ansorge: Und Gott sah, dass es gut war, 41.

52 Eine Sammlung solcher Stellen findet man beispielsweise in Schellenberg, Annette: Schöpfung (AT), in: Das Wissenschaftliche Bibellexikon im Internet (www.wibilex.de), Zugriff am 06.03.2023, 3.4.1.

53 Der Manichäismus ist eine stark von der Gnosis beeinflusste Weltanschauung, deren Name auf ihren Stifter, den Perser Mani (216–276/77), zurückgeht.

54 Vgl. zu dieser Schrift auch Brachtendorf, Johannes/ Drecoll, Volker Henning (Hg.): Augustinus De Genesi ad litteram. Ein kooperativer Kommentar, Paderborn 2021.

tung entzöge."[55] Zugleich betont Augustinus, dass Gottes fortwährendes Schöpfungswirken nicht bedeuten kann, dass er im Nachhinein noch Dinge erschaffe – Gott habe gemäß der Schöpfungserzählung in Gen 1,1–2,4 ja bereits sämtliche Werke vollbracht und sein Werk vollendet.[56]

Mit Augustinus lässt sich daher auf ein wichtiges Missverständnis aufmerksam machen, das in der Rede von der *creatio continua* angelegt ist: Die Rede von der *creatio continua* bedeutet nicht, dass Gott immer wieder nachbessernd in die Schöpfung intervenieren würde, weil sie ihm im ersten Anlauf noch nicht gut genug gelungen sei – sie ist gerade nicht der „Wartungsvertrag, der bei der Produktauslieferung, der creatio originalis, und im Wissen um deren Qualität gleich mitabgeschlossen werden musste."[57] Daher wäre es auch merkwürdig, wenn man die *creatio continua* als eine episodische Einflussnahme Gottes in den evolutionären Prozess verstehen würde, da dies die theologische Sinnspitze der Rede von der *creatio continua* abschneiden würde: Der tiefere Sinn der Rede von der *creatio continua*, also der schöpferischen Welterhaltung Gottes, liegt in der Betonung der Gegenwart des Schöpfers in seiner Schöpfung. Schöpfung ist kein initialer, zeitlich abgeschlossener Akt, sondern erschafft und umfasst alle Zeiten und zielt damit auf eine Gegenwart Gottes in der Welt. In der Rede von der *creatio continua* zeigt sich die existenzielle Relevanz des Schöpfungsdenkens für heute, die mit Franca Spies als ‚Lebensdienlichkeit' beschrieben werden kann: „Dass der Schöpfungsglaube viel mehr über das ‚Hier und Jetzt' aussagt als über einen ersten Akt der Erschaffung, lässt sich an vielen biblischen Schöpfungstexten nachweisen. Unter dieser Perspektive wird deutlich, warum sich die Qualität der Schöpfung nie nur aus einer fernen Tat der Vergangenheit herleiten lassen darf, sondern sich in der Gegenwart als Lebensdienlichkeit zeigen muss."[58] Die *creatio ex nihilo* und die *creatio continua* bezeichnen nicht zwei verschiedene ‚Schöpfungen', da es nur eine göttliche Schöpfung gibt, und sie be-

55 Augustinus: De Genesi ad litteram, Buch IV, Kap. 12, 22–23.

56 Vgl. ebd., Buch V, Kap. 20.

57 Lüke, Ulrich: Das Glaubensbekenntnis vor den Anfragen der Gegenwart, Freiburg 2019, 62.

58 Spies: Let there be Light, 120.

zeichnen auch nicht zwei distinkte Handlungsweisen Gottes, sondern setzen vielmehr unterschiedliche theologische Akzente bei der Beschreibung des einen, andauernden Schöpfungshandelns Gottes.

Weiterführende Literatur

A) Zur biblischen Perspektive

Gradl, Hans-Georg: Sieh, ich mache alles neu. Schöpfung im Neuen Testament, Freiburg 2022. *[Kompakter und gut zugänglicher Einblick in die neutestamentlichen Schöpfungsvorstellungen.]*

Janowski, Bernd: Biblischer Schöpfungsglaube. Religionsgeschichte – Theologie – Ethik, Tübingen 2023. *[Sehr umfangreicher Überblick über alttestamentliche Schöpfungstheologien.]*

Löning Karl/ Zenger: Erich, Als Anfang schuf Gott. Biblische Schöpfungstheologien, Düsseldorf 1997. *[Schon etwas ältere, aber nach wie vor hervorragende Einführung in biblische Grundlagen der Schöpfungstheologie.]*

B) Zur theologiegeschichtlichen Perspektive

Horn, Christoph: Philosophie der Antike. Von den Vorsokratikern bis Augustinus, München 2013. *[Sehr gut lesbare Einführung in die antike Philosophie, die Hintergrund der frühchristlichen Reflexionen zur Schöpfungstheologie ist.]*

Aland, Barbara: Die Gnosis, Stuttgart 2014. *[Gute Einführung in die Gedankenwelt der Gnosis und Versuch der Bündelung gnostischer Ideen zu einer allgemeinen Definition der Gnosis.]*

2. Was bedeutet die christliche Rede von Schöpfung?

Die christliche Rede von Schöpfung beinhaltet in systematischer Perspektive verschiedene Elemente. Zunächst ist die Nicht-Notwendigkeit der Schöpfung zu nennen: Die Schöpfung der Welt durch Gott erfolgt nicht aus Notwendigkeit, sondern verdankt sich einem freien Entschluss Gottes (2.1). Zweitens lässt sich die Rede von Schöpfung nicht aus der Perspektive eines unbeteiligten Beobachters verstehen – sie ist vielmehr eine performative Rede, die auf eine existenzielle Perspektive zielt und die Frage beantworten möchte, welchen letzten Sinn das Sein hat (2.2). Dies führt im Umkehrschluss dazu, dass Schöpfung nicht als konkurrierende Weltentstehungstheorie verstanden werden sollte, sondern als Deutung des letzten Grunds des Universums (2.3). Zugleich sollte die Betonung der Zugewandtheit Gottes, der Liebe als letztem Grund des Seins nicht zu einer Romantisierung oder Idyllisierung des Seins führen, da dieses offensichtlich nicht immer von Liebe und Zugewandtheit geprägt ist. Die christliche Rede von Schöpfung ist daher immer auch ein Ausdruck des Protests gegen das Leid in der Welt, ein Schrei nach Rettung der unschuldig Leidenden (2.4). Diese verschiedenen Grundsäulen der christlichen Rede von Schöpfung führen auf einer erkenntnistheoretischen Ebene zu einer ‚Hermeneutik schöpfungstheologischer Aussagen', die nicht zuletzt deshalb wichtig ist, um bestimmte Fehldeutungen der Schöpfung zu dekonstruieren (2.5).

2.1 Die Nicht-Notwendigkeit der Schöpfung

Das erste zentrale Kennzeichen des christlichen Schöpfungsglaubens ist – dies wurde im vorhergehenden Kapitel mit Blick auf die Entstehung der Rede von der *creatio ex nihilo* und der *creatio continua* ja schon in seiner Entstehungsgeschichte plausibilisiert – die Nicht-Notwendigkeit der Schöpfung. Die Schöpfung der Welt folgt nicht einer neuplatonischen Emanationslogik, sondern basiert auf einem freien Schöpfungsentschluss Gottes. Dieser darf allerdings nicht in einem verkürzenden anthropomorphen Sinne verstanden werden. Es wäre ein unplausibles Bild, wenn man davon ausginge, dass Gott in einem begrenzten zeitlichen Prozess Gründe für und wider die Schöpfung abwägt und dann entscheidet, dass es seinen Interessen am ehesten entspricht, die Welt zu schaffen. In diesem Bild ist sowohl die Verwendung der zeitlichen Kategorien unklar – Gott erschafft im Schöpfungsakt ja auch allererst die Zeit – als auch die Rede von ‚Gottes Interessen', die seinen Entschluss anleiten. Als vollkommenes Wesen hat Gott keine Interessen, er ‚braucht' die Schöpfung nicht. Er existiert unabhängig davon, ob es die Schöpfung gibt oder nicht. Und daher ist auch die Schöpfung gerade kein „awful Frankenstein-like experiment with life"[1], sondern eine Beziehungswirklichkeit: Gottes Liebe teilt sich selbst mit und setzt anderes Dasein, um an dieser göttlichen Liebe teilzuhaben. Die Liebe Gottes wird dadurch nicht größer oder vollkommener, weshalb man mit Hans-Joachim Höhn von einer ‚wohltuenden Grundlosigkeit' der Schöpfung sprechen kann: „Das Gut-Sein der Welt besteht […] nicht darin, dass sie *für* etwas gut ist, dass sie ein geeignetes Mittel für das Erreichen weiterer Ziele ist und aus diesem Grund Wohlgefallen auslöst. Das einzige Ziel das Gott mit der Erschaffung der Welt im Auge hat, ist offenkundig ihr Dasein als solches."[2] Die Schöpfung ist also nicht *zu etwas* da, sie erfüllt keine Funktion, um Gott nochmal zu vervollkommnen, sondern sie ist allein aus Liebe geschaffen – als Wert für sich selbst, nicht aus einer bestimmten Zweckdienlichkeit heraus.

Zur Illustration dieses Gedankens kann die Metapher des *Geschenks* dienen: Schöpfung ist nicht eine notwendige Ableitung aus dem Wesen Gottes; nichts, was Gott schuldet, sondern ein unableitbares Geschenk. Dieser Gedanke ermöglicht das Denken menschlicher Freiheit und ist daher auch der kleinste gemeinsame Nenner der

---

1 Vgl. Scott, Peter Manley: Creation, in: Cavanaugh, William T./ Scott, Peter Manley (Hg.): The Wiley Blackwell Companion to Political Theology, 2nd edition, Hoboken 2019, 376–387, hier 387.

2 Höhn, Hans-Joachim: Gottes Wort – Gottes Zeichen. Systematische Theologie, Würzburg 2020, 139.

Schöpfungserzählungen der drei großen monotheistischen Religionen, wie Klaus von Stosch herausstellt: „Die Grundidee aller drei Religionen war, dass die Welt nicht einfach etwas Gegebenes ist, sondern ein Geschenk. Hinzu kommt, dass auch die Geschöpfe kaum als frei gedacht werden können, wenn sie als Emanationen Gottes gedacht werden. Wie kann die menschliche Handlung wirklich eigenständig menschlich sein, wenn der Mensch nichts ist als notwendig entstehender Ausfluss göttlicher Wirklichkeit?"[3] Es ist also gerade die Nicht-Notwendigkeit der Schöpfung, die nicht ausgesagte Zweckdienlichkeit, welche die immanente Logik der Zweck-Mittel-Relationen durchbricht und damit eine grundsätzliche andere Aussage über den Sinn des Seins treffen kann als es aus einer Logik der Immanenz oder der emanatorischen Notwendigkeit möglich wäre: Gott setzt die Andere als Zweck ihrer selbst frei – und setzt sie damit in eine unbedingt anerkannte Freiheit, da sie nicht erst bestimmte Bedingungen erfüllen muss, um für Gott zweckdienlich zu sein. Es ist also gerade die Nicht-Notwendigkeit der Schöpfung, die zur Notwendigkeit der Unbedingtheit der Bejahung der Existenz von Leben führt. In den Worten Höhns: „Jemanden aus dem Nichts, wegen nichts und somit grundlos ins Leben zu rufen und sich zu eigen sein zu lassen ist identisch mit dem Vollzug einer unbedingten Bejahung. Wer jemanden unbedingt bejaht, will nichts von ihm oder ihr, sondern für ihn und sie: dass er und sie ist, dass er/sie frei und sich selbst zu eigen ist."[4]

Ein weiteres Bild, das diese schöpfungstheologische Kernaussage einer ‚Grundlosigkeit' des Seins illustrieren kann, ist das der Freundschaft: Immer dann, wenn wir uns von bestimmten Interaktionen mit unserem Gegenüber etwas versprechen – wenn wir ein Netzwerk aufbauen möchten, wenn wir uns strategische Vorteile versprechen, kurz: wenn wir einen bestimmten Grund haben, mit einer anderen Person zu interagieren – würde man in der Regel nicht von Freundschaft sprechen. Wahre Freundschaft zeichnet sich dadurch aus, über diese Kalküle von Kosten und Nutzen erhaben zu sein – sie nützt nicht, sie verbessert nicht die Bedingungen, unter denen man lebt,

3 Stosch: Gott als Schöpfer denken, 45.

4 Höhn: Gottes Wort – Gottes Zeichen, 141.

sie verspricht nicht das Stillen materieller Bedürfnisse. Genau daher zeigt sich in echten Freundschaften auch ein Moment der Un-Bedingtheit: Sie übersteigen die Bedingungslogiken der Welt, da Freundschaften um ihrer selbst willen bestehen und nicht als Mittel zum Zweck. Diese Analogie lässt sich auch auf das Verhältnis von Gott und Schöpfung übertragen: Die Schöpfung nutzt Gott nichts, sie ist keine Bedingung für seine Vollkommenheit, sie ist nicht ein weltliches Mittel für göttliche Zwecke. In den Worten Hans Kesslers: „Gerade weil sie (die Geschöpfe, M.B.) ihm (Gott, M.B.) zu nichts nütze sind, sind sie ihm von *un*-bedingtem Wert, sind als sie selber gemeint und unbedingt gewollt. Er will nicht ohne sie sein."[5]

Der Grund der Welt ist also die Freiheit Gottes – nicht eine Notwendigkeit, der Gott unterworfen ist. Und wenn der Grund der Welt diese aus Freiheit schafft, lässt sich auch die Welt selbst als eine denken, in der Freiheit vorherrscht: Sie ist eine eigenständige, autonome Welt, die von einem allmächtigen Schöpfer aus Freiheit ins Sein gesetzt wurde und seither von ihm im Sein gehalten wird. Die Allmacht des Schöpfers zeigt sich aber gerade nicht darin, in einer Art Mikro-Management alles in der Welt zu jeder Zeit fest im Griff hat, sondern dass er sie in Freiheit entlässt.

Umgekehrt folgt aus dieser Nicht-Notwendigkeit der Schöpfung zudem, dass Gott nicht auf die Welt angewiesen ist oder diese zu seiner eigenen Vollkommenheit braucht. Gott „bedarf der Welt nicht, um er selbst zu sein, vielmehr bestimmt er sich in absoluter Freiheit dazu, in sich selbst ‚Raum' zu geben für das von ihm Verschiedene, es in seine Andersheit und Eigenwirklichkeit hinein freizugeben."[6] Dieser schöpfungstheologische Grundgedanke findet sich auch in der Dogmatischen Konstitution ‚Dei Filius' des 1. Vatikanischen Konzils:

> „Dieser alleinige wahre Gott hat in seiner Güte und ‚allmächtigen Kraft' – nicht um seine Seligkeit zu vermehren, noch um Vollkommenheit zu erwerben, sondern um seine Vollkommenheit zu offenbaren durch die Güter, die er den Geschöpfen gewährt – aus völlig freiem Entschluss vom Anfang der Zeit an aus nichts zugleich beide Schöpfungen geschaffen, die

5 Kessler, Hans: Evolution und Schöpfung in neuer Sicht, Kevelaer [4]2012, 150.
6 Ebd., 150.

> geistige und die körperliche, nämlich die der Engel und die der Welt; und danach die menschliche, die gewissermaßen zugleich aus Geist und Körper besteht." (DH 3002)

Die Rede von der Freiheit des Schöpfungsentschlusses Gottes zielt daher auf die Einsicht, dass Gott die Welt nicht braucht, um vollkommen zu sein – er konnte sich dazu entschließen, die Welt zu schaffen, und er hätte es auch unterlassen können. Worauf diese Rede hingegen nicht zielt, ist die Auffassung, dass Gott im Sinne eines wankelmütigen Potentaten die Welt so hätte erschaffen können, wie sie ihm gefällt – also z. B. als einen Ort, an dem Gottes Liebe als der letzte Grund des Seins völlig unerkennbar ist. Anders gesprochen: Gott bindet seine Freiheit zur Schöpfung an die Wesensbestimmung seiner selbst als Liebe, weshalb es ein anthropomorphes Missverständnis der Rede vom ‚freien Schöpfungsentschluss' Gottes wäre, wenn damit ausgesagt werden soll, dass Gott die Welt auch anders als von ihm bejahte, gute Welt erschaffen kann: „Schon der Schöpfungsgedanke ist nur als göttlicher Freiheitsakt im strikten Sinne schlüssig – ein Freiheitsakt ist aber die un-bedingte Aktualisierung des Willens, im Fall der schöpferischen Freisetzung des Anderen also die Bestimmung Gottes selbst zu diesem freien Anderen. Die freie Setzung des Kosmos, der Entschluss Gottes zur Welt ist kontingente, nicht notwendige Selbstbindung Gottes, doch Selbstbindung dessen, der reine Aktualität ist, der sich in seinem Handeln also voll entspricht. Dies schließt jede Vorstellung von Willkürfreiheit aus."[7]

Eine Entscheidung zwischen Liebe und Freiheit ist in Bezug auf die christliche Rede von Gott ist daher als eine falsche Alternative zu betrachten, da Freiheit und Liebe in Gott in eins fallen, wenn unter Freiheit nicht die bloße Wahlfreiheit, sondern Kreativität und Spontaneität verstanden wird. Die göttliche Liebe zum Menschen setzt seine Freiheit voraus, da eine ‚notwendige Liebe' keine Liebe sein kann; und von göttlicher Freiheit kann nur sinnvoll gesprochen werden, wenn seine Liebe vorausgesetzt wird, da andernfalls die in

7 Knop, Julia: Sünde, Freiheit, Endlichkeit. Christliche Sündentheologie im theologischen Diskurs der Gegenwart, Regensburg 2007, 320.

der göttlichen Selbstmitteilung verbürgte Treue Gottes zu seiner Schöpfung in Frage stehen würde.

Insgesamt lässt sich also festhalten, dass die Schöpfung auf einen freien Entschluss des Schöpfers zurückgeht, wobei Freiheit keine Willkürfreiheit meint, sondern eine durch die göttliche Liebe geformte Freiheit. In dieser Hinsicht ist von einer Nicht-Notwendigkeit der Schöpfung auszugehen, die schon in der Formel der ‚Schöpfung aus dem Nichts' zum Ausdruck kam und die auch systematisch begründet werden kann: Gott war und ist nicht gezwungen die Welt zu schaffen und er braucht sie auch nicht zu seiner eigenen Vervollkommnung – sie verdankt sich seinem freien Schöpfungsentschluss, der, mit Johannes Duns Scotus gesprochen, darauf setzt, Mitliebende zu gewinnen.

2.2 Schöpfung als existenziale Beziehungsaussage

Das zweite grundlegende systematische Merkmal des christlichen Schöpfungsglaubens besteht darin, eine existenziale Beziehungsaussage zu formulieren. Der christliche Schöpfungsglaube möchte keine Weltentstehungstheorie sein, sondern zielt auf ein Sinnverstehen der Wirklichkeit. Er interpretiert die Wirklichkeit als von Gott grundsätzlich und allzeit bejahte Wirklichkeit. Diese Interpretation bringt zum Ausdruck, dass das Sein und das Leben grundsätzlich wertvoll sind und von einem letzten, lebensbejahenden Grund getragen werden. Markus Knapp formuliert dies so: „Bei der Rede von der Welt als einer Schöpfung Gottes geht es also nicht um eine theologische Weltentstehungstheorie; sie besagt vielmehr, dass Gott der Welt eine Sinnstruktur eingeschrieben hat, die die Entwicklung und Entfaltung des Lebens ermöglicht und ihm eine letztgültige Sinnperspektive eröffnet. Diese Sinnstruktur wird bestimmt durch das Sein und Wesen Gottes als Liebe."[8]

Der christliche Schöpfungsglaube zielt daher auf eine Balance zwischen einer letzten Unverfügbarkeit und einer letzten Verdanktheit der eigenen Existenz. Gottes Geschöpfe sind in Beziehungs-

8 Knapp: Weltbeziehung, 162.

wirklichkeiten freigesetzt und können darauf vertrauen, dass der letzte Grund des Universums nicht unendliche Weite – was ja letztlich dasselbe wäre wie das Nichts – ist, sondern unbedingte Liebe. Der Sinn des eigenen Seins ist nicht lediglich die Weitergabe des eigenen Erbguts, um die Maschine noch ein bisschen länger am Laufen zu halten, sondern ein Teilnehmen an dieser Liebe. Die Rede von Schöpfung zielt nicht auf einen zeitlichen Anfang, sondern auf das Prinzip des Universums. Damit ist die Rede von Schöpfung eine existenzielle Rede über die Annehmbarkeit der eigenen Existenz bestimmbar und nicht als empirische, quasi-naturwissenschaftliche Hypothese. Eine solche Rede ist aus der Teilnahme an einer Lebens- und Glaubenspraxis erschließbar und vernünftig rechtfertigbar, nicht aber aus der Perspektive einer distanzierten und teilnahmslosen Beobachtung des Weltgeschehens: „Der Satz ‚Die Welt ist eine Schöpfung Gottes' gibt keine Beobachtung wieder; er lässt sich nicht in einer objektivierenden Einstellung überprüfen, in der das Subjekt der Welt beobachtend gegenüber steht. Von der Geschöpflichkeit der Welt lässt sich nur in einer Teilnehmerperspektive sprechen."[9] Das Bekenntnis zur Geschaffenheit der Welt drückt also eine Einstellung zur Wirklichkeit aus und zeigt nicht ein bloßes Für-Wahr-Halten bestimmter Informationen über diese Wirklichkeit an. Wie Sibylle Trawöger programmatisch formuliert, ist „die Rede von der Schöpfung demnach in erster Linie nicht informativ, sondern performativ."[10]

Eine performative Rede von Schöpfung begreift diese Rede als eine Beziehungsaussage. Schöpfung zielt auf das Explizit-Machen eines *dialogischen Beziehungs-Geschehens*: Schöpfung ist ein dialogisches *Beziehungs*-geschehen, weil mit der Rede von Schöpfung eine grundsätzliche Aussage über das Beziehungsverhältnis von Schöpfer und Geschöpf gemacht wird: Der Schöpfer ist seinen Geschöpfen in unbedingter Liebe zugewandt. Sie ist ein *dialogisches* Beziehungs-geschehen, weil diese Zuwendung nicht durch kausale Manipulationen der irdischen Welt oder irgendwelche supranaturalen Epiphanien verdeutlicht, sondern in einem dialogischen, d.h. in-

9 Ebd., 145.

10 Trawöger, Sibylle: Krone der Schöpfung = Nabel der Welt?, Zu einer kopernikanischen Wende in der Schöpfungstheologie, in: THPQ 171 (2023), 24–34, hier 26.

tersubjektiven und kommunikativen Prozess sichtbar wird. Und sie ist ein dialogisches Beziehungs-*geschehen*, weil es sich nicht um die Vermittlung von Informationen über die Welt, sondern um ein performatives Geschehen handelt: Eine Haltung zum Leben im Ganzen zeigt sich in einer Handlungspraxis, und die Rede von Schöpfung performiert diese Einstellung. So zeigt sich: In der Rede von Schöpfung geht es um die letzte Bedeutung des eigenen Daseins, um seine existenzielle Annehmbarkeit qua seiner Herkünftigkeit im Urgrund des Seins, nicht aber um eine Ergänzung der biologischen Erklärung der Entstehung des menschlichen Lebens innerhalb des Evolutionsprozesses.

Diese existenziale Grundaussage der christlichen Schöpfungsbotschaft stammt biblisch aus bestimmten Krisenerfahrungen des Exils, der Heimatlosigkeit und der Unterdrückung. In der Gegenwart wird diese Heimatlosigkeit durch die Erkenntnisse der modernen physikalischen Kosmologie nahegelegt, denn: Im kosmischen Maßstab erscheinen die eigene Existenz und die Existenz der Welt lächerlich klein. Sowohl die Zeitspanne des eigenen Lebens als auch die räumlichen Dimensionen des Universums lassen sich denkerisch kaum erfassen.

Exemplarisch lässt sich die denkerisch kaum fassbare Ausdehnung unseres Universums an der Größe allein unserer Milchstraße verdeutlichen: In ihr gibt es 300 Milliarden Sterne. Der Physiker Christophe Galfard hat, um die Dimension dieser Zahl zu verdeutlichen, in seinem Buch *Das Universum in deiner Hand* die Leserin eingeladen, sich vorzustellen, man würde oberhalb der Milchstraße schweben und auf diese herabblicken, um die Sonne zu finden. Natürlich scheitert man, und er schlägt folgendes Gedankenexperiment vor, um dieses Scheitern vor seinen Freunden zu rechtfertigen:

„Wenn du dich schwertust zu begreifen, was es bedeutet, dass 300 Milliarden Sterne unabhängig voneinander dahinschweben, mach dir nichts daraus. Niemand begreift das. Zahlen werden nichts ausrichten, wenn du versuchst, deinen Freunden […] zu beschreiben, was von dort oben zu sehen ist. Sag ihnen stattdessen, sie sollen einen würfelförmigen Karton mit einem Meter Kantenlänge nehmen und ihn bis oben mit grobkörnigem Sand füllen. Dann bitte sie, 299 weitere Kartons dieser Größe mit dem gleichen Sand zu füllen. Unsere Galaxie enthält so viele Sterne, wie all diese Kartons zusammen Sandkörner enthalten. Bitte deine Freunde weiter, nach London zu fliegen und diese 300 Kartons in eine flache, runde Form zu entleeren, die den ganzen Trafalgar Square bedeckt, den Inhalt der Form zu vier Spiralarmen anzuordnen und sich dann auf die Schultern Admiral Nelsons zu setzen. Sein Denkmal steht auf einer Säule inmitten des Platzes, die mit 51 Metern die gleiche Höhe hat wie Nelsons Flaggschiff HMS Victory vom Kiel bis zur Mastspitze. Was sie von dort oben sehen werden, wird sich ausnehmen wie die 300 Milliarden Sterne der Milchstraße […]. Nun sag deinen Freunden noch, dass du eines dieser Sandkörner mit einem gelben Punkt markiert hast […] und bitte sie zu sagen, welches Sandkorn das ist. Sie werden dann begreifen, wie schwer du dich dort oben, oberhalb der wirklichen Milchstraße, mit dem Unterfangen getan hast, die Sonne zu entdecken – von der Erde, die nur ein Hundertstel so groß ist, ganz zu schweigen."[11]

Angesichts dieser Dimensionen kann einem schwindlig werden und die Frage nach der Signifikanz der eigenen Existenz angesichts der offensichtlichen kosmischen Insignifikanz des Fortbestehens der Erde oder der Menschheit aufkommen. Nietzsche hat diese Konsequenz in aller Prägnanz gezogen und die völlige Sinnlosigkeit des menschlichen Daseins angesichts seiner raumzeitlichen Winzigkeit behauptet:

„In irgendeinem abgelegenen Winkel des in zahllosen Sonnensystemen flimmernd ausgegossenen Weltalls gab es einmal ein Gestirn, auf dem kluge Thiere das Erkennen erfanden. Es war die hochmüthigste und verlogenste Minute der ‚Weltgeschichte'; aber doch nur eine Minute. Nach wenigen Athemzügen der Natur erstarrte das Gestirn, und die klugen Thiere mussten sterben. – So könnte Jemand eine Fabel erfinden und würde doch nicht genügend illustrirt haben, wie kläglich, wie schattenhaft und flüchtig, wie zwecklos und beliebig sich der menschliche Intellekt innerhalb der Natur ausnimmt; es

11 Galfard, Christophe: Das Universum in deiner Hand. Die unglaubliche Reise durch die Weiten von Raum und Zeit und zu den Dingen dahinter, München 2017, 44.

gab Ewigkeiten, in denen er nicht war; wenn es wieder mit ihm vorbei ist, wird sich nichts begeben haben."[12]

Der Schöpfungsglaube ist an dieser Stelle der große Kontrapunkt zur Behauptung der kosmischen Insignifikanz des Lebens und zu einem nietzscheanischen Nihilismus. Der Schöpfungsglaube setzt gegen die Erfahrung von Krisen und Kontingenzen ein Ja zum Leben, zur Wichtigkeit und Zentralität der eigenen Existenz. In den Worten Knapps: „Der Schöpfungsglaube reagiert auf die Erfahrung radikaler Kontingenz. Dass es in diesem unermesslichen Kosmos einen Planeten gibt, auf dem sich Leben und eine Vielfalt von Lebensformen entwickeln konnten, war keineswegs zwingend notwendig, sondern erscheint eher unwahrscheinlich."[13]

Schöpfungstheologisch betrachtet ist es also die falsche Konsequenz, aus der im kosmischen Maßstab insignifikant erscheinenden Existenz der Erde auch die Insignifikanz des Lebens auf dieser Erde zu folgern. Denn es gibt nicht nur die nahezu unfassliche räumliche und zeitliche Ausdehnung des Universums, sondern eben auch den zwischenmenschlichen Nahbereich, der eine andere Wirklichkeit als die raumzeitlich ausgedehnte Materie des Universums bildet. Schon Immanuel Kant hat in einem berühmten Zitat, das sogar seinen Grabstein in Königsberg ziert, auf diese doppelte Wirklichkeit des Menschen aufmerksam gemacht: „Zwei Dinge erfüllen das Gemüth mit immer neuer und zunehmender Bewunderung und Ehrfurcht, je öfter und anhaltender sich das Nachdenken damit beschäftigt: der bestirnte Himmel über mir und das moralische Gesetz in mir." (KpV, AA V, 161). Insbesondere von theologischem Interesse ist nun auch die weitaus weniger bekannte Fortführung des Gedankengangs bei Kant. Er schreibt: „Der erstere Anblick einer zahllosen Weltenmenge vernichtet gleichsam meine Wichtigkeit, als eines thierischen Geschöpfs, das die Materie, daraus es ward, dem Planeten (einem bloßen Punkt im Weltall) wieder zurückgeben muss, nachdem es eine kurze Zeit (man weiß nicht wie) mit Lebenskraft versehen gewesen. Der zweite erhebt dagegen meinen Werth, als einer Intelligenz, unendlich durch meine Persönlichkeit, in welcher das moralische Ge-

12 Nietzsche, Friedrich: Über Wahrheit und Lüge im außermoralischen Sinn, in: Ders.: Werke in drei Bänden, Bd. 3, Darmstadt 1997, 309–322, hier 309.

13 Knapp: Weltbeziehung, 143.

setz mir ein von der Thierheit und selbst von der ganzen Sinnenwelt unabhängiges Leben offenbart, wenigstens so viel sich aus der zweckmäßigen Bestimmung meines Daseins durch dieses Gesetz, welche nicht auf Bedingungen und Grenzen dieses Lebens eingeschränkt ist, sondern ins Unendliche geht, abnehmen lässt." (KpV, AA V, 161f.)

Bei Kant ist damit eine existenzialistische Grunderfahrung vorgedacht: Die Erfahrung des eigenen Daseins als irrelevant angesichts der anonymen Größe und der nicht vorstellbaren Weite des Universums. Zugleich scheint Kant auch schon eine Lösung vorzuzeichnen, die er zwar auf das moralische Gesetz engführt, die aber auch schöpfungstheologisch geweitet werden kann: Es ist gerade der menschliche Nahbereich – die Sphäre der intersubjektiven Anerkennung, der verständigungsorientierten Kommunikation, der zwischenmenschlichen Beziehung – der der Vernichtung der eigenen Wichtigkeit durch die fehlende Signifikanz der eigenen Existenz im kosmischen Maßstab entgegensteht. Die vermeintliche Sinnlosigkeit der menschlichen Existenz aus der Perspektive eines weltenthobenen *Beobachters* des Kosmos als solchem wird konterkariert durch die tiefen Sinnerfahrungen, die sich in der Perspektive eines in der Welt verwurzelten *Teilnehmers* an menschlichen Existenzvollzügen machen lassen. Man könnte auch sagen, dass die *Beobachtungen* des Universums nahelegen, dass der Mensch nicht in seinem Zentrum steht, und dass die alltäglichen *Erfahrungen* der menschlichen Lebensform aber genau diese Zentrierung plausibel machen.

Die Rede von Schöpfung ist daher als Dementi der vermeintlichen kosmischen Bedeutungslosigkeit der menschlichen Existenz bestimmbar. Das Ausgreifen des Menschen nach Sinn findet Anhalt in der Welt, die im letzten eine lebensbejahende Umgebung ist. Die grundlegende Aussage von Schöpfung ist ‚Es ist gut, dass du bist!'. Daher lässt sich festhalten, dass der Schöpfungsglaube eine Antwort auf die Kontingenz des eigenen Seins ist: Er betont die Unverfügbarkeit und Verdanktheit der menschlichen Existenz, da dem Menschen sein Leben und seine Umwelt gegeben sind und sie sich einer letzten Verfügbarmachung stets entziehen; er betont die Relationalität und Beziehungsfähigkeit als grundlegende sinnstiftende Merkmale des menschlichen Seins, welche gerade auch durch die Aussage der Gottebenbildlichkeit des Menschen betont werden, die auf die Vermittlung der Gegenwart Gottes durch den in Gemeinschaft lebenden Menschen zielt; und er betont die Ambivalenz der Schöpfung, da diese eben noch nicht die erlöste und vollendete Schöpfung ist, sondern durch die Rede von Schöpfung gerade die Hoffnung ausgedrückt wird, dass Tod und Vernichtung am Ende des Tages überwunden werden können und der innerweltlich erfahrbaren Sinnhaftigkeit der eigenen Existenz ein transzendenter unbedingter Sinn entspricht.

Die Rede von Schöpfung erweist sich so als eine existenziale Reflexion über die Annehmbarkeit des Daseins. Während das Leben und Handeln des Menschen im kosmischen Maßstab irrelevant erscheinen, betont der Schöpfungsglaube die Relevanz jedes konkreten menschlichen Lebens: Es gibt einen letzten Grund des Seins, der sich als Liebe bestimmen lässt – das Sein ist nicht ein ohne irgendein Ziel entstandenes, schweigendes und ganz und gar gleichgültiges Universum.

2.3 Ein Missverständnis: Schöpfung als Weltentstehungstheorie

Wenn mit der Nicht-Notwendigkeit der Schöpfung und der grundsätzlichen Bestimmung der Rede von Schöpfung als dialogisches Beziehungsgeschehen zwei Grundpfeiler der christlichen Schöpfungstheologie feststehen, kann in einem nächsten Schritt die christliche Auffassung von Schöpfung weiter konturiert werden, indem sie gegen missverständliche Verwendungsweisen abgegrenzt wird: Die christliche Rede von Schöpfung zielt nicht auf eine Weltentstehungstheorie und visiert auch keinen Zeitpunkt innerhalb der Geschichte des irdischen Seins als ‚Zeitpunkt der Schöpfung' an. Beides würde nicht nur der *creatio ex nihilo* und der *creatio continua* widersprechen, sondern steht auch vor systematischen Problemen, die im Folgenden erörtert werden.

Die Grundfrage der Schöpfungstheologie – warum ist überhaupt etwas und nicht vielmehr nichts? – zielt nicht auf eine spezifische Form der Kosmogenese, sondern auf die Frage danach, was einen gelingenden Existenzvollzug ausmacht. Das ‚Warum' in dieser Frage ist nicht auf eine kausale ‚Weil'-Erklärung, sondern auf eine intentionale ‚Um-zu'-Erklärung gerichtet. Es fragt nach dem ‚Wozu', nicht nach dem ‚Wie' der Entstehung der Welt. Die Rede von Schöpfung kommt nicht dann ins Spiel, wenn Menschen mit ihrem Latein am Ende sind und auch die Naturwissenschaftler:innen nicht weiter kommen, sondern sie macht eine Aussage über die Annehmbarkeit des Daseins. Mit Erwin Dirscherl gesprochen: „Gegenstand der Schöpfungsrede ist also nicht der Grenzbereich unseres Wissens, sondern die Frage nach der Schöpfung als Gabe und unverdiente Gnade im Sinne eines grundlosen Geschehens."[14]

Der Schöpfungsakt ist also nicht durch irgendwelche innerweltlichen Ursachen vermittelt, weshalb er auch nicht empirisch erforschbar ist oder ein Gegenstand sinnlicher Anschauung werden kann.[15] Ein noch so scharfes Teleskop könnte nicht bis in den Schöpfungsakt hineinzoomen – zum einen, weil mit dem Schöpfungsakt ja allererst Raum und Zeit entstehen, und zum anderen, weil man damit an der falschen Stelle nach dem Schöpfungsakt suchen würde; ganz so, als ob er eine dem Urknall nochmals vorgelagerte Inititalzündung sei. Das ist – wie gesehen – mit Schöpfung aber gerade nicht gemeint. Die schöpfungstheologische Rede vom ‚Anfang' zielt auf das grundlegende *principium*, das Prinzip des Seins, nicht auf sein *initium*, seinen Anfang in der Zeit: „Theologisch steht dafür der Gedanke der Schöpfung der Welt. Er setzt einen Anfang, der in der Form einer Ereignissingularität konfiguriert wird: allerdings nicht als physikalische Größe, sondern als ein *Topos*. Er bezeichnet einen *Ort*, der aber nur im Vorgang der Bezeichnung zu erreichen ist – in der Vorstellung eines *anfanglosen Anfangs*."[16] Auch die biblische Rede vom ‚Anfang' sollte daher nicht im Sinne einer Beschreibung eines Zeitpunkts der Weltschöpfung verstanden werden, sondern vielmehr als die Beschreibung der grundlegenden Beziehung des Schöpfers zu seiner Schöpfung. Dementsprechend wird auch das biblische ‚Im

14 Dirscherl, Erwin: Grundriss Theologischer Anthropologie. Die Entschiedenheit des Menschen angesichts des Anderen, Regensburg 2006,hier 59.

15 Vgl. dazu Kessler, Hans: Was heißt: Gott handelt?, in: ders.: Den verborgenen Gott suchen, Paderborn 2006, 90–103, 97.

16 Hoff, Gregor Maria: Glaubensräume. Topologische Fundamentaltheologie, Ostfildern 2021, 228f.

Anfang schuf Gott…‘ in Gen 1,1 in der lateinischen Bibelübersetzung nicht durch den Ausdruck *ab initio*, sondern durch den Ausdruck *ab principio* übersetzt: Es geht hier nicht um das *initium*, den zeitlichen Anfang, sondern um das grundsätzliche *principium*, das die Beziehung zwischen Gott und Welt reguliert. Daher übersetzt der Münsteraner Alttestamentler Erich Zenger den Beginn der Bibel auch nicht mit ‚*Im* Anfang schuf Gott…‘, sondern mit ‚*Als* Anfang schuf Gott…‘.[17] So kann programmatisch festgehalten werden, dass die zeitliche Präzisierung eines kausalen Hervorbringens des Universums durch Gott verfehlt, worum es dem Schöpfungsgedanken in Wahrheit geht:

> „Schöpfung [ist] keine auf einen urgeschichtlichen Zeitpunkt bezogene Formel, sondern [drückt] die grundlegende Verhältnisweise Gottes zur Wirklichkeit aus: Sie ist eine lebendige Beziehung, die Gott in sich selbst ist, und die bleibt, wenn er sich zum Anderen seiner selbst hinbezieht. Darin nämlich ist er als ein schöpferischer Gott erfahrbar, der aus seiner Lebensfülle selbstständige, von Gott unterschiedene Wirklichkeit hervorbringt.“[18]

Ein zweites Missverständnis des Schöpfungsglaubens betrifft die Frage nach der Möglichkeit einer genauen raumzeitlichen Lokalisierung des göttlichen Schöpfungshandelns. Während menschliche Handlungen einen Anfang und ein Ende haben, ist diese Annahme für das Schöpfungshandeln Gottes nicht plausibel, denn: Die Frage, wann genau Gott denn die Entstehung der Welt verursacht, ist eine sinnlose Frage, weil auch die Zeit erst in der Schöpfung entsteht. Verantwortet sprechen lässt sich daher nur vom ‚Dass‘ der Schöpfung sowie von ihrem ‚Wozu‘, nicht aber von ihrem kausalen ‚Wie‘ oder ihrem temporalen ‚Wann‘. Dies hatte sich ja auch schon als der tiefere Sinn der Rede von der Schöpfung aus dem Nichts erwiesen: Es gibt keinen empirischen Weg zum Schöpfungsakt, weil auch alle Kategorien, mit denen empirische Wissenschaften arbeiten, erst in der Schöpfung selbst entstehen: „Die Schöpfung setzt den Menschen und seine Zeit. Insofern ist die Schöpfung kein Einzelfall eines kau-

17 Vgl. Zenger/ Löning: Als Anfang schuf Gott, 30.
18 Gruber: Im Haus des Lebens, 22.

salen Verhältnisses, weil die Zeitlinie, die es ermöglichen würde, ein synchrones Begründungsgeschehen von Ursache und Wirkung zu denken, radikal unterbrochen ist und sich von daher der Theologie die Aufgabe stellt, den Menschen in seiner Kreatürlichkeit als radikal von Gott abhängig anzusehen.“[19]

Schöpfung ist daher nicht lediglich als Aussage über die Vergangenheit zu bestimmen. Dies würde nämlich bedeuten, Schöpfung innerhalb einer gegebenen Zeit zu denken. Diese Einsicht findet sich schon bei Augustinus: Gott erschafft die Welt gemeinsam mit der Zeit (*cum tempore*), nicht aber in der Zeit (*in tempore*).[20] Es ist nicht plausibel zu sagen, dass es einmal eine Zeit gab, in der der Kosmos nicht war – wenn die Zeit im Schöpfungsakt erschaffen wird, gab es eben keine Zeit, in der der Kosmos nicht war. Genauso wie es einen Beginn des Universums gibt, gibt es auch einen Beginn der Zeit.[21] Diese Auffassung des Augustinus passt gut zu den gegenwärtigen Erkenntnissen der Physik, die ebenfalls davon ausgehen, dass es vor der häufig metaphorisch als Urknall bezeichneten Anfangssingularität keine Zeit gab.[22] Selbst der in dieser Hinsicht skeptische Albert Einstein ließ sich von der Lösung seiner Feldgleichung durch den katholischen Priester und Physiker Georges Lemaître 1927 und den Beobachtungen Edwin Hubbles 1929 überzeugen: Das Universum und die Zeit selbst haben ein Geburtsdatum.[23]

Neben diesen zeitphilosophischen Überlegungen muss auch theologisch daran erinnert werden, dass die Vorstellung von Schöpfung als Prozess einer zeitlich begrenzten Verursachung der Welt innerhalb von Raum und Zeit Gott zu einer innerweltlichen Größe verzwergen und seine Transzendenz in Frage stellen würde. Mit Karl Rahner muss daher die Konsequenz gezogen werden, dass Gott „in die Welt, mit der wir umgehen, nicht einrücken zu können [scheint], weil er ja dadurch gerade das würde, was er nicht ist: ein einzelnes,

19 Dirscherl: Grundriss Theologischer Anthropologie, 55.

20 Vgl. Augustinus: Confessiones, Buch XI.

21 Vgl. dazu auch Brachtendorf, Johannes: Augustinus, Stephen Hawking und der Anfang der Zeit, in: Theologie und Philosophie 93 (2018), 481–501.

22 Vgl. für eine gute Einführung in die Ursprünge und Entstehung der Zeit Tonelli, Guido: Chronos. Eine physikalische Reise zu den Ursprüngen der Zeit, München 2022.

23 Vgl. ebd.., 83f.

neben dem es anderes gibt, das er nicht ist."[24] Die Rede von Schöpfung zielt darauf, dass Gott die metaphysische Bedingung für Sein überhaupt ist, nicht aber darauf, dass Gott als eine Ursache unter vielen irgendwann einmal das Sein hervorbringt und es seither interessiert beobachtet. In den Worten Aaron Langenfelds: „Schöpfung kann […] nicht heißen, dass Gott zu einem bestimmten Zeitpunkt die Welt hervorbringt, was Gott im profanen Sinne unter die Kette innerweltlicher Ursachen rechnen müsste. Gott als transzendenter Grund der Welt ist vielmehr – durchaus im Sinne des klassischen Thomismus – notwendige Bedingung des Daseins insgesamt."[25]

Es lässt sich daher sagen, dass die Rede von Schöpfung auf die *Relation* zwischen Schöpfer und Geschöpf zielt, nicht aber auf eine zeitlich lokalisierbare, naturkausale Verursachung des Lebens auf der Welt. Was sich schon die Auseinandersetzung mit den biblischen Urgeschichten zeigte, gilt auch systematisch-theologisch: Wenn man die Rede von Schöpfung als alternative Erklärung der Entstehung der Welt begreift, verfehlt man ihre Sinnspitze.

2.4 Die Rede von Schöpfung als Protest gegen die Faktizität der Welt

Die bisherigen Erwägungen haben stark die Erfahrbarkeit von Sinn in der Welt und die utopischen Potenziale des Schöpfungsglaubens betont. Diese Betonung käme aber einer einseitigen Apologetik gleich, wenn sie nicht begleitet würde von einer politisch-theologischen Perspektivierung, die sich gegen jede Romantisierung und Idyllisierung der Schöpfung richtet. So wirft Johann Baptist Metz existenzialistischen Theologien eine *Individualisierung* des Schöpfungsgedankens vor, der ihren sozialen und politischen Impuls verstelle. Eine Engführung auf die Zusage der göttlichen Liebe an Privatpersonen nehme nicht ernst, dass die christliche Botschaft immer

---

24 Rahner, Karl: Grundkurs des Glaubens, in: Ders.: Grundkurs des Glaubens. Studien zum Begriff des Christentums (Sämtliche Werke 26), Freiburg i. Br. 1999, 89.

25 Langenfeld, Aaron: Frei im Geist. Studien zum Begriff direkter Proportionalität in pneumatologischer Absicht, Innsbruck 2021, 125.

auch eine „gesellschaftsbezogene Verheißung“[26] sei, die sich in Form des praktischen Protests gegen die Missstände innerhalb der konkreten Geschichte richte und diese ganz konkret zu beheben versuche: „Wer z. B. die Rede vom Gott Abrahams, Isaaks und Jakobs so formuliert, dass in ihr der Seufzer des Ijob, sein Klageruf ‚Wie lange noch?‘ unhörbar geworden ist, der treibt nicht Theologie sondern Mythologie. Die Gottesverständigung richtet sich nicht auf irgendwelche (‚postmodern‘) erfundenen Gottesbilder, die allesamt keine Negativität, keinen ungetrösteten Schmerz vertragen, sondern auf das Gottesbild der biblischen Traditionen. Nehmen wir die unhintergehbare schmerzliche Dialektik dieses Gottesbilds wirklich ernst? Das frage ich mich, wenn ich auf die heute ach so positive Gottesmetaphorik in der Verkündigung höre, in der nur noch von der ‚Liebe‘ Gottes die Rede ist.“[27]

Die Rede von Schöpfung soll und darf daher keine Beruhigungspille sein, keine De-Politisierung der christlichen Botschaft im Sinne eines platten ‚Alles wird gut‘, und sie soll auch nicht die Ambivalenz der Schöpfung kleinreden, die sich im Theodizeeproblem theologisch manifestiert. Für Metz ist klar, dass es keine theoretische Lösung des Theodizeeproblems geben kann, sondern nur einen praktischen Protest gegen das Leid in der Welt aus dem Glauben heraus. Daher kann die christliche Gottesrede nicht nur auf eine Harmonisierung der Ambivalenzen der Schöpfung setzen, sondern sollte auch die Form des Protests gegen das Leid als genuin schöpfungstheologische Aussage ernstnehmen. In Metz‘ eigenen Worten: „Auch die christliche Theologie kann den apokalyptischen Schrei ‚Wo bleibt Gott?‘ nicht aus ihrer Schöpfungslehre streichen. Auch die christliche Theologie kann die Rückfrage Ijobs an Gott ‚Wie lange noch?‘ nicht in einer beruhigenden Antwort verstummen lassen. Auch die christliche Hoffnung bleibt in diesem Sinn einem apokalyptischen Gewissen verpflichtet.“[28]

---

26 Metz, Johann Baptist: Zur Theologie der Welt, in: Ders.: Gesammelte Schriften, Bd. 1), Freiburg 2015, 103.

27 Metz, Johann Baptist: Memoria Passionis. Ein provozierendes Gedächtnis in pluralistischer Gesellschaft, in: Ders.: Gesammelte Schriften, Bd. 4, Freiburg 2017, 22f.

28 Ebd., 53

Der Schöpfungsglaube kann als Protest gegen die faktische Realität, als eine Einstellung zur Welt, die das Gute und das Leben betont, verstanden werden. „Der Schöpfungsglaube hält deshalb auch trotz all des Destruktiven und Bösen in der Welt daran fest, dass diese Welt eine gute Schöpfung Gottes ist und dieses Negative in ihr nicht das letzte Wort behalten wird.“[29] Das ist die Balance, in der jeder Schöpfungsglaube steht: Einerseits nicht überpositiv den faktischen Geschichtsverlauf mit dem Willen des Schöpfers zu identifizieren, um die Perspektive des ‚Wie lange noch?‘ nicht zum Schweigen zu bringen; und andererseits an der letzten rettenden Gerechtigkeit des Schöpfers festzuhalten und damit ja allererst die Perspektive der Hoffnung zu eröffnen, die einem Einsatz für die Bewahrung der Schöpfung einen Sinn verleiht.

Voraussetzung dabei ist die konkrete Zuwendung Gottes, da sein schöpferisches Wirken nicht bloß ein Ereignis der fernen Vergangenheit, sondern etwas Gegenwärtiges bezeichnet. Der Schöpfungsglaube ist keine bloße Setzung des Menschen, kein Wunschdenken, das den Umgang mit Inakzeptablem erleichtert. Philosophisch gesprochen: Schöpfungsglaube verpflichtet sich ontologisch auf die subjektunabhängige Existenz des Schöpfergottes. Der Schöpfungsglaube ist daher auch nicht bloß eine 'Technik des Selbst' und hat nicht die funktionale Rolle einer Steigerung der individuellen Resilienz. Vielmehr lebt er von dem nicht funktionalisierbaren Vertrauen auf die schöpferische Macht Gottes, die im Tod zu retten vermag. In diesem Sinne spricht Gregor Maria Hoff auch von der „unbegrenzten schöpferischen Lebensmacht Gottes“[30], die sich keiner Selbstbespaßung des Menschen verdankt, sondern die eine Aussage über eine extramentale Realität macht. Schöpfungsglaube setzt darauf, dass Gott ein *erschaffender*, nicht ein *erschaffener* Gott ist.

Es gibt in der Geschichte von Theologie und Glaube verschiedene Beispiele, in denen eine solche Rede von Schöpfung gerade als Widerlager gegen Inakzeptables fungiert. Der berühmte Sonnengesang des Heiligen Franziskus, der als Kirchenlied ‚Laudato Si‘ vielen bekannt sein dürfte, ist nicht das naive Loblied auf den Schöpfer durch

29 Knapp: Weltbeziehung, 153.
30 Hoff: Glaubensräume, 204.

einen vom Leid völlig unberührten und sorgenfreien Autor. Vielmehr entsteht es in einer Situation höchster Not: Franziskus verfasste dieses Lied kurz vor seinem Tod, als er bereits schwer krank war. Und auch das nicht minder berühmte Lied ‚Von guten Mächten wunderbar geborgen' des evangelischen Theologen Dietrich Bonhoeffer entsteht in einer Situation der größten Krise: Er schreibt es kurz vor seiner Hinrichtung durch die Nazis im KZ. Beide, Franziskus wie Bonhoeffer, drücken in Situationen der Ausweglosigkeit und der Verzweiflung ein Grundvertrauen in den letzten guten Grund des Daseins aus, obschon ihre eigene Situation eigentlich gar keinen Anlass dazu gibt, einen solchen Optimismus auszustrahlen. Die angemessene Interpretation dieser Texte ist daher auch nicht, dass sie eine Art Realitätsverweigerung betreiben, sondern dass diese Texte als Schrei nach Rettung interpretiert werden können. Angesichts irdischer Hoffnungslosigkeit setzen sie das Postulat eines guten Schöpfergottes, der auch im Tod noch zu retten vermag. Zugleich ist dieser gute Schöpfergott in der Faktizität der Welt radikal in Frage gestellt, weshalb mit Kessler festgehalten werden kann, dass die „biblischen Aussagen von Gottes Güte, Allmacht usw. (…) in bewusstem Widerspruch zu unserer Wirklichkeitserfahrung [stehen]. Sie sind also nicht Deskriptionen eines vorhandenen gütig-allmächtigen Gottes, über den man verfügen und den man in sein Kalkül – etwa in eine Theorie der Vereinbarkeit von Gott und Leid – einbauen könnte, sondern sind Behauptungen und Verheißungen, deren Wahrheit strittig ist und sich erst noch herausstellen muss."[31]

Die Unverzichtbarkeit einer Perspektive der Hoffnung angesichts des faktischen Zustands der Welt lässt sich in einem Gedankenexperiment plausibilisieren, welches danach fragt, was passiert, wenn wir den Gedanken der Schöpfung einfach streichen. Sarah Rosenhauer stellt dieses Gedankenexperiment an und fragt explizit: Was würden wir verlieren, wenn wir nicht mehr annehmen, dass wir Geschöpfe Gottes sind? Ihre Antwort lautet so:

> „Wir verlieren das Fundament und den Horizont: Wir verlieren das unbedingte Ja des Anfangs, des *principiums*, das jedem Menschen qua Geschöpf immer schon zugesprochen ist – und ihn bejaht, geliebt sein lässt,

31 Kessler, Hans: Das Leid in der Welt – ein Schrei nach Gott, Kevelaer 2007, 121.

> unabhängig davon, ob er das Glück hat, in seinem Leben auf liebende Menschen zu stoßen. Und wir verlieren die, die nicht mehr handeln und verändern und schaffen und lieben können: Wir verlieren die Toten. Das säkularisierte Wunder ist wunderbar nur für die, die am Leben sind und noch kommen werden. Maximal für sie. Damit verlieren wir die Möglichkeit universeller statt nur punktueller und prospektiver Gerechtigkeit. […] Das Wunder so zu denken, dass es in Gott gründet, bedeutet, jedes Ereignis der Liebe so zu verstehen, dass es das anfängliche Ja, das Gott zur Schöpfung gesprochen hat, durch das er die Welt als ganze und jedes einzelne Leben in ihr ins Leben rief, aktualisiert."[32]

Die Rede von Schöpfung ist also nicht das verstrahlte Behaupten einer Allgegenwart der göttlichen Liebe. Der Schöpfergott ist vielmehr die Instanz, „die man gegen die Verbrechen und Katastrophen der Weltgeschichte in Anspruch nehmen kann – selbst dann, wenn das bedeutet, dass man wie Ijob Gott gegen Gott anruft und angesichts des von Gott zugelassenen Geschichtsverlaufs nur noch zu Gott als rettender Instanz und als Recht verschaffendem Zeugen flehen kann."[33] Eine theodizeesensible Schöpfungstheologie muss auch eine Unversöhntheit mit der Schöpfung zulassen, um nicht zu einer vertröstenden Theologie, die lediglich den status quo affirmiert, zu werden. Die Möglichkeit des Protests gegen untragbare innerweltliche Zustände (und damit auch gegen Gott als Schöpfer der Welt) käme genauso wenig in den Blick wie der konkrete politische Auftrag, gegen Strukturen der Ungerechtigkeit zu kämpfen. Eine Identifikation des leiddurchtränkten Geschichtsverlaufs mit dem göttlichen Schöpfungswillen ist in christlicher Perspektive nicht möglich und wird der Möglichkeit einer Formulierung der Gottesrede als „Schrei nach der Rettung der Anderen, der ungerecht Leidenden, der Opfer und Besiegten in unserer Geschichte"[34] nicht gerecht. Zu-

---

32 Rosenhauer, Sarah: Der nahe Gott – das Argument aus religiöser Erfahrung, in: Breul, Martin/Langenfeld, Aaron/Rosenhauer, Sarah/Schiefen, Fana: Gibt es Gott wirklich? Gründe für den Glauben. Ein Streitgespräch, Herder, Freiburg i.Br, 2022, 113–149, hier 148.

33 Stosch, Klaus von: Gott – Macht – Geschichte. Versuch einer theodizeesensiblen Rede vom Handeln Gottes in der Welt, Freiburg 2006, 325.

34 Metz, Johann Baptist: Theodizee-empfindliche Gottesrede, in: ders. (Hg.): „Landschaft aus Schreien". Zur Dramatik der Theodizeefrage, Mainz 1995, 81–102, hier 82.

gleich geht mit dieser Perspektive der Anspruch einher, sich für die irdische Realisierung der Liebe auch politisch einzusetzen: Der Schöpfungsglaube verlangt eine politische Praxis der Verantwortung für das Wohlergehen der Schöpfung, was den Einsatz gegen die Unterdrückung von Personen, gegen Strukturen der Ungerechtigkeit und gegen die mögliche Vernichtung eines Großteils des Lebens auf unserem Planeten durch menschengemachte ökologische Krisen einschließt (vgl. dazu auch Kap. 7).

2.5 Eine Hermeneutik schöpfungstheologischer Aussagen

Wenn man die Überlegungen dieses Kapitels wissenschaftstheoretisch reflektiert, ergeben sich einige methodische Überhänge, die die Frage betreffen, welchen erkenntnistheoretischen Status Glaubensüberzeugungen, die die Schöpfung betreffen, haben. Daher soll zum Abschluss des Kapitels eine ‚Hermeneutik schöpfungstheologischer Aussagen‘ diskutiert werden, die auf die Möglichkeiten und Grenzen des menschlichen Erkennens eingeht.

Das IV. Laterankonzil hält 1215 zunächst eine grundlegende Begrenzung menschlicher Erkenntnis über den Schöpfer fest: „Denn zwischen dem Schöpfer und dem Geschöpf kann man keine so große Ähnlichkeit feststellen, dass zwischen ihnen keine noch größere Unähnlichkeit festzustellen wäre.“ (DH 806) Damit ist eine wichtige Limitation der menschlichen Gotteserkenntnis benannt: Die Wirklichkeit Gottes ist stets größer als das menschliche Verstehen dieser Wirklichkeit, und immer dann, wenn man glaubt, Ähnlichkeiten feststellen zu können, sind sie umfangen von einer noch größeren Unähnlichkeit. Die Dialektik dieser Aussage ist spannend: Keineswegs wird gesagt, dass es unmöglich wäre, Aussagen über den Schöpfer zu treffen – dies erscheint theologisch verantwortet möglich. Es sollte nur niemand vergessen, dass die Wahrheit Gottes damit noch nicht im Ganzen erfasst ist, sondern im Gegenteil der größere Teil der göttlichen Wahrheit im Verborgenen bleibt und angesichts der Grenzen des menschlichen Erkennens auch notwendig bleiben muss. Mit der Aussage einer je größeren Unähnlichkeit ist eine Aussage über Ähnlichkeiten möglich, ohne dass man menschliche Begriffe wortwörtlich auf Gott übertragen könne.

Diese Einsicht ist für die Schöpfungstheologie relevant, weil damit der erkenntnistheoretische Status schöpfungstheologischer Aussagen klarer wird: Die Rede von Schöpfung drückt eine Einstellung zur Welt aus, die aus der Perspektive des Glaubens formuliert wird und sich erst in der Praxis des Glaubens vollständig erschließt. Sie bringt keine Überzeugungen zum Ausdruck, die sich auf empirische bestimmbare, raumzeitliche ausgedehnte Ereignisse beziehen. Statt eines solchen *theoretischen* Verständnisses von Schöpfung als einen Prozess, über den es etwas zu *wissen* gibt und der *erklärt* werden kann, drückt die Rede von Schöpfung eine Haltung aus, die eine *existenzielle* Einstellung zur Welt im Ganzen impliziert und von der man mit guten Gründen überzeugt sein kann, die aber nicht beweisbar wie theoretisches Wissen ist. Sie bezieht sich auf den letzten Grund des Seins und versucht diesen zu *verstehen* – nicht aber den konkreten Schöpfungsvorgang theoretisch zu *erklären*: „Der transzendentale Urgrund (creator) – damit auch der ständige begründende Schöpfungsvorgang (creatio) – kann von der Sache her nicht Gegenstand sinnlicher Erfahrung und empirischer Wissenschaft sein. *Gegenständlich* ist er *nirgends zu finden*, und deshalb ist er auch nicht beweisbar.“[35]

Im Hintergrund steht hier eine Differenzierung von Wissensüberzeugungen und Glaubensüberzeugungen. Um diese Differenz zu erläutern kann man sich zwei Beispielsätze anschauen: Wenn wir den Satz ‚Das Universum ist eine Schöpfung Gottes‘ mit dem Satz ‚Frösche gehören zur Gattung der Reptilien‘ vergleichen, ergibt sich, dass sie ganz verschiedene Bedingungen ihrer Rechtfertigung haben und im Überzeugungssystem von Personen sehr unterschiedliche Rollen spielen. Wenn jemand zu wissen glaubt, dass Frösche Reptilien sind, reicht ein Blick in ein Buch zur Zoologie (oder eine kurze Recherche im Internet), um zu sehen, dass dieser Satz falsch ist, da Frösche zu den Amphibien gehören. Diese Person wird ihre Überzeugung angesichts der neuen Evidenzen ohne Weiteres aufgeben und vielleicht peinlich berührt zugeben, da wohl etwas durcheinan-

35 Kessler: Evolution und Schöpfung, 148.

der gebracht zu haben. Wie aber ist es mit dem Satz ‚Die Welt ist eine Schöpfung Gottes'? Ein kurzer Blick in ein Lexikon wird nicht dazu führen, diesen Satz zu glauben oder den Glauben an ihn aufzugeben. Anders formuliert: Man kann Glaubensüberzeugungen nicht einfach ‚zur Kenntnis nehmen'. Wenn Sie in einem Buch über Physik lesen, dass Kupfer ein elektrischer Leiter ist, können Sie dies zur Kenntnis nehmen. Und wenn Sie das bisher nicht wussten oder gar dachten, dass dies nicht der Fall ist, können Sie diese Aussage in der Regel recht mühelos in Ihr Überzeugungssystem integrieren. Wenn Sie allerdings – zum Beispiel in diesem Buch – lesen, dass der Mensch als Gottes Ebenbild erschaffen wurde, verhält es sich anders: Diese Aussage informiert nicht über einen empirischen Sachverhalt, sondern formuliert eine Haltung, eine Einstellung zum Leben als solchem. Diese Aussage kann nicht einfach zur Kenntnis genommen werden, sondern entfaltet, wenn sie in ihrer Tiefe verstanden wird, Relevanz für das Leben im Ganzen. Um derart *Sinn zu verstehen* müssen Menschen in einer Lebenspraxis engagiert sein, damit sie die Einstellungen, die durch solche Sätze erschlossen werden, nachvollziehen zu können. Um *natürliche Dinge zu erklären*, ist eine solche lebenspraktische Involviertheit nicht notwendig.

Die Gemeinsamkeiten und Unterschiede zwischen den Erkenntnismodi des ‚Erklärens' und des ‚Verstehens' sind schon längere Zeit Gegenstand einer Debatte in der Philosophie. Die Grundidee ist, dass ‚Erklärungen' auf bestimmte kausale Ursache-Wirkungs-Zusammenhänge zielen: Wenn beispielsweise eine Person auf einer Bank kniet und die Hände gefaltet hat, würde man aus der Perspektive des ‚Erklärens' beispielsweise beschreiben, welche Muskelgruppen aktiv sind oder welche physikalischen Voraussetzungen gegeben sein müssen, damit dieses Ereignis eintritt. Das ‚Verstehen' dieses Geschehens deutet dieses gar nicht erst als Ereignis, sondern als Handlung, und fragt nach den Gründen, die die Person bewogen haben, in einem bestimmten Kontext so zu handeln: Ist diese Handlung vielleicht ein Gebet? Steht die Bank in einer Kirche – und was würde es ändern, wenn sie nicht dort stünde? Man könnte auch sagen, dass die Frage ‚Warum kniet die Person auf einer Bank und hat die Hände gefaltet?' aus der Perspektive des Erklärens mit einem ‚weil'-Satz beantwortet werden kann: ‚Weil in ihrem Gehirn bestimmte Neuronen aktiv waren und diese die Bein- und Fingermuskulatur so bewegt haben, dass sich die Person hinkniete und die Hände faltete.' Aus der Perspektive des Verstehens wird die Frage nach dem ,Warum' mit einem ,um-zu'-Satz beantwortet: ,Um in einem Gebet Gott zu danken'.

Mit dem Frankfurter Philosophen Karl-Otto Apel (1922–2017) kann die Unterscheidung von ,weil'-Erklärungen und ,um-zu'-Erklärungen auch zu einer umfassenden Dichotomie „der Idee der Kausal-Erklärung einerseits, des Handlungs-Verstehens andererseits"[36] ausgebaut werden. Die *erklärbare Welt* der natürlichen Ereignisse und die *verstehbare Welt* der intentionalen Handlungen und damit der menschlichen Lebenspraxis erfordern, wenn sie wissenschaftlich erforscht werden sollen, unterschiedliche methodische Herangehensweisen: Möchte ich bestimmte *Ereignisse* in der natürlichen Welt erklären, sollte ich als *empirischer Beobachter* arbeiten; möchte ich hingegen bestimmte *Handlungen* von Personen verstehen, sollte ich als *hermeneutischer Teilnehmer* am Sprachspiel der Intentionalität die jeweiligen Handlungsgründe und -absichten rational rekonstruieren.[37]

Diese Differenzierung von Beobachter- und Teilnehmerperspektive ist aus der Erklären-Verstehen-Debatte entstanden und ist eine wichtige erkenntnistheoretische Unterscheidung, die für die Schöpfungstheologie zentral ist. Die *Perspektive des Beobachters* ist konstituiert durch einen objektivierenden und vergegenständlichenden Blick, in dem die Analyse von natürlichen Gesetzmäßigkeiten und die Beschreibung von kausalen Prozessen und Sachverhalten fokussiert werden. Die Beobachterperspektive nimmt eine Art wissenschaftliche ,Vogelperspektive', einen Blick „aus einem fiktiven Nirgendwo"[38] ein und versucht, geschlossene Systeme von außen objektivierend zu beschreiben. Die *Perspektive des Teilnehmers* hingegen ist empfindlich für „eine semantisch vermittelte Kausalität von Gründen über kulturelle Überlieferungen, Sozialisationsprozes-

36 Apel, Karl-Otto: Die Erklären: Verstehen-Kontroverse in tranzendentalpragmatischer Sicht, Frankfurt a. M. 1979, 105.

37 Vgl. dazu ausführlich ebd., 129–259.

38 Habermas, Jürgen: Das Sprachspiel verantwortlicher Urheberschaft und das Problem der Willensfreiheit, in: Ders., Kritik der Vernunft (Philosophische Texte, Band V), Frankfurt a. M. 2009, 271–341, 302.

se, gesellschaftliche Normen auf Wahrnehmungen und Affekte, Überlegungsprozesse und Handlungsmotive.“[39] Die Teilnehmerperspektive ist also konstituiert durch die sprachlich vermittelte Teilhabe an kommunikativen Prozessen.

Es ist nun wichtig zu sehen, dass sich die verschiedenen Perspektiven nicht aufeinander reduzieren lassen. Die Perspektive der Beobachterin wird die Perspektive der Teilnehmerin nie ganz in sich aufnehmen können, und umgekehrt gilt das Gleiche. Dies führt dazu, dass es nicht eine wissenschaftliche Perspektive gibt, die das Sein als solches in den Blick nehmen kann, sondern nur verschiedene Wissenschaften, die mit unterschiedlichen Methoden und unterschiedlichen Perspektiven Dinge über das Universum herausfinden. Diese Einsicht ist schöpfungstheologisch wichtig, da sie es ermöglicht, ein Konkurrenzdenken zwischen verschiedenen Ansichten der Welt zu vermeiden. Kessler hält dies explizit mit Blick auf das Verhältnis von Schöpfung und Evolution fest: „So wie sich das Licht sowohl als Welle als auch als Teilchen beschreiben lässt, was wie ein Widerspruch erscheint, so kann auch die Wirklichkeit als Ganze sowohl als Schöpfung als auch als sich selbst hervorbringende und steuernde Evolution betrachtet werden. Jede Sichtweise hat ihren Wahrheitsanspruch, dennoch wird es nicht gelingen, sie in einem schlüssigen höheren Beschreibungssystem zu vereinen.“[40] Es kann aus methodischen Gründen also keine ‚*Grand Unified Theory*‘ des Universums geben, sondern lediglich eine Vielzahl wissenschaftlicher Perspektiven auf die Wirklichkeit.

Dieses Argument der Perspektivenpluralität wird auch in der Philosophie verwendet, um beispielsweise die Realität der Freiheit des Menschen zu begründen: So argumentiert Christian List, dass es verschiedene Ebenen der Beschreibung der Wirklichkeit gebe, die nicht aufeinander reduziert werden können. Wenn nun eine Naturalistin dafür argumentiert, dass der Mensch nicht frei sei, da der freie Wille physikalisch nicht nachweisbar ist, begeht sie den Fehler, mit der falschen Perspektive nach der Freiheit des Menschen zu suchen – die

39 Ebd., 309.

40 Gruber, Franz: Der bedrohte Garten. Was uns der Schöpfungsglaube zu denken und zu tun gibt, in: Lederhilger, Severin (Hg.): Gärten in der Wüste. Schöpfungsethik zwischen Wunsch und Wirklichkeit, Regensburg 2018, 100–118, hier 102.

Freiheit ist kein raumzeitlich ausgedehntes Ding, welches sich empirisch erforschen, sondern ein menschliches Vermögen, welches sich aus der Perspektive der Teilnehmerin verstehen lässt: „Es sollte uns daher nicht überraschen, wenn das Vermögen freier Wahl einer Person nirgendwo auf der physikalischen Ebene zu finden ist, nicht einmal auf neurophysiologischer Ebene. Dass wir die menschliche Freiheit auf dieser Ebene nicht finden können, zeigt nur, dass der freie Wille kein physikalisches oder neurophysiologisches Phänomen ist; es zeigt hingegen nicht, dass er kein reales Phänomen ist."[41]

Dieses Argument lässt sich auch für die Schöpfungstheologie stark machen: Aussagen über die Schöpfung der Welt zielen nicht darauf, sich empirisch beweisen zu lassen oder die Physik darüber zu belehren, wie das Universum eigentlich entstanden ist. Vielmehr sind sie auf einer anderen, gewissermaßen höherstufigen Ebene angesiedelt: „Die ‚Wahrheit' des Schöpfungsglaubens zeigt sich nicht primär in einer Spekulation über den Anfang der Welt, sondern vor allem im Rahmen einer ‚performativen Theologie', die wesentlich darauf zielt, ein bestimmtes praktisches Verhältnis zur Natur als Gabe Gottes auszudrücken und einzuüben."[42] Der Schöpfungsglaube ist kein Konkurrenzprodukt zu einer physikalischen Kosmologie, sondern bringt eine praktische Einstellung zur Wirklichkeit als solcher zum Ausdruck. Die vernünftige Rechtfertigung schöpfungstheologischer Aussagen ist daher eine praktisch-vernünftige Rechtfertigung, die nicht die Frage ‚Was kann ich wissen?' stellt, sondern sich auf die Fragen ‚Was soll ich tun'? und ‚Was darf ich hoffen?' fokussiert.[43]

Wenn man diese Überlegungen bündelt, ergibt sich, dass eine rechte Hermeneutik schöpfungstheologischer Aussagen diese als Aussagen betrachtet, die sich aus einer umfassenden Lebenspraxis, einer Einstellung zur Wirklichkeit speisen. Auf unnachahmlich prä-

41 List, Christian: Warum der freie Wille existiert, Darmstadt 2021, 14.

42 Vogt, Markus: Christliche Umweltethik. Grundlagen und zentrale Herausforderungen, Freiburg 2021, 209.

43 Vgl. zur Zuordnung religiöser Überzeugungen zu diesen kantischen Fragen auch Wendel, Saskia: Theologie – rationale Rechtfertigung der Praxis der Nachfolge Jesu, in: Breul, Martin/ Viertbauer, Klaus (Hg.): Der Glaube und seine Gründe. Neue Beiträge zur Religiösen Epistemologie, Tübingen 2022, 159–183.

zise Weise bringt der österreichische Philosoph Ludwig Wittgenstein diese Eigenart von Glaubensüberzeugungen im Vergleich zu kausalen Erklärungen auf den Punkt: „Wenn der an Gott Glaubende um sich sieht und fragt: ‚Woher ist alles, was ich sehe?', ‚Woher das alles?', verlangt er *keine* (kausale) Erklärung; und der Witz seiner Frage ist, dass sie der Ausdruck dieses Verlangens ist. Er drückt also eine Einstellung zu allen Erklärungen aus."[44] Die Rede von Schöpfung fügt also dem Wissen über die Entstehung der Welt nicht weiteres Wissen hinzu, sondern sie bringt zum Ausdruck, was die Erkenntnisse, die wir über die Entstehung der Welt haben, für unsere Existenz bedeuten. Sie ist keine Erweiterung unserer theoretischen Erkenntnisse über die Welt, sondern drückt eine Einstellung aus, die religiöse Menschen zu diesen Erkenntnissen einnehmen.

Weiterführende Literatur

Gruber, Franz: Im Haus des Lebens. Eine Theologie der Schöpfung, Regensburg 2001. *[Exzellente Einführung in die Schöpfungstheologie, die sowohl über die hermeneutischen Grundlagen als auch über ökotheologische Anwendungsfelder informiert.]*

Kehl, Medard/ Ansorge, Dirk: Und Gott sah, dass es gut war. Eine Theologie der Schöpfung, 3., durchgesehene und aktualisierte Auflage, Freiburg 2018. *[Standardwerk der Schöpfungstheologie von Medard Kehl, welches für die dritte Auflage von Dirk Ansorge durchgesehen wurde und einen hervorragenden ausführlichen Überblick über die christliche Schöpfungstheologie bietet.]*

Metz, Johann Baptist: Memoria Passionis. Ein provozierendes Gedächtnis in pluralistischer Gesellschaft, Freiburg 2006. *[Spätwerk des Begründers der Neuen Politischen Theologie, welches die anamnetische Grundsignatur des Christentums gegenüber individualisierenden und a-politischen Deutungen einklagt.]*

44 Wittgenstein, Ludwig: Vermischte Bemerkungen, in: Ders.: Werkausgabe Bd. 8, Frankfurt 1984, 570.

3. Schöpfungstheologie und Naturwissenschaften

Aussagen der Schöpfungstheologie und Aussagen der Naturwissenschaften verhalten sich komplementär zueinander und zielen in ihrer Aussageabsicht auf unterschiedliche Ebenen der Wirklichkeit (3.1). Diese grundlegende Einsicht nehmen weder scheinbar naturwissenschaftlich, in Wahrheit aber naturalistisch begründete Atheismen wie der sogenannte ‚Neue Atheismus', noch theologische Einmischungen in naturwissenschaftliche Theorien wie der Kreationismus oder das Intelligent Design ernst. Bei einer angemessenen Verhältnisbestimmung von Theologie und Naturwissenschaften wird vielmehr deutlich, dass man zugleich die Rede von Schöpfung aufrechterhalten und die Erkenntnisse der Evolutionstheorie anerkennen kann (3.2). Analoges gilt auch für die Frage nach dem Verhältnis von Urknalltheorie und Schöpfungshandeln: Beide Ansätze blicken auf unterschiedliche Ebenen der Wirklichkeit und stehen nicht in Konkurrenz zueinander, sondern ergänzen sich in ihren Erkenntnisansprüchen (3 .3).

3.1 Allgemeines zum Verhältnis von Theologie und Naturwissenschaften

Viele vermeintliche Konflikte zwischen Theologie und Naturwissenschaften sind einer problematischen Verhältnisbestimmung der beiden Wissenschaften geschuldet. Dabei zeigte schon die ‚Hermeneutik schöpfungstheologischer Aussagen' aus dem letzten Kapitel, dass theologische und naturwissenschaftliche Forschungen verschiedene Aspekte der Wirklichkeit in den Blick nehmen und diese mit sehr unterschiedlichen Methoden zu verstehen bzw. zu erklären versuchen. Das führt dazu, dass beide Seiten sich im Prinzip sogar ergänzen oder zumindest die wechselseitige Unzuständigkeit für die Fragen der je anderen Wissenschaft erklären können. Dieser wissenschaftstheoretische Lernprozess kann als großer methodischer Fortschritt im Verhältnis von Theologie und Naturwissenschaften begriffen werden: „Der entscheidende Lernfortschritt auf beiden Seiten im letzten Jahrhundert bestand darin zu verstehen, dass theologische Aussagen keine quasi-empirischen (naturwissenschaftlich falschen) Informationen und naturwissenschaftliche Aussagen keine Sinnaussagen oder absolut verifizierbaren Aussagen sind.“[1]

Naturwissenschaften sind empirische Wissenschaften, d.h. sie erforschen messbare und quantifizierbare Dinge und Sachverhalte, die sie in der Regel als Einzelphänomene isolieren und bestimmte funktionale Zusammenhänge oder Regularitäten über sie behaupten und überprüfen. Sie sind deskriptive, also beschreibende Wissenschaften, keine normativen (=bewertenden) oder hermeneutischen (=sinnverstehenden) oder metaphysischen (=auf das Ganze der Welt blickenden) Wissenschaften. Ihre grundlegende Perspektive ist die der unbeteiligten Beobachterin, was dazu führt, dass alle Ergebnisse empirischer Studien unabhängig von der konkreten forschenden Person reproduzierbar sein sollen. Zugleich bildet auch die Naturwissenschaft nicht die Wirklichkeit ab, wie sie an sich ist – vielmehr sammelt sie Daten, die dann interpretiert werden müssen, weshalb die Naturwissenschaft allein z.B. nichts über die Existenz des freien Willens sagen kann. Wenn eine Naturwissenschaftlerin auf Basis naturwissenschaftlicher Erkenntnisse beispielsweise die Existenz des freien Willens leugnet, so ist dies keine naturwissenschaftliche These, sondern eine metaphysische Aussage, genauer: eine naturalistische Verallgemeinerung naturwissenschaftlicher Erkenntnisse.

Ein wichtiges Grundprinzip der Naturwissenschaften ist zudem der ‚methodische Atheismus‘: In einem naturwissenschaftlichen Blick auf die Welt können Erklärungen nur akzeptiert werden, wenn sie natürliche Erklärungen für natürliche Phänomene sind. Vereinfacht ausgedrückt besagt dieses Prinzip also, dass in naturwissenschaftlichen Erklärungen nur naturkausale Ursachen zulässig sind. Dieses methodische Prinzip der Naturwissenschaften ist aus theologischer Sicht völlig unproblematisch. Im Gegenteil wäre es höchst unplausibel, wenn die Theologie der Naturwissenschaft erklären

1 Gruber: Der bedrohte Garten, 104f.

wollen würde, wie sich die Dinge in der natürlichen Welt wirklich verhalten – dazu hat die Theologie schlicht nicht die methodischen Ressourcen. Theologie als eine solche verunglückte Quasi-Naturwissenschaft zu betreiben, führt geradewegs in die fragwürdige Position des Intelligent Design (vgl. dazu Kap. 3.2). Zugleich kann aber auch festgehalten werden, dass der methodische Atheismus den Zugriff der Naturwissenschaften auf die Realität einschränkt: Naturwissenschaften können natürliche Dinge erklären und tun dies auch mit beeindruckendem Erfolg – für andere Aspekte der vielschichtigen Realität wie etwa Sinnzusammenhänge, Ästhetik, nicht raumzeitlich Ausgedehntes wie Freiheit, Bewusstsein oder Gott sind sie dann aber auch schlicht und ergreifend nicht zuständig. Aus dem methodischen Atheismus der Naturwissenschaften lässt sich nicht folgern, dass der Atheismus wahr ist, sondern vielmehr, dass Naturwissenschaften über die Wahrheit des Theismus keine sinnvollen Aussagen bilden können. Würde man also aus naturwissenschaftlicher Forschung einen Atheismus ableiten wollen, dann würde man einen Kategorienfehler begehen: Man würde die Methoden der eigenen Wissenschaften auf einen Bereich ausdehnen, zu dem man methodisch eigentlich gar nichts sagen kann. Naturwissenschaftliche Erklärungen sollten daher nicht mit einer „Wesensauslegung des Seienden als solchem“[2] verwechselt werden, da dies schlicht eine Grenzüberschreitung wäre, die ein methodisches Grundprinzip der Naturwissenschaften mit einer metaphysischen Wahrheit gleichsetzt – dies käme einer „unjustified inflation of justified methodology“[3] gleich.

Es gibt im Forschungsdiskurs der katholischen Theologie soweit ich sehe daher auch keine Stimmen, die von einer *direkten Konkurrenz* religiöser und naturwissenschaftlicher Theorien ausgehen. Vielmehr werden zumeist Modelle einer *dialogischen Komplementarität* von Theologie und Naturwissenschaft vertreten, die weder eine Übereinstimmung noch einen Gegensatz beider behaupten. Von kirchlicher Seite gibt es einige prominente Stellungnahmen zum

2 Pröpper, Thomas: Thesen zum Wunderverständnis, in: Ders.: Evangelium und freie Vernunft. Konturen einer theologischen Hermeneutik, Freiburg 2001, 225–244, hier 230.

3 Jung, Matthias: Science, Humanism, and Religion. The Quest for Orientation, Cham 2019, 206.

Verhältnis von Naturwissenschaft und Religion. Beispielhaft kann die Kurzformel von Leo XIII. aus der Enzyklika *Providentissimus Deus* genannt werden, in der schon 1893 festgehalten wird: „Zwischen dem Theologen und dem Naturwissenschaftler wird es freilich keinen wahren Widerstreit geben, solange sich beide auf ihr Gebiet beschränken.“[4] Die Offenheit des Universums ermöglicht also eine Pluralität von möglicherweise gleichberechtigten Beschreibungsweisen, die jeweils verschiedene Aspekte der Realität in den Blick nehmen und daher nicht mit einem Allvertretungsanspruch auftreten sollten: „The wise physicist does not claim to tell the whole truth about absolutely everything. Neither does the wise theologian.“[5]

Zugleich wäre es problematisch, aus dieser Unterscheidung verschiedener, nicht aufeinander reduzierbarer Aspekte der Wirklichkeit, die von verschiedenen Wissenschaften erforscht werden, auf die völlige Gleichgültigkeit der Erkenntnisse der je anderen Wissenschaften für die eigene Wissenschaft zu schließen. Es bedarf vielmehr wechselseitiger Verständigungsprozesse, um die Erkenntnisse der anderen Wissenschaften zu berücksichtigen und zu prüfen, inwieweit Kompatibilitäten oder Streitpunkte vorliegen. Eine der wichtigsten Aufgaben dieses interdisziplinären Gesprächs besteht darin, die Tendenzen zur Verabsolutierung des eigenen Weltzugangs, die viele Wissenschaften haben, zu verhindern. In diesem Sinne bezeichnet Michael Seewald das Verhältnis von Theologie und Naturwissenschaft auch mit dem Ausdruck der *negativen Referenzialität*. Die Bezugnahmen (= *Referenzen*) der beiden Erkenntnisformen sind häufig *negativ*, da sie auf Grenzüberschreitungen der je anderen Seite aufmerksam machen. Exemplarisch werden wir dies im Kapitel 3.2 zum Neuen Atheismus und zum Intelligent Design sehen.

Seewald diagnostiziert, dass jeder Wissenschaft die Tendenz innewohnt, „das ihr in der Analyse ihres Gegenstandes zugängliche Frag-

4 DH 3287. Ein weiteres Beispiel ist die Ansprache Johannes Paul II. vor der päpstlichen Akademie der Wissenschaften zur Rehabilitierung Galileo Galileis von 1992, in der er den Theologen gar die „Pflicht“ auferlegte, „sich regelmäßig über die wissenschaftlichen Ergebnisse zu informieren, um eventuell zu prüfen, ob sie diese in ihrer Reflexion berücksichtigen oder ihre Lehre anders formulieren müssen.“ (Johannes Paul II. 1992, 8).

5 Ward, Keith: Divine Action. Examining God’s Role in an Open and Emergent Universe, Philadelphia/ London 2007, 101.

ment für das Ganze der Wirklichkeit zu halten und damit die Welt an sich zu erklären. Dieser Drang zur Unendlichkeit wird nur dadurch limitiert, dass eine Disziplin durch etwas begrenzt wird, das sie selbst nicht ist: eine andere Wissenschaft, die in bestimmten Bereichen bessere Erklärungen anbietet und den Anspruch konkurrierender Disziplinen in die Schranken verweist, indem sie diesen (...) zeigt, was sie nicht sind."[6]. Dieses wechselseitige In-die-Schranken-weisen ist besonders dann konstruktiv, wenn verschiedene Wissenschaften einen fruchtbaren Dialog führen, um sich ihrer eigenen Grenzen bewusst zu werden. Daher gibt es keine völlige Berührungslosigkeit von Theologie und Naturwissenschaften, sondern einen produktiven Austausch in Anerkennung der wechselseitigen Grenzen.

Der Bereich der nicht-empirischen Klärungsbedarfe ist in den letzten Jahrzehnten – ironischerweise nicht zuletzt durch den Fortschritt der empirisch-technischen Wissenschaften – enorm angestiegen. Woher wissen wir, wofür wir die technischen Möglichkeiten, die wir haben, einsetzen sollen? Was sind sinnvolle Ziele der menschlichen Lebensform? Zeitdiagnostisch gesprochen könnte man sagen: „Wir leben in einer Zeit perfekter Mittel, aber verworrener Ziele"[7] – und genau die Zielbestimmung menschlichen Daseins, ist etwas, das sich mit empirischen Mitteln nicht mehr leisten lässt. Gleiches gilt auch für die existenziellen Fragen des Mensch-Seins: Die Frage, welchen Sinn die Existenz hat, ist keine Frage, die mit empirisch-technischen Mitteln beantwortet werden kann. Naturalistische Anwandlungen, dies dennoch zu probieren, sollten philosophisch und theologisch kritisiert werden. Diese Liste ließe sich noch weit fortführen – die Fragen, was menschliche Freiheit bedeutet oder was es mit dem Bewusstsein von Personen oder ihrer Vernunft auf sich hat, kommen in einer rein naturwissenschaftlichen Perspektive ebenfalls nicht in den Blick.

6 Seewald, Michael: Negative Referenzialität. Zum Verhältnis von Theologie und Naturwissenschaft, in: Freiburger Zeitschrift für Theologie und Philosophie 64 (2017), 111–127, hier 127.

7 Neuner, Peter: Das theologische Schöpfungsmodell, in: Schockenhoff, Eberhard/ Huber, Max G.: Gott und der Urknall. Physikalische Kosmologie und Schöpfungsglaube, Freiburg/ München 2004, 161–192, hier 182.

Zugleich sollte aber auch die Naturwissenschaft die Theologie in die Grenzen ihrer eigenen methodischen Standards verweisen, wenn sie versucht, im Feld der naturwissenschaftlichen Kausalerklärungen Dinge besser zu wissen als die Naturwissenschaften. Es wäre methodisch höchst problematisch, wenn man beispielsweise die biblischen Schöpfungsnarrative als Konkurrenzprodukte zu empirischen Kausalerklärungen begreifen würde. Daher bedarf es theologisch eines reflexiven Bewusstseins um die Unabhängigkeit säkularer Wissenschaften von der Theologie, die im Bereich naturkausaler Erklärungen nicht auf theologische Schützenhilfe angewiesen sind und sich zurecht irritiert zeigen, wenn sich die Theologie in den Forschungsbereich der Naturwissenschaften einmischt.

So ergibt sich als grundsätzliche Verhältnisbestimmung von Theologie und Naturwissenschaft ein Verhältnis der Nicht-Konkurrenz: Beide Wissenschaften nutzen unterschiedliche Methoden und unterschiedliche Perspektiven, um vernünftig begründbare Aussagen über die Wirklichkeit zu machen. Dabei nehmen sie jeweils Bereiche der Wirklichkeit in den Blick, über die die je andere Seite aus methodischen Gründen nichts aussagen kann. Jede weitere positive Bestimmung dieses Verhältnisses – ob es nun ein Verhältnis der dialogischen Komplementarität, der negativen Referenzialität oder der metaphysischen Integration ist – ist Gegenstand der gegenwärtigen theologisch-wissenschaftstheoretischen Debatte, und es ist wichtig zu sehen, dass diese unterschiedlichen Verhältnisbestimmungen vom kleinsten gemeinsamen Nenner vereint werden: dem Wissen darum, dass Naturwissenschaften und Theologie nicht konkurrierende Erkenntnisansprüche auf gleicher methodischer und inhaltlicher Ebene formulieren.

Diese Verhältnisbestimmung soll im Folgenden konkretisiert werden, indem zwei grenzüberschreitende Ansätze in den Blick genommen werden: Der sogenannte ‚Neue Atheismus', der auf Basis der Evolutionstheorie für die Wahrheit des Atheismus argumentiert, und das sogenannte ‚Intelligent Design', welches auf Basis des christlichen Schöpfungsglaubens für die Inadäquatheit der Evolutionstheorie plädiert. Beide Positionen sind schöpfungstheologisch hoch problematisch, weshalb wir uns auf Basis einer Kritik dieser Positionen einer angemesseneren Verhältnisbestimmung von Evolutionstheorie und Schöpfungsglaube nähern können.

3.2 Schöpfungsglaube und Evolutionstheorie

Eine wichtige Frage für den Schöpfungsglauben ist sein Verhältnis zur Evolutionstheorie: Wie ist es möglich, gleichzeitig an die Schöpfung des Universums und des Lebens durch Gott zu glauben und die Evolutionstheorie für wahr zu halten? In diesem Unterkapitel schauen wir uns zunächst zwei Strömungen an, die dies für unmöglich halten: Der Neue Atheismus versucht aus der Evolutionstheorie die Falschheit des Schöpfungsglaubens und des Theismus insgesamt abzuleiten (3.2.1); das Intelligent Design versucht aus der Wahrheit des Theismus die Unzulänglichkeit der Evolutionstheorie zu demonstrieren (3.2.2). Beide Auffassungen sind aus philosophischen und theologischen Gründen unhaltbar. In einem Exkurs vertiefen wir sodann das Verhältnis von Teleologie und evolutiven Erklärungen (3.2.3), bevor vor diesem Hintergrund eine vernunftgemäße Schöpfungstheologie skizziert werden kann, die es ermöglicht, die Evolutionstheorie für wahr zu halten und gleichzeitig am Schöpfungsglauben festzuhalten (3.2.4). Exemplarisch schauen wir uns zudem das recht junge Gespräch zwischen theologischer und evolutionärer Anthropologie an, um neben dem Neuen Atheismus und dem Intelligent Design auch ein Beispiel zu geben, in dem das interdisziplinäre Gespräch zwischen Theologie und Naturwissenschaft gut funktioniert (3.2.5).

3.2.1 Neuer Atheismus und evolutionäre Religionskritik

Der Ursprung einer evolutionären bzw. naturalistischen Religionskritik ist wohl auf das Jahr 1757 zu datieren. In diesem Jahr veröffentlichte der schottische Philosoph David Hume ein Buch mit dem Titel *The Natural History of Religion*, welches sich schnell international verbreitete und auf Deutsch unter dem Titel *Eine Naturgeschichte der Religion* erschien. Humes Werk ist deshalb ein methodischer Durchbruch, weil er Religionen als ausschließlich ‚natürlichen' Gegenstand begreift. Religionen kommen für Hume nicht mehr als Reservoir von Erklärungen in Frage, die dazu dienen, die menschliche Umwelt verständlich zu machen. Vielmehr werden für ihn Religionen selbst zu etwas ‚Zu-Erklärendem'. Sie helfen nicht beim tieferen Verständnis von Untersuchungsgegenständen, sondern sind selbst Untersuchungsgegenstand der Wissenschaft.[8]

Humes Naturgeschichte der Religion ist deutungsoffen, was die Schärfe des religionskritischen Impulses angeht. In einer religionsfreundlichen Variante könnte man seine methodische Neuerung so lesen, dass er ein Gespräch zwischen einer evolutionären Erklärung der Entstehung religiöser Überzeugungen und einer systematisch-theologischen Analyse und Rechtfertigung dieser religiösen Überzeugungen ermöglicht. Es wäre, aus theologischer Perspektive, ja nur zu begrüßen, wenn die evolutive und kulturelle Entstehungsgeschichte des religiösen Glaubens genau erforscht ist, weil die eigenen Überlegungen zur rationalen Verantwortbarkeit des christlichen Glaubens durch eine Genealogie des menschlichen Vermögens, das Immanente zu transzendieren und die Frage nach Gott zu stellen, nur profitieren können. Doch dies ist nicht die einzig mögliche Lesart der Humeschen Naturgeschichte der Religion: Sie steht auch Pate für eine recht neue Form der evolutionären Religionskritik, die aus einer natürlichen Erklärung der Entstehung der Religion ihre Falschheit ableitet.

Zwei Verteidiger dieser evolutionären Religionskritik sind Richard Dawkins und Daniel Dennett. Sie gehören zu den sogenannten Neuen Atheisten, die im ersten Jahrzehnt des 21. Jahrhunderts durch eine neue, besonders aggressive Religionskritik viel Aufmerksamkeit erzeugt haben. Der Scheitelpunkt der Debatte um den Neuen Atheismus ist inzwischen lange überschritten – so erschien schon vor einigen Jahren ein Buch mit dem Titel *After the New Atheist Debate*.[9] Dennoch scheint der zugrundeliegende Naturalismus und Szientismus den Zeitgeist zumindest in westlichen Gesellschaften weiter stark zu prägen; und auch eine funktionalistische Reduktion religiöser Vorstellungen auf evolutive Nützlichkeitserwägungen ist nach wie vor in Mode.

Richard Dawkins ist der wohl bekannteste Religionskritiker der letzten Jahrzehnte. Sein Bestseller *Der Gotteswahn*[10] ist eine polemische Generalabrechnung mit religiösen Personen, die Dawkins als

---

8 Vgl. dazu auch Joas, Hans: Die Macht des Heiligen. Eine Alternative zur Geschichte von der Entzauberung, Berlin 2019, 25–59.

9 Vgl. Ryan, Phil: After the New Atheist Debate, Toronto/ Buffalo/ London 2014.

10 Vgl. Dawkins, Richard: Der Gotteswahn. Wie Religion die Welt vergiftet, 2007.

vormoderne, dumme, unvernünftige und unmoralische Menschen karikiert – Religion sei letztlich nichts anderes als „mentale Folter“[11]. Die darwinistische Evolutionstheorie wird von ihm zur großen Alternative zu einer religiösen Selbst- und Weltdeutung stilisiert und auf zum Teil sehr amüsante Art und Weise gegen kreationistische Schöpfungstheorien in Anschlag gebracht. Im zentralen Kapitel des *Gotteswahns*, welches den Titel ‚Warum es mit ziemlicher Sicherheit keinen Gott gibt‘[12] trägt, argumentiert er in immer neuen Anläufen dagegen, dass es bestimmte, von der Evolutionstheorie unerklärliche Phänomen gebe. Er zeigt auf, dass die evolutionäre Erklärung der Entstehung von komplexen Organismen ohne den Bezug auf Gott auskommt und es keine unerklärlichen Entwicklungssprünge oder Erklärungslücken gebe.[13]

Aus dieser ja durchaus überzeugenden evolutionsbiologischen Kritik des Kreationismus und des Intelligent Design wird dann recht unvermittelt der Schluss gezogen, dass „die Grundvoraussetzung der Religion – die Gotteshypothese – nicht mehr haltbar“[14] sei. Dawkins‘ evolutionsbiologisch eingefärbter Naturalismus verleitet ihn also dazu, aus dem Für-Wahr-Halten der darwinistischen Evolutionstheorie die notwendige Falschheit des Theismus abzuleiten. Er exemplifiziert damit einen methodischen Naturalismus, da er davon ausgeht, jegliche Grundvollzüge des Menschen evolutionsbiologisch erklären zu können. Der Glaube an Gott – und damit auch Gott selbst – sei ein Kulturprodukt des Menschen, gewissermaßen ein Abfallprodukt der Entwicklung der menschlichen Kognition. Menschen seien nämlich evolutiv darauf angelegt, zunächst einmal alles zu glauben, was ihre Eltern und Verwandten ihnen erzählen – auch und gerade religiöse Geschichten, die Dawkins als ‚geistige Viren‘ tituliert. Er schreibt:

> „Die natürliche Selektion stattet das Gehirn eines Kindes mit der Neigung aus, den Eltern oder Stammesältesten alles zu glauben, was sie erzählen.

11 Ebd., 397.

12 Vgl. ebd., 155–224.

13 Für eine ausführliche theologische Auseinandersetzung mit Dawkins vgl. Peetz, Katharina: Der Dawkins-Diskurs in Theologie, Philosophie und Naturwissenschaften, Göttingen 2013.

14 Dawkins: Der Gotteswahn, 223.

Ein solcher vertrauensvoller Gehorsam dient wie bei der Motte, die sich am Mond orientiert, dem Überleben. Aber die Kehrseite des vertrauensvollen Gehorsams ist sklavische Leichtgläubigkeit. Das unvermeidliche Nebenprodukt ist die Anfälligkeit für die Infektion mit geistigen Viren.“[15]

Das religionskritische Argument ist also primär ein genealogisches: Weil die Evolutionsbiologie die der Religion zugrundeliegenden geistigen Prozesse durchschaut hat, lässt sich sowohl die Entstehung religiöser Vorstellungen als auch ihre Unangemessenheit und Falschheit nachweisen.

Eine ähnliche Argumentation findet sich auch bei Daniel Dennett. Er geht, in seinem Buch *Den Bann brechen. Religion als natürliches Phänomen*, ebenfalls von einer Analyse der menschlichen Kognition aus. Konkret postuliert er eine kognitive Einstellung, die er ‚the intentional stance‘, also die intentionale Einstellung, nennt. Religiöse Vorstellungen verdanken sich – genauso wie Verschwörungstheorien übrigens – dem Hang des Menschen, hinter jeglichen anonymen natürlichen Prozessen intentionale Akteure anzunehmen, die den Ablauf bestimmter Prozesse geplant haben und vielleicht auch aktiv steuern. Dennett nennt dies auch den ‚Hyperactive Agency Detection Device‘, kurz HADD. Dennett wörtlich:

„Am Ursprung des menschlichen Glaubens an Gott steht ein sehr leicht auszulösender Instinkt: der Hang, allem, was kompliziert ist und sich bewegt, Akteurschaft – Annahmen, Wünsche und andere psychische Zustände – zuzuschreiben. […] Die Fehlalarme, ausgelöst von unserer übereifrigen Neigung, überall, wo etwas passiert, nach Akteuren zu suchen, sind die Irritationen, um die herum die Perlen der Religion wachsen. Nur die besten, geistfreundlichsten Varianten vermehren sich, indem sie dringende psychische oder physische Bedürfnisse befriedigen – oder zu befriedigen scheinen.“[16]

Religion kommt für Dennett also ebenfalls als ein Produkt der überschießenden kognitiven Fähigkeiten des Menschen in den Blick. Sie hat einmal eine Rolle zur Bewältigung existenzieller Unsicherheiten gespielt und ist daher im evolutiven Selektionsprozess durchaus

15 Ebd., 245f.

16 Dennett, Daniel: Den Bann brechen. Religion als natürliches Phänomen, Frankfurt 2006, 151.

nützlich gewesen. Nun aber, im Zeitalter der Wissenschaften, seien die existenziellen Unsicherheiten beherrschbar geworden, weswegen man die nützliche Illusion ‚Gott' als solche enttarnen und zugunsten eines naturalistischen Weltbildes auswechseln sollte. Auf diesem Wege könne die Hyperaktivität des menschlichen Geistes therapiert werden, der überall Akteure, Intentionalität und Personalität wittere, obschon es nichts anderes gebe als das kalte, naturgesetzlich beschreibbare und apersonale Universum. Religion sei daher ein Produkt der menschlichen Kognition, deren Fehlverschaltungen im Laufe der Naturgeschichte des menschlichen Geistes nach und nach verständlich würden und im Rahmen eines naturalistischen Weltbilds repariert werden können.

Das Kernargument von Dawkins und Dennett basiert somit auf einer Ausweitung der Evolutionstheorie auf die Religion. Die Religiosität sei zu einem bestimmten Zeitpunkt der natürlichen bzw. kulturellen Evolution des Menschen entstanden und habe sich als funktional vorteilhaft herausgestellt, da sie Selektionsvorteile biete und damit dem Überleben und der Weitergabe des Erbguts des konkreten menschlichen Individuums dienlich sei. Kurzum: Nach Dawkins und Dennett ist Religion falsch, *weil* ihre evolutionäre Genese und Funktionalität nachgewiesen werden kann und weil Evolutionsbiologen die evolutiv vorteilhaften kognitiven Mechanismen, die zur irrigen Annahme der Existenz Gottes führen, inzwischen besser verstehen. Wenn Religion jedoch nur evolutiv vorteilhaftes Konstrukt der menschlichen Kognition ist, dann sind die Gehalte der Religionen Illusionen und Projektionen des menschlichen Verstandes und daher falsch. Was lässt sich aus theologischer Perspektive auf diese Form der Religionskritik erwidern?

In der gegenwärtigen theologischen Forschung werden diverse Einwände gegen den Neuen Atheismus diskutiert, von denen die folgenden drei Einwände die wichtigsten zu sein scheinen. Der erste Einwand ist das ‚Problem des Genese-Geltungs-Fehlschlusses'. Er besagt, dass es ein logischer Fehlschluss ist, aus der Erklärung der evolutiven Genese einer bestimmten Überzeugung Schlussfolgerungen über ihre Geltung abzuleiten. Der zweite Einwand ist das ‚Problem des Kategorienfehlers'. Er besagt, dass sich die naturalistische Religionskritik einer wissenschaftstheoretisch ungerechtfertigten

Aufblähung naturwissenschaftlicher Methoden zu einer metaphysischen Weltanschauung verdankt. Der dritte Einwand besteht im ‚Problem des Fundamentalismus'. Er zielt auf den Nachweis, dass der evolutionären Religionskritik Ambiguitätstoleranz fehlt und mit ihr eine naturalistische Selbst- und Weltdeutung auf fundamentalistische Weise vereindeutigt und verabsolutiert wird.

Der Einwand des Genese-Geltungs-Fehlschlusses gegen die evolutionäre Religionskritik ist nicht besonders neu, aber nach wie vor gültig. Die evolutionäre Religionskritik begeht – wie schon die Feuerbach'sche und Marx'sche Projektionstheorie – den Fehler, aus einer Erklärung der Genese bestimmter Überzeugungen Schlussfolgerungen über ihre Geltung zu ziehen. Dabei ist es recht offensichtlich, dass der Nachweis der natürlichen Entwicklung bestimmter Überzeugungssysteme noch nicht darüber entscheiden kann, ob diese Überzeugungssysteme auch mit guten Gründen gerechtfertigt werden können. Armin Kreiner formuliert diesen Einwand wie folgt: „Der Schluss von den Entstehungsbedingungen auf die (Un-)Gültigkeit des Gottesglaubens ist [...] nicht nachvollziehbar. [...] Die Wahrheit der Überzeugung, dass Gott existiert, hängt davon ab, ob Gott tatsächlich existiert, nicht von den Umständen, die Menschen dazu bewogen haben, diese Überzeugung zu entwickeln."[17]

Die evolutionäre Religionskritik macht sich also, erstens, eines klassischen logischen Fehlschlusses schuldig, nämlich des Genese-Geltungs-Fehlschlusses. Dies wird deutlicher, wenn wir uns andere Ausprägungen des menschlichen Geistes anschauen: So ist auch die menschliche Fähigkeit, komplexe logische Abwägungen zu treffen, ein Produkt der naturgeschichtlichen Entstehung des menschlichen Geistes. Zugleich käme wohl niemand auf die Idee, mit dieser Aussage ein Urteil darüber zu fällen, ob bestimmte logische Operationen gültige und schlüssige Argumente liefern oder nicht, geschweige denn die Logik im Ganzen aufgrund ihrer nachweisbaren Funktionalität im evolutiven Prozess zu einer Illusion zu erklären. Wer solche

17 Kreiner, Armin: Das wahre Antlitz Gottes, oder: Was wir meinen, wenn wir Gott sagen, Freiburg 2006, 159f. Vgl. ähnlich Hoff, Gregor Maria: Religionskritik heute, Kevelaer 2011, 68: „Dass der Mensch auf eine bestimmte Weise ‚funktioniert', sagt nichts über die Existenz dessen aus, was der Mensch innerhalb dieser Funktionsabläufe als existent annimmt."

Dinge behauptet, verwechselt schlicht die Analyse der Entstehungsbedingungen eines menschlichen Vermögens mit einem hermeneutischen Zugriff auf die logische Reichweite diskursiv erhobener Geltungsansprüche. Diesen Punkt macht auch Thomas Nagel in seinem Buch *Geist und Kosmos* stark:

> „Ich kann nicht vor einer logischen Schlussfolgerung zurücktreten und sie mit der Überlegung absichern, dass die Verlässlichkeit meiner logischen Gedankengänge mit der Hypothese übereinstimmt, dass die Evolution sie wegen ihrer Genauigkeit auserlesen hat. Das würde den logischen Anspruch dramatisch schwächen."[18]

Die Triftigkeit von Gründen ist nicht aus einer externen Beobachterperspektive bestimmbar, sodass ein solch reduktives Verständnis von intersubjektiv verfasster Vernunft aus logischen Gründen das Phänomen als solches verfehlt. Analoges gilt, theologisch gesprochen, auch für die Religion: Natürlich ist Religion geschichtlich entstanden, wie auch sonst? Nur folgt daraus nichts über die Wahrheit oder Falschheit der mit ihr verbundenen Überzeugungen. Die Interpretation der eigenen Existenz unter Rückgriff auf eine Perspektive der Transzendenz erscheint schlicht verfehlt, wenn sie auf eine rein empirische Erklärung reduziert werden soll. Eine naturalistische Erklärung der Genese der Religion kann daher aus logischen Gründen nicht über die Frage urteilen, ob die Geltungsansprüche einer religiösen Selbst- und Weltdeutung rational plausibel sind oder nicht. Dawkins' und Dennetts Religionskritik begeht den gleichen Fehler wie die marxistische oder die psychoanalytische Religionskritik: den Genese-Geltungs-Fehlschluss.

Der zweite Einwand gegen die evolutionäre Religionskritik besagt, dass sie auf problematische Art und Weise verschiedene Kategorien vermischt und damit wissenschaftstheoretisch unsauber arbeitet. Sie stilisiert eine wissenschaftliche Theorie wie die Evolutionstheorie zu einer metaphysischen Weltanschauung, ohne dies transparent zu machen, geschweige denn zu rechtfertigen. Der Naturalismus ist aber kei-

18 Nagel, Thomas: Geist und Kosmos. Warum die materialistische neodarwinistische Konzeption der Natur so gut wie sicher falsch ist, Berlin 2013, 118.

ne naturwissenschaftlich begründbare, sondern eine metaphysische Position. Eine naturalistische Verabsolutierung der Evolutionstheorie, die diese Theorie zum Sargnagel einer theistischen Selbst- und Weltdeutung erklärt, betreibt also letztlich die Aufblähung einer gerechtfertigten methodischen Annahme zu einer ungerechtfertigten Theorie über das Ganze der Wirklichkeit. Daher gilt: Es mag sein, dass der Naturalismus als *methodisches* Axiom der Naturwissenschaften unverzichtbar ist, jedoch sollte diese methodische Vorannahme nicht zu einer *ontologischen* Annahme erweitert werden – aus dem methodischen Atheismus der Naturwissenschaften lässt sich schlicht nicht folgern, dass der Atheismus wahr ist, sondern vielmehr, dass Naturwissenschaften über die Wahrheit des Theismus keine sinnvollen Aussagen bilden können. Theologisch lässt sich von den Naturwissenschaften also hauptsächlich eine *Unzuständigkeitserklärung* in der Frage nach der Rationalität einer theistischen Deutung der Wirklichkeit erwarten.

Der zweite Einwand – der des Kategorienfehlers – zeigt also, dass die evolutionäre Religionskritik auf der unzulässigen Inflation des methodischen Naturalismus der Naturwissenschaften zu einer metaphysischen Weltanschauung beruht.

Der dritte und letzte Einwand gegen die evolutionäre Religionskritik lässt sich als ‚Problem des Fundamentalismus' bezeichnen. Dawkins und Dennett entwerfen ein fundamentalistisches Zerrbild der Religion, indem sie lediglich Beispiele fundamentalistischer Fehlformen der Religion aufrufen und diese mit einer religiösen Selbst- und Weltdeutung im Ganzen identifizieren. Das ist an und für sich schon ein Problem, weil damit die Gegenposition nicht möglichst stark gemacht, sondern ein Strohmann aufgebaut wird, der leicht aus dem Weg zu räumen ist. Allerdings hat das Fundamentalismusproblem eine weitere Ebene: Die neue rhetorische Schärfe, das Anheizen der Polemik und das offensichtliche Desinteresse an einer Auseinandersetzung mit den Erkenntnissen der modernen Theologie führen dazu, dass Dawkins' und Dennetts ‚Neuer Atheismus' selbst fundamentalistische Züge trägt – der Oxforder Theologe Alister McGrath spricht daher mit guten Gründen auch von einem „fundamentalistische[n] Atheismus".[19]

19 Vgl. McGrath, Alister: The Dawkins Delusion? Atheist Fundamentalism and the Denial of the Divine, London 2007.

Das Fundamentalismusproblem besteht nicht – diese Klarstellung ist wichtig – darin, dass überhaupt eine religionskritische Position vertreten wird. Religionskritik ist natürlich nicht per se fundamentalistisch, sondern hat sich in der Geschichte der Theologie vielmehr häufig als Ort theologischer Erkenntnis erwiesen. Das Problem besteht vielmehr darin, dass Dawkins und Dennett einen dogmatischen Naturalismus vertreten und alle anderen, die diese Position nicht teilen, für vormodern, irrational oder schlicht dumm halten. Ihnen fehlt, mit Thomas Bauer gesprochen, Ambiguitätstoleranz. Der Begriff der Ambiguität besagt, „dass einem Zeichen oder einem Umstand mehrere Interpretationen zugeordnet werden können"[20], sodass sich verschiedene Deutungen ein und desselben Ereigniszusammenhangs als legitim erweisen können. Bauer weist darauf hin, dass „Ambiguität nie vollständig vermieden werden kann"[21], da lebensweltliche Kontexte die scheinbar eindeutige Bedeutung einer Sache überlagern und ambig werden lassen. Für die Organisation der friedlichen Koexistenz verschiedener Religions- und Weltanschauungsgemeinschaften ist nun, Bauer zufolge, die Entwicklung von *Ambiguitätstoleranz* entscheidend: Erst wenn ich eingestehe, dass eine im Rahmen einer bestimmten religiösen Praxis vorgenommene Selbst- und Weltdeutung eine von mehreren rational legitimen Deutungen ist, kann ich dem Anderen auf Augenhöhe begegnen.

Dawkins und Dennett scheint nun genau diese Ambiguitätsoleranz abzugehen. Sie sehen nicht, dass es unterschiedliche Beschreibungen der einen Wirklichkeit geben kann, die gleichermaßen legitim sein können, sondern halten eine naturalistische Interpretation der Evolutionstheorie für die einzig mögliche und ganz unzweideutig wahre Theorie. Damit betreiben sie eine fundamentalistische Auslegung der Evolutionstheorie, die erstaunlich viele Merkmale mit dem religiösen Fundamentalismus teilt – sei es die binäre Aufspaltung der Welt in eine gute heilvolle und eine böse, unheilvolle Sphäre, sei es die Ablehnung anerkannter wissenschaftlicher Erkenntnisse (in diesem Fall: die Erkenntnisse moderner Theologie), sei es die Immunisierung gegenüber religionsphilosophischer oder theologischer Gegen-

20 Bauer, Thomas: Die Vereindeutigung der Welt, Stuttgart 2018, 13.
21 Ebd., 14.

kritik. Daher lässt sich mit Hans Kessler das Problem prägnant auf den Punkt bringen: „Wo also Evolution – weit über den naturwissenschaftlichen Geltungsbereich hinaus – zum Universalprinzip erhoben wird, wo das Paradigma der Evolution weltanschaulich überhöht und umgebogen wird zur Totaldeutung der Wirklichkeit, da hat dies mit Wissenschaft nichts mehr zu tun, sondern wir haben einen pseudowissenschaftlichen Neo-Mythos vor uns.“[22]

3.2.2 Intelligent Design

Das spiegelbildliche Gegenstück zum Neuen Atheismus ist die Position des sogenannten Intelligent Design. Die grundlegende Intuition hinter der Position des Intelligent Design lässt sich mit der berühmten ‚Uhrmacher-Analogie‘ illustrieren, die der englische Theologe William Paley 1802 entworfen hat.[23] Paley versucht zu zeigen, dass es faktisch ausgeschlossen ist, dass der Zufall etwas so komplexes wie eine Uhr zusammensetzen könne. Wenn man beispielsweise an einem Strand entlanglaufe und im Sand eine Uhr finde, wäre es keine sinnvolle Erklärung, dass die Einzelteile der Uhr im Meer umhergeschwommen seien und die Meeresströmung sie zufällig zu einer Uhr zusammengesetzt habe. Vielmehr müsse man annehmen, dass ein geschickter Uhrmacher diese Uhr gebaut habe und sie irgendwie an den Strand gelangt sei. Da nun aber die Geschöpfe der Welt mindestens so komplex wie eine Uhr seien, könne auch ihre Existenz nicht durch den Zufall erklärt werden. Genau das Prinzip des Zufalls ist jedoch eine zentrale Säule der Evolutionstheorie – zufällige genetische Mutation ist, gemeinsam mit dem Prinzip der Selektion, die Triebfeder hinter der Entstehung der Arten. Weist die Komplexität höherstufiger Organismen also auf die Notwendigkeit der Ergänzung der Evolutionstheorie durch den Schöpfungsglauben hin, näherhin auf die Notwendigkeit der Annahme eines intelligenten Designers, der – wie ein Uhrmacher die Uhr – das Leben auf der Erde designt und erbaut hat?

---

22 Kessler, Hans: Evolution und Schöpfung, 46.

23 Vgl. Paley, William: Natural Theology, hg. von Eddy, Matthew/ Knight, David, Oxford 2005.

Die Grundidee der Uhrmacheranalogie geht weit hinter Paley zurück – beispielsweise verteidigt schon Thomas von Aquin im fünften und letzten seiner Wege, Gott zu beweisen die Idee, dass die zweckmäßige und funktionale Einrichtung der Welt die Existenz eines weisen Schöpfers belegt. Dieses Argument heißt meist ‚teleologisches Argument', weil es aus der angenommenen Zielgerichtetheit – das griechische Wort *telos* bedeutet ‚Ziel' – auf die Existenz eines planenden Schöpfers schließt. Ziele muss schließlich irgendjemand setzen – und wenn die Geschichte des Universums das Ziel hatte, bewusste und freie Lebewesen wie Menschen hervorzubringen, dann muss auch dieses Ziel von einem Schöpfer gesetzt und die Welt von ihm zur Erreichung dieses Ziels entsprechend eingerichtet worden sein. Um eine Metapher von Thomas von Aquin aufzunehmen: Die Geschichte des Universums ist wie ein Pfeil, der durch die Zeit auf ein Ziel zufliegt. Und wenn ein Pfeil während seines Fluges beobachtet wird, käme wohl auch niemand auf die Idee, zu sagen, dass niemand diesen Pfeil abgeschossen hätte und er nicht auf ein Ziel zuflöge. Nein, es muss einen Bogenschützen geben, der den Pfeil abgeschossen hat – und Gott ist gewissermaßen der Bogenschütze, der das Universum auf ein Ziel hin in Bewegung gesetzt und die Flugbahn des Universumpfeils genau berechnet hat.

Heutzutage ist dieses Argument insbesondere in evangelikalen Kreisen wirkmächtig, weil es die Begründung für die Bewegung des sogenannten ‚Intelligent Design' liefert.[24] Vertreter:innen des ‚Intelligent Design' versuchen zu zeigen, dass ein anderer zufälliger Prozess – nämlich die Evolution des Lebens auf diesem Planeten – ebenfalls faktisch nicht in der Lage sein kann, etwas so komplexes wie ein selbstbewusstes, freiheitsbegabtes Wesen zu erschaffen. Genau wie die Meeresströmung keine Uhr bauen könne, könnten genetische Einzelmutationen nicht komplexe Organe wie Augen, Ohren, Gehirne etc. hervorbringen.[25] Neben der Behauptung dieser ‚irreduziblen

24 Die Bewegung des Kreationismus und des Intelligent Design ist dabei in verschiedene Positionierungen aufgefächert. Einen guten Überblick über die verschiedenen Spielarten dieser fundamentalistischen Form der Religion liefert Kaden, Tom: Creationism and Anti-Creationism in the United States. A Sociology of Conflict, Cham 2019.

25 Vgl. dazu etwa Behe, Michael: Darwin's Black Box. Biochemische Einwände gegen die Evolutionstheorie, Gräfelfing 2007.

Komplexität' wird auch häufig auf die sogenannte ,Feinabstimmung der Naturkonstanten' hingewiesen: Hätten bestimmte Naturkonstanten wie die Expansionsrate des Universums, die elektromagnetische Kraft etc. auch nur leicht andere Werte, wäre die Entstehung von bewusstem Leben nicht möglich.[26]

Die meisten Theologinnen und Theologen sind sehr skeptisch, was dieses Argument angeht, und betrachten es weder als gutes Argument für die Existenz Gottes noch als sinnvolle Beschreibung dessen, was Schöpfung bedeutet. Hauptsächlich lassen sich vier Einwände gegen die Position des Intelligent Design vorbringen.

Erstens ist schon die Annahme, dass das Universum überhaupt zweckmäßig eingerichtet ist, sehr kontrovers. Verheerende Naturkatastrophen, unheilbare Krankheiten oder das bloße Ausmaß an Leiden auf der Welt sprechen dagegen, dass das Universum von einem allwissenden Schöpfer genau durchgeplant wurde. Wenn die Welt, wie sie ist, das Beste ist, was ein intelligenter Schöpfer zustande bringen kann, dann scheint er entweder nicht besonders intelligent oder nicht besonders moralisch zu sein. Die Idee, dass wir in der besten aller möglichen Welten leben, hat schon Voltaire gegenüber Leibniz – der diese Auffassung vertrat – lächerlich gemacht. Voltaire lässt in seinem Stück *Candide. Die beste aller Welten* von 1776 seinen Protagonisten Candide durch die Welt reisen. Während dieser Reise wird er mit einer Reihe von Schicksalsschlägen und Katastrophen konfrontiert, weshalb er seine Glaubensüberzeugung, in der besten aller möglichen Welten zu leben, aufgibt und seufzend erklärt „Ist das die beste aller möglichen Welten, nun so möcht' ich die übrigen sehen!"[27] Kurzum, der Zustand der Welt spricht zumindest nicht eindeutig dafür, dass hinter jedem Prozess intelligente göttliche Planung steckt oder es gar ein göttliches Mikromanagement des Evolutionsprozesses gebe – dazu hat dieser Prozess viel zu viele Sackgassen und ist viel zu grausam.

Zweitens steht die Theorie des Intelligent Design in Widerspruch zur allgemein anerkannten darwinistischen Evolutionstheorie, die

26 Vgl. für eine Verteidigung dieser Auffassung Schleiff, Matthias: Schöpfung, Zufall oder viele Universen? Ein teleologisches Argument aus der Feinabstimmung der Naturkonstanten, Tübingen 2019.

27 Voltaire: Candide. Die beste aller möglichen Welten, Berlin 1782, § 6.

die Entwicklung des Lebens als ziellosen, auf genetischer Mutation und natürlicher Selektion aufbauenden Vorgang begreift. Abgesehen davon, dass gute Theologie ohnehin anschlussfähig an gegenwärtige wissenschaftliche Erkenntnisse sein sollte, werden damit auch empirische und theologische Kategorien vermischt. Das Problem besteht darin, den Schöpfungsglauben als alternative Erklärung der konkreten Entstehung des Lebens im Universum aufzufassen. Damit werden aber die methodischen Grenzen der beteiligten Wissenschaften überschritten: Die Theologin sollte sich nicht als Wissenschaftlerin betrachten, die dem Biologen oder der Physikerin erklären kann, wie sich die Dinge in der biologischen oder physikalischen Welt wirklich verhalten. Naturwissenschaft und Theologie spielen gewissermaßen außer Konkurrenz, da sie verschiedene Perspektiven auf die Wirklichkeit bieten, die sich nicht aufeinander reduzieren lassen. Konkret findet in Theorien des Intelligent Design eine problematische Übertragung teleologischer Kategorien in empirische Wissenschaften statt. Naturwissenschaftlichen Theorien wie der Evolutionstheorie geht es um das Erklären von Ereignissen, also um das Aufspüren naturkausal wirksamer Ursachen für bestimmte Wirkungen. Dieses theoretische Unterfangen sollte man begrifflich abgrenzen vom Versuch, Handlungen zu verstehen. Im Verstehen von Handlungspraxen sind Kategorien wie Absicht, Plan, oder Ziel einer Handlung angemessen, und es sind diese intentionalen Strukturen, die für teleologisches Verstehen offen sind: „Teleologische Interpretationen sind immer Deutungen in Analogie zu menschlichem Handeln, bei dem Mittel zum Erreichen eines Zwecks gewählt und eingesetzt werden. Sie haben ihren Ort im Kontext der praktischen und nicht der theoretischen Vernunft.“[28]

Man könnte auch sagen, dass theoretische Erklärungen von Ereignissen eine ‚Warum‘-Frage mit einer kausalen ‚Weil-Erklärung‘ beantworten (‚Warum sind Blätter grün?‘ – ‚Weil das enthaltene Chlorophyll sie so färbt‘); das praktische Verstehen von Handlungen beantwortet eine ‚Warum‘-Frage aber mit einer intentionalen ‚Um-zu‘-Erklärung (‚Warum gehst du morgen ins Stadion?‘ – ‚Um eine

28 Höhn, Hans-Joachim: Zeit und Sinn. Religionsphilosophie postsäkular, Paderborn 2010, 191.

gute Zeit zu haben.'). Die darwinistische Evolutionstheorie hat die Entstehung des Lebens auf dieser Erde auf die Seite der kausalen ,Weil'-Erklärungen geschlagen. Theologinnen und Theologen sollten nicht versuchen, auf dieser Ebene mit der Evolutionstheorie zu konkurrieren und teleologische Begriffssysteme in kausale Erklärungen einzubürgern, sondern vielmehr darauf aufmerksam machen, dass kausale ,Weil'-Erklärungen nicht das Ganze der Wirklichkeit abdecken, sondern es viele weitere Dimensionen der Wirklichkeit gibt, die sich wiederum besser durch ,Um-zu'-Erklärungen verstehen lassen. Kurzum, das Intelligent Design missversteht die christliche Rede von Schöpfung als quasi-naturwissenschaftliche, theoretische Hypothese und verfehlt damit den Sinn der Rede von Schöpfung. Das Intelligent Design ist daher eine methodisch problematische, theistische Überformung einer naturwissenschaftlichen Theorie, die auch ohne diese Überformung auskommt und die nach derzeitigem Wissenstand die beste Erklärung für die Entstehung des Lebens ist. Eine Inkompatibilität mit gut gesicherten wissenschaftlichen Erkenntnissen ist aber ein sicheres Indiz dafür, unvernünftige Theologie zu betreiben.

Drittens scheint das Intelligent Design auf bestimmte ,Lücken' in naturwissenschaftlichen Erklärungen angewiesen, um Raum für die Interventionen eines intelligenten Planers zu gewinnen. Ein solches Rückzugsgefecht ist angesichts der naturwissenschaftlichen Fortschritte jedoch nicht nur ziemlich aussichtslos, sondern auch schlechte Theologie, da der Theologie zugemutet wird, eine alternative Theorie der Entstehung des Lebens zu liefern und darauf zu setzen, dass die Evolutionstheorie immer Lücken zurücklassen wird, in die man Gott als Hypothese hineinstopfen kann. Einen solchen ,Lückenbüßergott' hat schon der evangelische Theologe Dietrich Bonhoeffer kritisiert: „Gott ist kein Lückenbüßer; nicht erst an den Grenzen unserer Möglichkeiten, sondern mitten im Leben muss Gott erkannt werden; im Leben und nicht erst im Sterben, in Gesundheit und Kraft und nicht erst im Leiden, im Handeln und nicht erst in der Sünde will Gott erkannt werden."[29] Die Rede von Schöpfung wird

29 Bonhoeffer, Dietrich: Widerstand und Ergebung. Briefe und Aufzeichnungen aus der Haft (DBW 8), Gütersloh 1998, 455.

nicht erst dann interessant, wenn naturwissenschaftliche Erklärungen an Grenzen stoßen – sie ist gerade in der Mitte des Lebens interessant, weil sie nicht auf eine Ergänzung naturwissenschaftlicher Erklärungen zielt, sondern auf eine lebenspraktische Einstellung zu allen Erklärungen.

Viertens läuft das Gottesbild des Intelligent Design, theologisch gesprochen, auf ein recht armseliges, reduktionistisches Bild von Gott hinaus. Die Position des Intelligent Design steht nämlich vor einem unglücklichen Dilemma, da es die Idee eines göttlichen Designs der Schöpfung doppelt verstehen kann: Entweder wird die Schöpfung, im Sinne der klassischen Uhrmacher-Analogie, zu Beginn des Seins vom göttlichen Ingenieur konzipiert und läuft seither – wie ein Uhrwerk – feinabgestimmt vor sich hin. Das käme aber einem Deismus gleich, da Gottes Schöpfungsaktivität nur ein initialer Akt ist, aber kein dauerhaftes Schöpfungshandeln (vgl. zum Deismus auch Kap. 5). Ein Uhrmacher hat ja mit einer einmal gebauten und dann verkauften Uhr erst einmal auch nichts mehr zu tun. Oder das Intelligent Design versteht das göttliche Schöpfungshandeln so, dass Gott immer wieder in den Evolutionsprozess interveniert und diesen natürlichen Prozess gemäß den eigenen Vorstellungen ausrichtet. Gott wäre dann ein Konkurrent natürlicher Ursachen – er würde reduziert auf einen Teil des Seins, was nicht ernst nimmt, dass Gott das Sein im Ganzen umfasst und ermöglicht. In Entwürfen des Intelligent Design wird eine solche göttliche Intervention beispielsweise für die Entstehung des Lebens, für die Entstehung von Bewusstsein oder die Entstehung von Freiheit behauptet. Diese Vorstellung kommt aber einem anthropomorphen Gottesbild gleich, da der ursprüngliche Plan Gottes offensichtlich höchst fehlerhaft war – andernfalls wären die Interventionen Gottes ja nicht mehr notwendig. Einen Uhrmacher, der einem eine Uhr verkauft, die man ihm ständig zurückbringen muss, weil sie nicht richtig funktioniert, würde man nicht weiterempfehlen und ihn wahrscheinlich nach einigen unfreiwilligen erneuten Besuchen für einen ziemlichen Flickschuster halten.

Das Intelligent Design steht daher vor zwei gleichermaßen unplausiblen Alternativen: Entweder versteht es das göttliche Design deistisch, womit die Vollkommenheit Gottes gerettet wäre, aber die Geschichtsmacht Gottes nicht; oder es versteht das göttliche Design

Gottes im Sinne eines episodischen Eingreifens in den Evolutionsprozess, womit Gott ziemlich schlecht dastünde und ein unplausibler Supranaturalismus folgen würde. Kurzum, das Intelligent Design ist eine theologische Verzwergung und Verfügbarmachung Gottes, welche dem biblischen Zeugnis von Gott als dem unergründlichen, jegrößeren Gegenüber der Welt gerade widerspricht. Es hat nicht nur große Probleme mit der Anschlussfähigkeit an andere, sehr gut begründete wissenschaftliche Theorien, sondern steht auch vor internen Widersprüchen. Daher gilt: Die Position des Intelligent Design ist weder kohärent zu anderen Wissenschaften noch intern konsistent.

Insgesamt handelt es sich beim Neuen Atheismus und beim Intelligent Design um zwei Seiten der gleichen Medaille, da beide schon ganz grundlegend an einer problematischen Verabsolutierung der je eigenen Erkenntnisperspektive scheitern: Der Neue Atheismus bzw. der ihm zugrundeliegende Szientismus versucht, auch die Frage nach einer rational begründeten Selbst- und Weltdeutung durch die Methoden der empirischen Wissenschaften zu beantworten und überschreitet damit die Grenzen, die eine methodisch verantwortete Naturwissenschaft ausmachen. Die Position des Intelligent Design macht den spiegelverkehrten Fehler und versucht, die Frage nach der konkreten evolutiven Entstehung des Lebens auf dieser Welt durch die Methoden der Theologie zu beantworten und überschreitet damit die Grenzen einer methodisch verantworteten Theologie. Eine Ausdehnung der Perspektive der empirischen Wissenschaften auf Sinnfragen ist allerdings eine ebenso problematische Verabsolutierung einer möglichen und methodisch verantwortbaren Perspektive auf die Welt wie eine Ausdehnung der Perspektive der Philosophie und Theologie auf empirische Fragen. Beide Aussagen implizieren einen harten Konflikt zwischen Schöpfungsglaube und Evolutionstheorie, sodass sowohl der Mythos des Intelligent Design als auch der Mythos des Szientismus zu kritisieren sind. Es handelt sich um gleichermaßen methodisch unhaltbare Theorien, und es ist ein wichtiger Teil theologischer Aufklärungsarbeit auf diese Schwächen des Neuen Atheismus und des Intelligent Design hinzuweisen.

3.2.3 Exkurs: Teleologie und Zufall

In den letzten Jahren hat es in Theologie und Philosophie ein Revival der Debatte darüber gegeben, inwiefern die Evolutionstheorie eine vollständige Erklärung der Entstehung bewussten Lebens geben kann. Dabei steht nicht eine Rehabilitierung des Intelligent Design im Raum als vielmehr die Frage, ob es nicht bestimmte teleologische Annahmen braucht, um über einen rein naturwissenschaftlichen Blick hinaus die Entstehung bewusster lebendiger Strukturen zu erklären. So hat beispielsweise der amerikanische Philosoph Thomas Nagel ein vielbeachtetes Buch mit dem Titel *Geist und Kosmos* geschrieben, welches eine große Auseinandersetzung mit dem Naturalismus und der Idee ist, dass ausschließlich zufällige Prozesse zur Entstehung von Bewusstsein geführt haben.[30]

Nagel macht drei große Bereiche aus, in denen naturalistisch-reduktive Erklärungen aus strukturellen Gründen scheitern müssen: Der Naturalismus liefert keine guten Erklärungen für erstpersönlich-individuelles Erleben, für den intersubjektiv-gemeinschaftlichen Vernunftgebrauch und für die objektive Geltung moralischer Tatsachen. Nagels Argumente sind dabei nicht unbedingt neu: Das Problem der Irreduzibilität von Bewusstsein, Vernunft und Werten ist vieldiskutiert. Innovativ ist hingegen Nagels Alternativerklärung, mit der er eine plausiblere Erklärung dieser Phänomene liefern will. Die Erklärungslücke zwischen Mentalem und Materiellem soll durch eine „integrierte naturalistische Erklärung neuen Typs“[31] geschlossen werden, die den Geist als „grundlegenden Aspekt der Natur“[32] ausweist. Diese neue Theorie enthält die aristotelische Vorstellung einer Zielgerichtetheit des Universums, ohne dass Nagel auf die Vorstellung eines Schöpfergottes Bezug nimmt – daher nennt Nagel seinen Ansatz auch ‚teleologischen Naturalismus‘.

Nagel bleibt also auch angesichts seiner Naturalismuskritik ein überzeugter Atheist und verwirft jegliche theistische Deutung der Evolution, die er auf fragwürdige Weise mit Theorien des ‚Intelli-

30 Nagel, Thomas: Geist und Kosmos. Warum die materialistische neodarwinistische Konzeption der Natur so gut wie sicher falsch ist, Berlin 2013.

31 Ebd., 103.

32 Ebd., 30.

gent Design‘ identifiziert. Derart verstandene Ansätze, die die Entstehung aller natürlichen Dinge als „Ausdruck göttlicher Intention“[33] verstehen, seien nichts als eine unnötige und „willkürliche Komplikation“[34]. Nagel rechnet theistischen Selbst- und Weltdeutungen jedoch an, logisch mögliche Alternativen zu unplausiblen naturalistischen Entwürfen zu formulieren: „Das am Theismus selbst für einen Atheisten Interessante ist, dass er das, was in der physikalischen Wissenschaft offenbar keine Erklärung findet, auf andere Weise zu erklären sucht.“[35]

Im Hintergrund stehen hier die Debatten um das ‚anthropische Prinzip‘: Dieses Prinzip besagt, dass die Naturkonstanten – die Gravitationskonstante, die Lichtgeschwindigkeit, die Expansionsrate des Universums etc. – genau so eingerichtet sind, dass sie die Entstehung von Leben ermöglichen. Eine leichte Abweichung einer der Naturkonstanten hätte zu einem schnellen Zusammenbruch des gerade im Entstehen begriffenen Universums geführt oder zumindest verhindert, dass Planeten und Galaxien und anschließend kohlenstoffbasiertes Leben auf mindestens einem dieser Planeten allererst entstehen. Offen ist nun die Frage, wie dieses Zusammenspiel der Naturkonstanten zu interpretieren ist: Handelt es sich um eine zufällige Begebenheit, die in der Natur (vielleicht auch erst nach vielen Anläufen) einmal geglückt ist? Gibt es so etwas wie eine Feinabstimmung überhaupt, oder wirkt dies nur so, weil die empirischen Wissenschaften es noch nicht besser verstanden haben? Oder lässt sich eine Finalität, eine Ausrichtung des Universums auf ein Ziel behaupten? War das Entstehen von vernunftbegabtem Leben von Anfang an ‚eingeplant‘ oder verdankt es sich einer ‚fügenden Hand‘ Gottes? Ist die Behauptung eines ‚anthropischen Prinzips‘ nicht eine unhaltbare metaphysische Spekulation, die nicht zielführend ist?

Diese Fragen setzen Kategorien voraus, die keine naturwissenschaftlichen mehr sind – die Frage, *warum* die Naturkonstanten so sind, wie sie sind, lässt sich empirisch nicht beantworten. Damit ist ein Raum möglicher Deutungen eröffnet: Das ‚anthropische Prinzip‘ interpretiert die Entstehung dieser Naturkonstanten in der Regel im

33 Ebd., 39.
34 Ebd., 138.
35 Ebd., 38.

Sinne einer Teleologie des Universums, also einer Ausgerichtetheit des materiellen Seins auf das Hervorbringen mentaler Strukturen, wie es z.B. Nagel tut. Diese Deutung ist eine mögliche, aber keine zwingende Deutung – alternativ könnte man auch darüber spekulieren, ob eine Multiversen-Theorie wahr ist, was die Unwahrscheinlichkeit der Abstimmung der Naturkonstanten drastisch senken würde. Theologisch stehen beide Deutungen offen, obschon nicht ganz klar ist, was eigentlich gewonnen wäre, wenn sich gute Gründe für eine starke Lesart des anthropischen Prinzips angeben lassen: Die existenzielle Kernaussage der Rede von Schöpfung wäre davon kaum berührt. Zugleich kann das anthropische Prinzip, wenn es aus der Perspektive der staunenden Teilnehmerin und nicht aus der Perspektive der nüchternen Beobachterin formuliert wird, eine starke Intuition der Schöpfungstheologie abrufen: Gott ist kein deistischer Weltenschaffer, der danach nichts mehr unternimmt, sondern er hat Pläne mit der Welt und interagiert mit ihr – er ist ein geschichtsmächtiger Gott. Das anthropische Prinzip muss also einen Spagat hinbekommen: Einerseits darf es keine Erklärungsgröße in naturwissenschaftlichen Theorien werden, da diese methodisch teleologische Erklärungen ausschließen; andererseits kann es aus der Perspektive theologischer Deutungspraxis eine wichtige und basale schöpfungstheologische Intuition zum Ausdruck bringen, nämlich die, dass Gott es nicht dem völligen Zufall überlässt, ob irgendwo im Universum irgendwann einmal ‚Mit-Liebende' entstehen. Diesen Spagat formuliert auch der Philosoph Christian Illies prägnant:

> „Dass die Naturwissenschaften nur a-teleologische Erklärungen zulassen, ist […] keine kontingente und letztlich entbehrliche Zusatzregel, sondern gehört zu ihren Kernannahmen. Insofern ist Gott auch nie die bessere Hypothese zur Erklärung rätselhafter, und noch nicht erklärter Phänomene. Teleologische Wirkursachen sind in der Tat ein ‚science stopper' […], aber keine konsistente oder weiterführende Ergänzung der Naturwissenschaft. *Die Teleologie ist eine Deutungskategorie, aber keine Erklärungsgröße.*"[36]

36 Illies, Christian: Blinde Evolution und Gottes Intention. Wie sich ein rationaler Theismus mit der natürlichen Selektion verbinden lässt, in: Buchheim, Thomas et al. (Hg.): Gottesbeweise als Herausforderung für die moderne Vernunft, Tübingen 2012, 431–460, hier 443.

Dieser Spagat ist unproblematisch, solange nicht versucht wird, alle Perspektiven auf die Wirklichkeit in einer allumfassenden Maximaltheorie – eine ‚theory of everything' – zu vereinen. Dass ein solches Unterfangen jedoch nicht sinnvoll ist, hatten wir bereits in den Überlegungen zu einer ‚Hermeneutik schöpfungstheologischer Aussagen' gesehen (vgl. Kap. 2.5). Ebenso problematisch wäre es, Gott als ‚Triebfeder' der Evolution zu verstehen, der das Geschehen in der Welt exakt reguliert. Wenn eine Teleologie behauptet werden kann dann in dem Sinne, dass Gott in dialogischer Interaktion mit der Welt bestimmte Möglichkeiten eröffnet.[37] Mehr als dies lässt sich allerdings nicht sagen – wie genau ein dialogisch-zeichenhaftes Gespräch jenseits zwischenmenschlicher Kommunikationszusammenhänge aussehen soll, in welchem Gott nicht die Dinge in eine bestimmte Richtung zwingt, sondern sie eher in eine Richtung lockt, und wie ein solches Handeln vermittelt werden könnte mit der naturwissenschaftlichen Beschreibung der Wirklichkeit, wäre nur erkennbar von einem erkenntnistheoretischen Standpunkt im Nirgendwo. Da es diesen nicht gibt, bleibt nichts anderes übrig, als mit einer Pluralität von Perspektiven auf die Welt – und damit auch mit der Pluralität von empirischen Beschreibungen auf der einen und deutenden Zuschreibungen auf der anderen Seite – zu leben. Mit Kessler gesprochen: Der Schöpfungsglaube „bewegt sich auf einer anderen Betrachtungsebene und sieht auf dieser anderen (…) Ebene Verbindungslinien und Sinnzusammenhänge zwischen jenen Ereignissen, welche auf der biologischen Betrachtungsebene als zufällig und planlos erscheinen."[38] Kurz gesagt: Während das Intelligent Design versucht, auf der *Ebene der naturwissenschaftlichen Beschreibung* die Notwendigkeit eines intelligenten Planers nachzuweisen, ist Kesslers Behauptung einer Teleologie der Entwicklung des Menschen auf die *Diversität von verschiedenen Ebenen des Weltzugangs* angewiesen.

Aus theologischer Perspektive lässt sich daher festhalten, dass die Schöpfung selbstverständlich ein Ziel hat: Das Ziel Gottes mit der Schöpfung ist es, Mitliebende zu gewinnen. Nur folgt aus dieser

37 Vgl. dazu auch Kessler: Evolution und Schöpfung, 158f.

38 Kessler: Evolution und Schöpfung, 165.

Zielbestimmung noch nicht, dass Gott episodisch in evolutionäre Prozesse eingreift, denn ein solches Eingreifen stünde in direktem Widerspruch zum Schöpfungsziel selbst: Wenn es stimmt, dass Gott Mitliebende möchte, dann darf er gar kein Mikromanagement des Evolutionsprozesses betreiben, da nur stabile Hintergrundbedingungen überhaupt ein freies Ja zum und damit ein Mitlieben des Schöpfers ermöglichen. Saskia Wendel hält dies prägnant fest: „Schon der Schöpfungsakt ist nicht schlichtweg als ein Akt der Willkür zu verstehen: Gott schafft nicht einfach aus einer Laune, sondern aus dem Bedürfnis heraus, sich auf ein Anderes zu beziehen und sich an dieses Andere bleibend zu binden."[39] Wenn man wirklich durchdenkt, was Schöpfung heißt, verbietet es also schon der Inhalt des christlichen Schöpfungsglaubens anzunehmen, dass Gott mikrologische Interventionen in den Evolutionsprozess vornimmt – damit würde er das verneinen, was Christinnen und Christen als Grundsatz ihres Glaubens betrachten: Ein Gott, der die Liebe ist – der diese nicht nur neben vielem anderen hat, sondern diese IST – würde sein eigenes Wesen verraten, wenn er derart agieren würde. Gerade weil die Schöpfung in christlicher Perspektive ein Ziel hat, verbietet sich die Annahme episodischer supranaturaler Interventionen Gottes in den Evolutionsprozess – nicht aber die Annahme von kommunikativen Sinnzusammenhängen, die auch in der Natur aufscheinen können.

3.2.4 Zur Vereinbarkeit von Schöpfungsglaube und Evolutionstheorie

Was lässt sich im Sinne eines Zwischenfazits zur positiven Verhältnisbestimmung von Schöpfungsglaube und Evolutionstheorie sagen? Zunächst verweist die Auseinandersetzung mit Neuem Atheismus und Intelligent Design auf eine Dualität von Perspektiven, die bereits im Kapitel zur ‚Hermeneutik schöpfungstheologischer Aussagen' (Kap 2.5) eine zentrale Rolle einnahm: Die Perspektive der Beobachterin und die Perspektive des Teilnehmers. Beide Perspektiven sind, *erstens*, nicht aufeinander reduzibel: Eine beobachtende

39 Wendel: Gott, 50f.

Perspektive auf die Welt kann nicht über die Plausibilität des Schöpfungsglaubens entscheiden, da dieser aus einer teilnehmenden Perspektive allererst verstehbar wird. Umgekehrt kann eine teilnehmende Perspektive auf die Welt nicht über die Güte empirischer Thesen entscheiden, da diese auf die beobachtende Perspektive angewiesen sind. Die Kalamitäten, in die Grenzüberschreitungen führen, haben wir mit Blick auf die Diskurse um den Neuen Atheismus und das Intelligent Design kennengelernt.

Über die Irreduzibilität der Perspektiven besteht darüber hinaus, zweitens, auch eine gewisse Asymmetrie zwischen den beiden Perspektiven: Beobachtende Wissenschaften sind methodisch darauf festgelegt, in moralischen, politischen oder existenziellen Fragen ihre Unzuständigkeit zu bekunden – sie sind gewissermaßen auf eine weltanschauliche Neutralität festgelegt. Wissenschaften, die stärker auf die Teilnehmerperspektive angewiesen sind, sind hingegen nicht ‚neutral' mit Blick auf die Erkenntnisse der empirischen Wissenschaften; vielmehr beziehen sie sich auf diese und fragen nach der Relevanz dieser Erkenntnisse für unser Dasein. Hans Kessler schreibt: „Zwar kann die Idee der Schöpfung in wissenschaftlicher (methodisch naturalistisch vorgehender) Kosmologie und Evolutionsbiologie nicht vorkommen, doch kann umgekehrt im Rahmen des Schöpfungsglaubens die Evolutionslehre ihren guten Platz haben."[40] In dieser Hinsicht also ist ein Dialog zwischen Theologie und Naturwissenschaft überaus sinnvoll, da beide nicht je für sich das Ganze der Wirklichkeit erklären bzw. verstehen können, sondern sie verschiedene Perspektiven auf die Wirklichkeit zum Ausdruck bringen.

Insgesamt ergibt sich also, dass die Alternative ‚Entweder der Schöpfungsglaube oder die Evolutionstheorie ist wahr' zurückzuweisen ist. Als gläubiger Mensch ist es möglich, die Evolutionstheorie als bestbegründete Theorie zur Entstehung des Lebens auf dieser Erde für wahr zu halten und zugleich an der Auffassung festzuhalten, dass das Universum im Ganzen eine Schöpfung Gottes ist. Theologisch sollte man daher sowohl atheistische Positionen kritisieren, die glauben, aus der empirischen Plausibilität der Evolutionstheorie heraus auch etwas über die Falschheit des Schöpfungsglaubens ableiten zu können, als

---

40 Kessler: Evolution und Schöpfung, 145.

auch theologische Positionen, die sich dazu berufen fühlen, die Evolutionstheorie theistisch zu übermalen. Beide Positionen verkennen, dass sich Schöpfungsglaube und Evolutionstheorie auf unterschiedlichen Erkenntnisebenen bewegen: „[D]er originäre Schöpfungsglaube setzt Gott nicht als Lückenbüßer für noch nicht Erklärbares oder als Joker im Kartenspiel kausaler Erklärungen ein, sondern sagt: Gott hat die Dinge in ihre Eigendynamik hinein freigegeben, sie gehen ihre eigenen Wege, nicht alles, was ‚die Natur tut', ist auch gottgewirkt oder ‚der Wille Gottes'."[41] Die Evolutionstheorie ist daher theologisch als eine empirisch überaus plausible Erklärung der Entstehung des Lebens auf dieser Erde anzuerkennen. Der Schöpfungsglaube bringt eine Einstellung zur Wirklichkeit zum Ausdruck, die das Dasein als vom letzten Grund des Seins bejaht versteht und dieses grundsätzliche Ja zum Leben dem Einzelnen zuspricht. Wenn die Rede von Schöpfung auf das freie Ins-Sein-Setzen des irdischen Seins durch einen diesem Sein unbedingt zugewandten Schöpfer zielt, dann geht es um eine Reflexion dessen, was der Sinngrund dieses Seins ist – und die Unmöglichkeit einer empirischen Erforschung eines Sinngrunds sowie die vernünftige Legitimität dieser Deutung sollte umgekehrt auch aus der Perspektive der Naturwissenschaften anerkannt werden.

Anstelle von methodisch und inhaltlich prekären Frontstellungen wie im Neuen Atheismus oder im Intelligent Design erscheinen interdisziplinäre Forschungszusammenhänge interessanter, die sich in Kenntnis der je eigenen methodischen Grenzen aufeinander einlassen und wechselseitig informieren. Einen solchen Forschungszusammenhang lernen wir im folgenden Unterkapitel kennen – es geht um das Gespräch zwischen der theologischen und der evolutionären Anthropologie.

3.2.5 Theologische und evolutionäre Anthropologie

In den letzten Jahren hat es verstärkt theologische Auseinandersetzungen mit der Evolutionären Anthropologie gegeben, wie sie beispielsweise von Michael Tomasello betrieben wird. Tomasello hat

41 Ebd., 153f.

sowohl für eine evolutionäre Erklärung der denkerischen[42] und moralischen[43] Fähigkeiten des Menschen als auch für die individuelle Ontogenese von menschlichen Personen[44] bahnbrechende Forschungsarbeiten geleistet. Auf der Basis vergleichender Experimente mit Kleinkindern und Schimpansen, den nächsten Verwandten des Menschen, hat er sich auf die Suche nach den Eigenschaften gemacht, die den evolutionären Erfolg des Menschen gegenüber allen anderen Spezies erklären. Dabei hat er einerseits erstaunliches über das Denken von Primaten herausgefunden. So musste er seine zunächst verteidigte Hypothese, dass sich das evolutionäre Erfolgsgeheimnis des Menschen seiner Fähigkeit der Bezugnahme auf Objekte und Personen, also der Intentionalität verdankt, aufgeben – auch Primaten verfügen über individuelle Intentionalität, also beispielsweise ein Verständnis darüber, dass auch das Gegenüber mentale Zustände hat und dass diese Sicht auf die Welt des Gegenübers für die eigenen Handlungen berücksichtigt werden sollte. [45] Es ist also nicht das Vermögen zur individuellen Intentionalität, dass Menschen auszeichnet und damit verantwortlich für ihren spezifischen evolutionären Erfolg sein kann.

Tomasellos Folgehypothese, die inzwischen auch als experimentell gut abgesichert gelten kann, lautet, dass es die Fähigkeit zur *kollektiven* Intentionalität ist, die Menschen auszeichnet. Die Hypothese der kollektiven Intentionalität zielt dabei auf

> „die Fähigkeit einzelner Menschen [...], auf interdependente Weise zusammenzukommen, um als individueller Akteur zu handeln – entweder mit anderen Individuen oder innerhalb einer Gruppe, wobei die ganze Zeit über die Individualität aufrechterhalten wird, und den Prozess durch neue Formen der kooperativen Kommunikation zu koordinieren, wodurch eine grundlegend neue Form der Sozialität geschaffen wird.“[46]

---

42 Vgl. Tomasello, Michael: Eine Naturgeschichte des menschlichen Denkens, Berlin 2014.

43 Vgl. Tomasello, Michael: Eine Naturgeschichte der menschlichen Moral, Berlin 2016.

44 Vgl. Tomasello, Michael: Mensch werden. Eine Theorie der Ontogenese, Berlin 2020.

45 Diese Hypothese verteidigte Tomasello noch in Tomasello, Michael/ Call, Josep: Primate Cognition, New York/ Oxford 1997.

46 Tomasello: Mensch werden, 486.

Sowohl der evolutionäre Blick auf die Entstehung dieser Fähigkeit innerhalb der Spezies Mensch als auch der ontogenetische Blick auf die Entstehung dieser Fähigkeit im einzelnen Individuum legen nahe, dass sich diese Fähigkeit in einem zweistufigen Prozess entwickelt. Tomasello differenziert dazu das Vermögen der geteilten Intentionalität in die beiden Kategorien der ‚gemeinsamen Intentionalität' (*joint intentionality*) und der ‚kollektiven Intentionalität' (*collective intentionality*). Ihr hauptsächlicher Unterschied besteht in einem Wechsel der Abstraktionsebene: Die Fähigkeit der ‚gemeinsamen Intentionalität' ermöglicht es, in konkreten Kontexten und mit konkreten anderen Individuen Intentionalität auszubilden. Damit geht die Entstehung der wichtigen Fähigkeit der Übernahme der Perspektive des Anderen einher. Die Kognition bleibt perspektivisch, und es erfolgen erste kooperative Interaktionen und ein Imitationslernen. Tomasello verortet den Beginn der ontogenetischen Entstehung gemeinsamer Intentionalität in der sogenannten ‚Neunmonatsrevolution': „Anstatt mit anderen einfach nur Gefühlszustände zu teilen, teilen die Säuglinge mit ihnen jetzt intentionale Zustände – Ziele, Aufmerksamkeit, Wissen –, die sich auf äußere Bezugsgegenstände richten."[47]

Nach der Ausbildung der gemeinsamen Intentionalität erfährt das kindliche Abstraktionslevel ungefähr im Alter von drei Jahren einen neuen Schub, denn zu dieser Zeit ereignet sich „die objektive/normative Wende"[48], mit der die Ausbildung kollektiver Intentionalität einhergeht. Diese ermöglicht die Einnahme einer überindividuellen Perspektive eines jeden Mitglieds einer bestimmten Gruppe – „das an der Gruppe orientierte Denken und Handeln ist nicht nur ein Hochskalieren vom Zweitpersonalen zum Mehrpersonalen, sondern vielmehr eine Hochskalierung zur Selbstidentität der Gruppe."[49] Damit gewinnen Kleinkinder ungefähr im Alter von drei Jahren die Fähigkeit, das eigene Denken und Handeln von einem abstrakten, gewissermaßen ‚objektiven' Standpunkt aus zu evaluieren. Dies ist auch der Zeitpunkt, an dem Kinder echte Interaktionen mit Gleichaltrigen beginnen und nicht bloß asymmetrische Interaktionen mit

47 Ebd., 439.
48 Ebd., 451.
49 Ebd.

Erwachsenen haben. Dieser Prozess endet dann im Alter von 6 bis 7 Jahren damit, dass Kinder als „vernünftige und verantwortliche ‚Personen'“[50] gelten, denen man zunehmend eigenständige Aufgaben übertragen kann und die verlässliche Partner in Interaktionszusammenhängen sind.[51]

Entscheidend für die Ausbildung kognitiver, sozialer und moralischer Vermögen ist daher die Interaktion mit anderen, die zur Ausbildung der Fähigkeit geteilter Intentionalität führen. Es ist diese Fähigkeit, die den evolutionären Erfolg des Menschen erklärt und die den Schlüssel zu anderen beeindruckenden menschlichen Fähigkeiten bietet.

Das ist auch der Grund, warum einflussreiche individualistische Theorien – wie etwa die Theorie der geistigen Entwicklung, die auf Jean Piaget zurückgeht – heutzutage aufgrund ihrer fehlenden Berücksichtigung der tiefgreifend sozialen Natur der menschlichen Ontogenese kritisch betrachtet werden. Auch wenn Piaget auf die soziale Umwelt und die symbolischen Interaktionen des Kindes mit seiner Umwelt verweist, erfolgt dieser Verweis eher stereotypisch und erhält keine tragende Funktion in der Piaget'schen Theoriearchitektur – er fasst die Grundlagen des kindlichen Entwicklungsprozesses „wesentlich individualistisch auf […]: Das Kind als Wissenschaftler, der seine Umgebung erforscht und lernt, wie die Dinge funktionieren.“[52] Tomasello kritisiert diese individualistischen Theorien, da sie weder die menschliche Kognition noch die menschliche Sozialität hinreichend erklären könnten. Der Schlüssel für beides liege nicht in der Sprachlichkeit des Menschen, sondern in seinem

---

50 Ebd., 469.

51 Natürlich ist auch Tomasello bewusst, dass 7-jährige Kinder keine Personen in dem Sinne sind, dass sie volle Verantwortung für ihre Handlungen tragen. Allerdings behauptet er, dass die kognitiven Fähigkeiten dazu durch das Erreichen der Stufe der kollektiven Intentionalität schon angelegt sind – alles, was noch fehle, sei kulturelles Wissen und Übung im Gründe-geben und Gründe-Verlangen: „Sechsjährige können nicht an einer kooperativen Problemlösung mit Bezug auf die Frage teilnehmen, wie man mit der kommenden Dürreperiode umgehen soll oder wie man sich bei einem schwelenden Streit […] um Geld verhalten soll, weil sie nicht genug darüber wissen, wie Dürre und Geld funktionieren.“ (Tomasello: Mensch werden, 472).

52 Ebd., 426.

Vermögen zu geteilter Intentionalität, aus der das beeindruckende Sprachvermögen des Menschen allererst folge: „Entscheidend ist, dass diese tieferen Prozesse geteilter Intentionalität – und nicht sprachliche Repräsentation und Komputation – das sind, was erforderlich ist, um die vielen und vielfältigen anderen Formen der einzigartig menschlichen Kognition und Sozialität zu erklären, angefangen von dem entstehenden Sinn der Kinder für Fairness und Verpflichtung bis zu ihrem kooperativen Denken mit Gleichaltrigen."[53]

Ohne hier weiter in die Details gehen zu können, lässt sich konstatieren, dass eine nicht-reduktive Naturgeschichte der menschlichen Vermögen des Denkens, der Moral oder auch der Freiheit einen neuen Raum des Dialogs zwischen Theologie und Naturwissenschaften eröffnet: Das Prinzip der Kooperation, das der evolutionäre *game changer* in der Naturgeschichte der menschlichen Spezies war, ist nämlich durchaus offen für theistische Interpretationen. Der Theismus ist eine legitime Interpretation des evolutiven Prozesses, da das Prinzip der kollektiven Intentionalität Raum für die Gegenwart Gottes ermöglicht. Zentral ist dazu die Einsicht in die intersubjektive Grundsignatur der menschlichen Existenzweise, die in einer existenzialen Lesart der Rede von Schöpfung ebenfalls eine zentrale Rolle spielt (vgl. Kap. 2). Hier berühren sich die Grundpfeiler der evolutionären Anthropologie und der Schöpfungstheologie; und es wird deutlich, dass man die Evolutionstheorie auch aus der Perspektive empirischer Wissenschaften nicht im Sinne eines Naturalismus oder Reduktionismus interpretieren muss.

Theologisch eröffnet diese alternative Naturgeschichte des menschlichen Denkens also einen Raum, um eine natürliche Genese religiöser Vorstellungen in die eigenen Überlegungen zur rationalen Verantwortbarkeit einer religiösen Selbst- und Weltdeutung integrieren zu können, ohne dass damit schon ein Reduktionismus bejaht wäre. Religion erweist sich so als Deutungspraxis des Menschen, die auf eine transzendente Realität zielt und die insbesondere der zentralen Kategorie der Intersubjektivität eine religiöse Tiefendimension verleiht. Gregor Maria Hoff hat diesen Punkt in seinem Buch zur ‚Topologischen Fundamentaltheologie' herausgearbeitet:

53 Ebd., 426f.

> „Der Mensch kann Sinnpotentiale nur entdecken, wenn er von seiner Vorstellungskraft Gebrauch macht. *In dieser Form* der Selbstüberschreitung erschließt er sich Lebensräume, die in der tödlichen Latenz der Welt und angesichts ihrer Nichtigkeit dennoch an der *Deutbarkeit* dieser Wirklichkeit festhalten. Dieser Raum der Vorstellung, der sich über Formen kooperativen Handelns herausgebildet hat, verankert die *Möglichkeit* religiöser Orientierung in der Evolution des *homo sapiens* – als Aspekt kulturellen Weltverhaltens, das sich nicht auf kognitive Fehlschaltungen oder projektive Überreaktionen reduzieren lässt.“[54]

Es ist also gerade die zutiefst kommunikative, intersubjektive Existenzweise des Menschen, die eine religiöse Deutung nahelegt: Die grundsätzlich soziale und relationale Beziehungsstruktur menschlicher Individuen ermöglicht die Interpretation der eigenen Existenz als getragen von Liebe, nicht als geprägt von Absurdität oder dem Nichts. Diese Möglichkeit einer theistischen Deutung der eigenen Existenz korreliert mit den Erkenntnissen der evolutionären Anthropologie. Auch wenn hier noch einige Forschungsarbeit zu leisten ist, zeigt das Gespräch zwischen evolutionärer Anthropologie und Schöpfungstheologie, dass es im Gegensatz zum Neuen Atheismus oder zum Intelligent Design auch fruchtbare interdisziplinäre Gespräche zwischen den Wissenschaften geben kann.

3.3 Gott und der Urknall: Schöpfungsglaube und moderne Kosmologie

Nachdem wir uns nun mit dem Verhältnis von Naturwissenschaften und Theologie im Allgemeinen (3.1) sowie vertieft mit dem Verhältnis von Schöpfungsglaube und Evolutionstheorie (3.2) auseinandergesetzt haben, soll der letzte Blick in diesem Kapitel auf das Verhältnis von Schöpfungsglaube und Urknalltheorie geworfen werden. Die Metapher des Urknalls bringt in der modernen Physik zum Ausdruck, dass es vor ca. 13,7 Milliarden Jahren einen Startpunkt der Existenz unseres Universums gab, welches sich seither ausdehnt. Zu Beginn dieser Expansion des Universums war die gesamte Materie

54 Hoff, Gregor Maria: Glaubensräume, 165.

in einem Punkt mit unglaublich großer Dichte versammelt, und der sogenannte Urknall markiert den Beginn des Prozesses der Ausdehnung dieses Punkts. Sehr kurze Zeit nach Beginn dieser Expansion, d. h. nach 10^{-44} Sekunden (die sogenannte Planck-Zeit), ist es möglich, diesen Prozess naturgesetzlich zu beschreiben. Zuvor gelten die bekannten Naturgesetze jedoch nicht – die Gleichungen laufen gewissermaßen ins Leere, weshalb der exakte Moment des Urknalls mit naturwissenschaftlichen Methoden nicht greifbar ist.

Sowohl die Metapher des Urknalls als auch die Unmöglichkeit, vor dem Verstreichen der Planck-Zeit etwas über den Urknall zu sagen, sind Verlockungen für manche Theologinnen und Theologen: Hat die Rede von Schöpfung am Ende doch etwas mit einer kausalen Ingangsetzung des Universums, also z.B. einer Verursachung des Urknalls, zu tun? Diese Grundidee ist nicht neu, man findet sie beispielsweise schon in den verschiedenen Spielarten kosmologischer Gottesbeweise, die Thomas von Aquin in seiner *Summa Theologiae* formuliert: Wenn jedes Ereignis eine Ursache hat, dann muss diese Ursache wieder eine vorgelagerte Ursache haben und diese wiederum eine vorgelagerte Ursache etc. Wenn es nun aber keine plausible Auffassung ist, dass die Kette der Ursachen einfach unendlich zurückläuft (und zumindest intuitiv scheint das ja auch komisch zu sein), dann müssen alle Ursachenketten einen Anfang, eine erste Ursache haben. So wie eine sehr lange Kette von Dominosteinen, bei denen der nächste fallende Stein durch den vorhergehenden fallenden Stein umgeworfen wird, nur denkbar ist, wenn es irgendwo einen ersten Stein gegeben hat, der von außen umgeworfen wurde, so ist auch die nahezu unendlich lange Kette von Ursachen, die die Geschichte unseres Universums bildet, nur denkbar, wenn irgendwo etwas oder jemand die erste Ursache war. Und diese erste Ursache wird in kosmologischen Gottesbeweisen dann mit Gott identifiziert: „Also ist es notwendig, irgendeine Wirkursache als die erste anzusetzen, und diese nennen alle Gott." (STh I, q.2 a.3).

Zugleich wird der starke Anspruch einer Beweisbarkeit Gottes aus einer kosmologischen Argumentationsform heutzutage nur noch selten vertreten. Das Hauptproblem kosmologischer Gottesbeweise besteht darin, dass gegen die in Anspruch genommenen metaphysischen Prinzipien gewichtige Einwände vorliegen.[55] Allerdings wird die kosmologische Argumentationsform in abgeschwächter Weise manchmal weiter vertreten. In der modernen Theologie verteidigt beispielsweise Armin Kreiner zwar nicht den kosmologischen Gottesbeweis in Reinform, aber eine an ihn angelehnte kosmologische Argumentation.[56] Er geht davon aus, dass der Nachweis eines zeitlichen Anfangs des Universums eine kausale Inititalzündung des Seins durch den Schöpfer nahezu alternativlos machen würde, da die Alternative einer zufälligen Entstehung des Seins aus dem Nichts metaphysisch absurd sei: „Wenn das Universum einen zeitlichen Anfang hätte, besäße die theistische Hypothese eine nahezu konkurrenzlose Erklärungsrelevanz. Die einzige Alternative dazu bestünde in der Annahme, dass das Universum buchstäblich aus dem nichts entstand. […] Insofern spricht auch nichts gegen die Vorstellung, dass Gott das Universum vor endlich langer Zeit aus nichts in Dasein gerufen hat und dass dies mit dem Urknall zusammenhängt."[57] Im Hintergrund steht dabei die Idee, dass die Rede von Schöpfung eine „explikative Relevanz"[58] haben müsse, d. h. dass die Rede von Schöpfung eine Hypothese ist, die im Gespräch mit der physikalischen Kosmologie Erklärungen für die Entstehung des Universums bereitstellen solle. Kreiner zielt damit keine Neuauflage eines kosmologischen Gottesbeweises an, aber eine Integration von Physik und Theologie in eine umfassende kosmologische Theorie ‚aus einem Guss'.

Gegen ein solches kosmologisches Verständnis von Schöpfung werden in der gegenwärtigen Theologie jedoch auch Einwände erhoben. Ein erster Einwand besagt, dass sich solche theologische Entwürfe in ein (mindestens latentes) Konkurrenzverhältnis zur Naturwissenschaft begeben, da Schöpfung als Erklärung der kausalen Entstehung des Universums verstanden wird. Das könnte dazu führen, ein theologisches Rückzugsgefecht zu führen und Gott als Lü-

55 Vgl. dazu auch Breul, Martin: Art. Kosmologischer Gottesbeweis, in: Dockter, Cornelia/ Dürnberger, Martin/ Langenfeld, Aaron: Theologische Grundbegriffe. Ein Handbuch, Paderborn 2021, 96–97.

56 Vgl. Kreiner, Armin: Das wahre Antlitz Gottes, 270–283.

57 Ebd., 283.

58 Ebd., 282.

ckenbüßer einzuführen; und dies in Lücken, die immer kleiner werden. Wenn beispielsweise gesagt wird, dass innerhalb der ersten Sekundenbruchteile nach dem Urknall – der sogenannten Planck-Einheit – die Naturgesetze noch nicht galten und Gott in dieser Zeitspanne ja gehandelt haben könnte, ist der göttliche Handlungsspielraum lächerlich klein: eben nur ein paar Bruchteile von Sekunden. Zudem reiht ein solches Verständnis des Schöpfungshandelns Gott in eine Reihe von natürlichen Ursachen ein und siedelt ihn auf der Ebene der Wirklichkeit an, die zumindest im Prinzip auch von empirischer Forschung erschlossen werden könnte. Daher könnte das zugrunde gelegte Kriterium der ‚explikativen Relevanz' des Theismus hinterfragt werden: Die Vernunft des Glaubens an einen theistisch verstandenen Gott zeigt sich nicht darin, eine bessere *Erklärung* der Entstehung des Universums zu haben als z.B. eine Multiversen-Theorie, sondern vielmehr darin, eine existenzielle Aussage über den Wert des Seins und die Beziehung von Schöpfer und Geschöpf zu machen.

Theologisch folgt zudem das Problem, dass diese kosmologische Auffassung von Schöpfung die Tendenz zu einem Deismus hat: Gott erschafft zu Beginn mit dem Urknall das Universum – aber was dann?[59] Eine kausale Vorordnung eines einmaligen göttlichen Schöpfungsaktes noch vor den Urknall oder in die ersten Millisekunden des Urknalls scheint also theologisch gar nicht besonders weit führen, da gar nicht klar wäre, welche praktischen Auswirkungen eine solche Auffassung für das religiöse Leben hätte – die eigentliche Sinnspitze der Aussage, dass die Welt eine Schöpfung Gottes ist, scheint weniger in einer Aussage über die konkrete Entstehungsgeschichte, sondern vielmehr in einer Aussage über die Beziehung Gottes zu Welt zu liegen. Damit liegt ein Hauch von Paradoxie in der Luft: Der Versuch, die Plausibilität der Schöpfungsrede über den Nachweis ihrer explikativen Kraft für die Entstehung des Universums zu sichern und sie damit in den Bereich des evidenzbasierten Wissens zu rücken führt gerade dazu, sie als eine kontingente Hypothese zu verstehen, deren rationale Legitimierbarkeit

59 Vgl. zu diesem Problem auch Neuner, Peter: Das theologische Schöpfungsmodell, 165.

von den Fortschritten der physikalischen Kosmologie abhängt. Eine primär kosmologisch verstandene Rede von Schöpfung läuft Gefahr, die Relevanz der praktischen Dimension des Glaubens für Fragen seiner Rechtfertigung genauso auszublenden wie die Differenzierung von Glaubens- und Wissensüberzeugungen.

Anstelle von abgeschwächten Versionen des kosmologischen Arguments wird theologisch daher auch eine Alternative diskutiert, die die Rede von Schöpfung vollständig von der Kosmogenese abkoppelt. So hält etwa Peter Neuner fest: „Schöpfung besagt ein letztes und tiefes Getragensein von Gott, dem Urgrund der Schöpfung, den wir als Vater anreden dürfen, nicht primär eine Ursächlichkeit, die dann etwa im *big bang* festgemacht und zeitlich umrissen werden dürfte.“[60] Die christliche Rede von Schöpfung zielt für Neuner gerade nicht auf eine Initialzündung durch eine göttliche Kausalität, nicht auf das Umstupsen des ersten Dominosteins, da dies ein kausales Missverständnis des Schöpfungsgedankens wäre. Nicht die Erklärung des konkreten Schöpfungsakts, sondern das mit ihm grundsätzlich ausgesagte Ja zum Sein rückt hier in den Fokus.

Dieses Motiv vermeidet einen Konkurrenzkampf mit Erklärungen der Weltentstehung, da es nicht um eine wissenschaftliche Alternativhypothese zur Urknalltheorie geht, sondern um die Frage der existenziellen Annehmbarkeit des eigenen Seins. Damit soll der christlichen Grundeinsicht entsprochen werden, dass Gott nicht ein unbewegter Beweger ist, der vor Beginn der Zeiten die innerweltliche Ursachenkette angestupst hat und sie seither unbeteiligt beobachtet, sondern ein personales und ansprechbares Gegenüber, das die Welt im Ganzen in seiner Liebe umfasst. Der Glaube an Gott wir dann eine lebenspraktische Interpretation der eigenen Existenz, die viel von der praktischen Plausibilität dieser Deutung zehrt und nicht so sehr von einer erfolgreich formulierten Kosmologie.

Der Nachteil einer solchen vollständigen Entkoppelung von Schöpfungsglaube und Kosmologie ist der Verlust der intuitiven Plausibilität, dass physikalische Kosmologie und theologische Aussagen über die Schöpfung etwas miteinander zu tun haben sollten. Ian Barbour bringt diese Intuition so auf den Punkt: „Wir erfahren

60 Ebd., 164.

das Leben nicht als säuberlich in einzelne Abteilungen getrennt; bevor wir spezielle Disziplinen zur Erforschung einzelner Aspekte entwickeln, erfahren wir es als ein in sich zusammenhängendes Ganzes. Es gibt auch biblische Gründe für die Überzeugung, dass Gott nicht nur der Herr einer separaten ‚religiösen' Sphäre ist, sondern unseres ganzen Lebens und der Natur."[61]

Es ist daher eine in der Theologie breit diskutierte und kontroverse Frage, ob Schöpfungstheologie gerade angesichts der naturwissenschaftlichen Unzugänglichkeit des Urknalls kosmologische Argumentationsmuster entwickeln sollte, die versuchen, eine integrierte Theorie von Schöpfungsglaube und Urknalltheorie zu formulieren oder ob damit nicht gerade die Sinnspitze der Rede von Schöpfung abgebrochen würde. Jenseits dieser offenen Frage ist als Grundkonsens der wissenschaftlichen Theologie aber festzuhalten, dass der Urknall nicht gleichzusetzen ist mit dem göttlichen Schöpfungsakt. Es handelt sich um unterschiedliche Beschreibungsebenen, und ein Kurzschluss vom Urknall auf den Schöpfungsakt selbst ist zu vermeiden. Eberhard Schockenhoff formuliert dies so:

> „Um von vornherein ein Missverständnis abzuwehren, das sich im Gespräch zwischen physikalischer Kosmologie und Theologie leicht einstellen könnte, sei betont, dass der Urknall keineswegs als eine physikalische Beschreibung des göttlichen Schöpfungsaktes gemeint ist. Da Raum und Zeit, die wir als Anschauungsformen wissenschaftlicher Aussagen voraussetzen, erst mit dem Universum entstehen, können wir keine physikalischen Aussagen über Zeit vor dem Urknall machen; allenfalls lässt sich sagen, dass die postulierte Anfangssingularität des Urknalls das erste Ereignis in der aus dem Schöpfungsakt hervorgegangenen Welt ist, auf das wir in Folge unserer empirischen Beobachtungen zurückschließen können."[62]

Insgesamt ergibt sich also, dass die Frage nach dem Verhältnis von Schöpfungsglaube und Urknalltheorie in der Theologie umstrittener

61 Barbour, Ian: Naturwissenschaft trifft Religion. Gegner, Fremde, Partner?, Göttingen 2010, 37.

62 Schockenhoff, Eberhard: Kosmologie und Schöpfungsglaube. Zum Dialog zwischen Naturwissenschaft und Theologie, in: Ders./ Huber, Max G. (Hg.): Gott und der Urknall. Physikalische Kosmologie und Schöpfungsglaube, Freiburg/ München 2004, 115–160, hier 136.

ist als diejenige nach dem Verhältnis von Schöpfungsglaube und Evolutionstheorie. Der entscheidende Knackpunkt ist, ob der Schöpfungsglaube eine Hypothese zum konkreten Ins-Dasein-Kommen des Seins ist, die Erklärungsrelevanz für die physikalische Kosmologie hat, oder ob die Kategorie der Erklärungsrelevanz an sich verfehlt ist, da der Schöpfungsglaube existenzielle Fragen der Akzeptierbarkeit des Seins beantworten möchte. Anders formuliert: Stellt es ein Problem dar, wenn „das *Wie* von Gottes erschaffendem und im Dasein erhaltendem Wirken […] sich positiv nicht begreifen lässt“[63], oder ist dies theologisch unproblematisch, weil es um dieses *Wie* in der Rede von Schöpfung ohnehin nicht geht?

Weiterführende Literatur

Barbour, Ian: Naturwissenschaft trifft Religion. Gegner, Fremde, Partner?, Göttingen 2010. *[Leicht zugängliches Standardwerk zum Verhältnis von Naturwissenschaft und Theologie.]*

Breul, Martin/ Helmus, Caroline (Hg.) : The Philosophical and Theological Relevance of Evolutionary Anthropology. Engagements with Michael Tomasello, Abingdon 2023. *[Sammelband mit philosophischen und theologischen Beiträgen zum Gespräch mit der Evolutionären Anthropologie, in dem sich auch Tomasello selbst zum ersten Mal über die mögliche evolutive Genese der Religion äußert.]*

Haudel, Matthias: Theologie und Naturwissenschaft. Zur Überwindung von Vorurteilen und zu ganzheitlicher Wirklichkeitserkenntnis, Göttingen 2021. *[Umfassende Darstellung der Debatte um das Verhältnis von Theologie und Naturwissenschaft mit Plädoyer für eine Dialogkonzeption.]*

Kessler, Hans: Schöpfung und Evolution in neuer Sicht, Kevelaer 2012. *[Sehr gut lesbares Plädoyer für die Vereinbarkeit von Schöpfungsglaube und Evolutionstheorie mit Fokus auf der Kritik eines reduktiven Naturalismus.]*

---

63 Pröpper, Thomas: Theologische Anthropologie, Band 1, Freiburg i. Br. 2011, 635 (FN 177).

Lüke, Ulrich: Das Säugetier von Gottes Gnaden. Evolution, Bewusstsein, Freiheit, 3. Auflage, Freiburg 2016. *[Entwicklung einer Schöpfungstheologie und theologischen Anthropologie mit besonderem Fokus auf der Auseinandersetzung mit dem Naturalismus und seinen Auswirkungen.]*

Schockenhoff, Eberhard/ Huber, Max G. (Hg.) : Gott und der Urknall. Physikalische Kosmologie und Schöpfungsglaube, Freiburg/ München 2004. *[Sammelband mit mehreren exzellenten theologischen Artikeln zum Verhältnis von Urknall und Schöpfungsglaube.]*

4. Zur Rede vom Schöpfungshandeln Gottes

Die Rede vom Handeln Gottes ist einerseits eine unverzichtbare Kategorie nicht nur der Schöpfungstheologie, sondern auch des Christentums im Ganzen. Zugleich ist die Rede vom Handeln Gottes in der Welt in einer Krise, da keineswegs sofort klar ist, was es bedeuten soll, dass Gott in der Welt handelt und gerade dieses Vermögen Gottes von vielen bezweifelt wird. Zunächst sind zwei Grundunterscheidungen zu treffen: Zu unterscheiden ist zum einen zwischen der Rede von einem allgemeinen und einem besonderen Handeln Gottes, sowie zum anderen zwischen kausalen und personalen Modellen des Handelns Gottes (4.1). Kausale Modelle zielen darauf, einen Wirkmechanismus des göttlichen Handelns zu beschreiben. Entweder suchen sie dabei bestimmte kausale Lücken in der Welt, in denen Gott unvermittelt handeln könne, oder sie behaupten eine Vermittlung göttlicher Erstursachen durch innerweltliche Zweitursachen (4.2). Personale Modelle betrachten das Handeln Gottes als kommunikatives Handeln, welches in Anerkennung der menschlichen Freiheit um die Zustimmung des Menschen zum göttlichen Handlungswillen wirbt (4.3). Es ist eine für die Schöpfungstheologie wichtige Frage, ob die plausiblen Intuitionen beider Modelle zukünftig in einem integrierten Modell vereint werden können.

Es macht die christliche Rede von Schöpfung aus, dass das Schöpfungshandeln Gottes nicht als ein zeitlich begrenztes, initiales Handeln betrachtet wird, sondern als ein Handeln, das innerhalb der Schöpfung geschichtsmächtig bleibt. Ein Deismus, demzufolge Gott sich nach dem Schöpfungsakt vollständig zurückzieht und die Schöpfung ihrem Schicksal überlässt, ist aus christlicher Perspektive kaum unterscheidbar von einer atheistischen Position, der zufolge Gott ohnehin nicht existiert und daher auch nicht in seiner Schöpfung handeln kann. Daher ist die Rede von der Handlungs- und Geschichtsmacht Gottes untrennbar mit der Schöpfungstheologie verbunden.

Zugleich ist die Rede von einem handelnden Gott keineswegs selbsterklärend. Im Gegenteil scheint sie angesichts der naturwissenschaftlichen Erkenntnisfortschritte und angesichts des sich verschärfenden Theodizeeproblems durch die humanitären Katastrophen der jüngeren Vergangenheit und Gegenwart zunehmend problematisch: Ist die Annahme eines geschichtsmächtigen, in seiner Schöpfung handelnden Gottes nicht ein Anachronismus, ein Überbleibsel einer mythologischen Gottesrede, ein Stolperstein für eine Versöhnung religiösen Glaubens mit einer naturwissenschaftlich geprägten Weltsicht? Theologisch stellt sich angesichts der Unverzichtbarkeit der Rede vom Handeln Gottes auf der einen Seite und der berechtigten Anfragen an diese Glaubensüberzeugung auf der anderen Seite die Aufgabe, ein Modell des Handelns Gottes zu entwickeln, welches mit den Erkenntnissen der modernen Naturwissenschaften kompatibel und zugleich sensibel für die Leidensgeschichte des Lebens in der Schöpfung ist. Im Folgenden schauen wir uns zwei verschiedene theologische Ansätze an, die je für sich beanspruchen, eine solche Rede vom Handeln Gottes zu entwickeln.

4.1 Zwei Grundunterscheidungen

In der Debatte um das Handeln Gottes wird in der Regel zwischen einem *allgemeinen* Handeln Gottes (*general divine action*) und einem *besonderen* Handeln Gottes (*special divine action*) unterschieden. Das *allgemeine* Handeln Gottes bezieht sich auf die beständige Erhaltung der Welt, d. h. einer allen innerweltlichen Vorgängen und Entitäten, Handlungen und Personen vorgelagerten Versicherung der Existenz der Welt. Es beinhaltet die bereits erörterten Konzepte der *creatio ex nihilo* und der *creatio continua*: Gottes allgemeines Schöpfungshandeln ist die Bedingung der Möglichkeit dafür, dass überhaupt etwas ist und nicht vielmehr nichts. Es ist kein Handeln, das raumzeitlich begrenzt ist – also kein singulär identifizierbares oder raumzeitlich lokalisierbares Handlungsereignis, sondern eine allgemeine Aussage über die Seinsbedingungen der Welt und des Universums überhaupt. In Kapitel 1 hatten wir bereits gesehen, aufgrund welcher Entwicklungen in den frühchristlichen Jahrhunderten diese Auffassungen entstehen und inwiefern ein interner Zusammenhang zwischen der *creatio ex nihilo* und der *creatio continua* besteht, die nur gemeinsam als Schöpfungshandeln des einen Gottes verstanden werden können, der die Welt aus dem Nichts erschafft und dauerhaft im Sein erhält.

Das *besondere* Handeln Gottes besteht in einer über diese allgemeine Erhaltung hinausgehenden, partikularen Aktivität Gottes in innerweltlichen Zusammenhängen. Während das allgemeine Handeln Gottes also schöpfungstheologisch als kontinuierliches und ständiges Schöpfungshandeln konzipiert werden kann, ist das besondere Handeln Gottes ein partikulares, d. h. begrenztes und spezifisches Handeln Gottes. Es geht im besonderen Handeln Gottes um die konkrete Interaktion Gottes mit der Welt, um einzelne Handlungen Gottes. Auch wenn diese Unterscheidung sicherlich nicht überstrapaziert werden sollte – so gibt es beispielsweise einige Ansätze, die das besondere Handeln Gottes mit dem allgemeinen Handeln Gottes identifizieren – ist sie als heuristische Kategorisierung der Debatte hilfreich. Zugleich ist zu diagnostizieren, dass die Debatte um die schöpfungstheologische Frage, ob Gott für die allgemeine Erhaltung der Welt im Sinne einer *creatio continua* zuständig ist, nicht sonderlich intensiv geführt wird, da in dieser Frage ohnehin ein breiter theologischer Konsens herrscht und es sich um ein abstraktes, nicht als solches beobachtbares Wirken Gottes handelt. Die eigentlich ‚anstößige' Frage betrifft vielmehr die Möglichkeit eines partikular-besonderen Handelns oder Wirkens Gottes innerhalb der Welt. In den Worten Klaus von Stoschs:

> „[A]uch wenn ein solches allgemeines und ständiges Wirken, das Gottes Schöpfermacht in jedem Moment der Geschichte in unüberbietbarer Weise deutlich macht, notwendiges Implikat des christlichen Gottesbegriffs ist und in theologischen Diskussionen allgemein anerkannt wird, so lässt es sich doch kaum als Handeln ausbuchstabieren. Die Rede von einem Handeln Gottes in der Welt kann insofern nur dann gerechtfertigt werden, wenn sich weitere Stufen des Handelns bzw. Wirkens Gottes angeben lassen, die auch die Rede von einem besonderen Handeln Gottes sinnvoll erscheinen lassen."[1]

1 Stosch: Gott – Macht – Geschichte, 49.

Eine zweite Grundunterscheidung, die hilfreich ist, um einen Überblick über die weit verzweigte Debatte zum Handeln Gottes zu bekommen, ist die zwischen kausalen und personalen Modellen des Handelns Gottes.[2] Das primäre Interesse des *kausalen Modells* besteht in der Identifikation eines *causal joint*, also eines kausalen Bezugspunkts, an dem sich göttliches Handeln und innerweltliche Kausalprozesse berühren. Es geht ihnen um eine genauere Beschreibung des ‚Wie' des göttlichen Handelns: Wie genau handelt Gott in einer ansonsten naturkausal gut erklärbaren Welt? An welcher Stelle kommt eine göttliche Kausalität ins Spiel, die bestimmte Ereignisse in der Welt bewirkt? Das *personale Modell* betrachtet die Anwendung der Kategorie der Kausalität auf das Handeln Gottes hingegen als Kategorienfehler und versucht dementsprechend, innerhalb eines kommunikativen, intentionalen oder freiheitstheoretischen Begriffsrahmens alternative Modelle des Handelns Gottes zu entwickeln. Gottes Handeln wird als kommunikatives Geschehen gedacht, da er als Gott der Liebe nur mit den Mitteln der Liebe um die Einsicht der Menschen werben darf, seinen guten Willen in der Welt zu realisieren. Dem personalen Modell geht es also weniger um das ‚Wie' als vielmehr um das ‚Was' und ‚Wozu' des göttlichen Handelns: Was lässt sich als kommunikatives Werben Gottes um den Willen des Menschen deuten? Wozu wirbt Gott darum, seine Liebe auch innerweltlich zu realisieren?

Die Frage, vor der eine theologische Rede vom Handeln Gottes steht, lautet also: Muss sich das Handeln Gottes so beschreiben lassen, dass sich angeben lässt, wo es Ursache bestimmter innerweltlicher Ereignisse gewesen ist, oder ist das Handeln Gottes besser beschrieben, wenn man es als kommunikative Interaktion zwischen

2 Die Grundunterscheidung zwischen einer ‚language of causality' und einer ‚language of intention' findet sich exemplarisch bei Gwynne, Paul: Special Divine Action. Key Issues in the Contemporary Debate, Rom 1996. Analog nimmt Ute Lockmann eine Unterscheidung von personalen und kausalen Modellen des Handelns Gottes vor (Lockmann, Ute: Dialog zweier Freiheiten. Studien zur Verhältnisbestimmung von göttlichem Handeln und menschlichem Gebet, Innsbruck 2004). Zugleich sollte klar sein, dass diese binäre Unterscheidung Grenzen hat und viele zeitgenössische Ansätze diese Spaltung zu überwinden suchen – vgl. dazu exemplarisch Breul, Martin: Gottes Geschichte. Eine theologische Hermeneutik der Rede vom Handeln Gottes, Regensburg 2022, 132–140 und 381–386.

Schöpfer und Geschöpf versteht? Im Folgenden nehmen wir einige Versuche der theologischen Debatte, diese Frage zu beantworten, in den Blick.

4.2 Kausale Modelle des Handelns Gottes

Schauen wir uns zunächst die kausalen Modelle ein wenig näher an. Diese lassen sich in einer weiteren Unterteilung ausdifferenzieren in vermittelte und unvermittelte Ansätze. Die kausal-unvermittelten Ansätze versuchen, bestimmte Orte der direkten – eben unvermittelten, d. h. nicht durch andere innerweltliche Ursachen vermittelten – kausalen Einflussnahme Gottes zu identifizieren. Nur sehr wenige Theologinnen und Theologen verteidigen dabei einen direkten Interventionismus, also die Annahme, dass Gott von Zeit zu Zeit die Naturgesetze außer Kraft setzt und in einer Art und Weise in der Welt interveniert, die völlig unerklärlich ist. Zu groß scheinen hier die Probleme: Weder lässt sich ein solches Handeln empirisch beobachten, was aber möglich sein müsste, wenn es wirklich ein direkter Interventionismus ist, noch scheint ein solches episodisches direktes Intervenieren der Freiheit des Menschen oder der Transzendenz und Größe Gottes gerecht zu werden. Ein solches Handeln klingt eher nach einem Gott der griechischen oder römischen Mythologie, der nach gut Dünken in die irdische Welt einbricht oder es unterlässt.

Die meisten Verteidiger einer kausal-unvermittelten Rede vom Handeln Gottes versuchen daher, unter Rückgriff auf die Erkenntnisse der modernen Naturwissenschaften, die ja keineswegs mehr einen strikten Determinismus nahelegen, bestimmte Spielräume für ein göttliches Handeln innerhalb der Schwankungsbreiten der Naturgesetze zu finden. Wenn man die Indeterminismen der Chaostheorie, der modernen Quantenphysik oder auch der Emergenztheorie ernstnehme, ergäben sich diverse Möglichkeiten für Gott, auf der mikrophysikalischen Ebene Einfluss auf die Geschehnisse der Welt zu nehmen. So argumentiert etwa John Polkinghorne, dass Gott sich die Instabilität und Unvorhersagbarkeit chaotischer Systeme, deren Verhalten von der Chaostheorie immer nur in Wahrscheinlichkeiten prognostiziert werden kann, zu Nutze machen könnte, um ihr Verhalten unbemerkt zu steuern.[3] Gott handele unvermittelt in der Welt, indem er sich einer Art von holistischer Kausalität bediene, mit der er das indeterministische Verhalten chaotischer Systeme beeinflusse. Weiter verbreitet als der chaostheoretische Ansatz ist der Versuch, die Indeterminiertheit quantenphysikalischer Prozesse für die Rede vom Handeln Gottes fruchtbar zu machen. Vertreter*innen dieser Position findet man beispielsweise in Nancey Murphy, Thomas Tracy oder Robert John Russell.[4] Der kleinste gemeinsame Nenner dieser Ansätze besteht darin, einen indeterministischen Spielraum innerhalb quantenphysikalischer Prozesse als kausale Öffnung für ein unvermitteltes Handeln Gottes in der Welt zu betrachten. Gott sei, wie die Religionsphilosophin Nancey Murphy sagt, eine ‚versteckte Variable' im Naturprozess: Entscheidend für das konkrete Geschehen auf Quantenebene, aber so versteckt, dass sein kausaler Einfluss empirisch nicht nachweisbar sei.[5] Kurzum, die Theorien des unvermittelten Handelns Gottes machen sich in der Regel die Einsicht der modernen Naturwissenschaften zunutze, dass es – im Gegensatz zum Weltbild einer Newton'schen Mechanik – Räume von Unbestimmtheit in der Natur gibt, in die eine göttliche Kausalität hineinstoßen könnte.

Diese Modelle des kausal-unvermittelten Handelns sind theologisch sehr umstritten. Die Suche nach konkreten kausalen Bezugspunkten für eine episodische göttliche Einflussnahme in einer ansonsten naturkausal determinierten Welt hat die Tendenz, zu einer Form von Wunderapologetik zu werden, die ironischerweise gerade das bejaht, was sie durch einen starken Begriff des unvermittelten kausalen Wirkens Gottes in der Welt zu bekämpfen sucht: einen Szientismus, der am Ende des Tages einer naturwissenschaftlichen Beschreibung der Wirklichkeit die Autorität einräumt, bestimmte Spielräume für das Wirken Gottes zu eröffnen – oder, je nach

---

3 Polkinghorne, John: An Gott glauben im Zeitalter der Naturwissenschaften. Die Theologie eines Physikers, Gütersloh 2000.

4 Vgl. Russell, Robert J. (Hg.): Quantum Mechanics. Scientific Perspectives on Divine Action, Vatican City/ Berkeley 2001.

5 Vgl. Murphy, Nancey: Divine Action in the Natural Order. Buridan's Ass and Schrödinger's Cat, in: Shults, F. LeRon et al. (Hg.): Philosophy, Science and Divine Action, Leiden/ Boston 2009, 263–303.

Fortschritt der Wissenschaften, auch eben nicht. Sarah Lane Ritchie formuliert pointiert:

> „Noninterventionist SDA theories give science significant theological authority, insofar as science is given the power to say where and how divine action can or cannot occur. […] There is more than a hint of irony in noninterventionist positions: SDA theorists generally defend a strong theological affirmation of traditional theistic notions of divine activity in the world, but do this by making current science the final determinant of whether and how this activity occurs.“[6]

Neben diesem impliziten Szientismus – also der Annahme, dass letztlich die Naturwissenschaften und ihr Erkenntnisfortschritt über die vernünftige Rechtfertigbarkeit eines Handelns Gottes entscheiden – ist das zweite große Problem dieser Modelle, dass Gott zu einem ‚Lückenbüßer‘ degradiert wird. Das Lückenbüßerargument besagt, dass es schlechte Theologie ist, Gott nur in den Lücken, Nischen und Spielräumen unserer gegenwärtigen wissenschaftlichen Erklärungen zu verorten, da man sich damit in ein Rückzugsgefecht begebe, in dem man Gott immer dann aus einer weiteren Lücke streichen müsse, wenn sich diese durch eine neue wissenschaftliche Erklärung geschlossen habe. Daher wendet Ute Lockmann gegen solche Modelle ein, dass sie eine *unplausible Physikalisierung der Wirkweise Gottes* implizieren: „Die Betrachtung der göttlichen Kausalität als eine mit anderen innerweltlichen Kräften vergleichbare Kraft physikalisiert die göttliche Wirkweise, was sowohl der Göttlichkeit Gottes als auch der Einheit des von Gott Geschaffenen widerspricht.“[7]

Ein unvermitteltes kausales Wirken in der Welt kann, so der Grundtenor der theologischen Einwände, letztlich zu einer „Diffamierung der Göttlichkeit Gottes“[8] führen, da Gott in der nicht besonders großen Schwankungsbreite von Naturgesetzen wirkt und dies den Anschein erweckt, dass Gott ständig der Übermacht natürlicher Prozesse gegenübersteht, in die er sehr episodisch und kaum

6 Lane Ritchie, Sarah: Divine Action and the Human Mind, Cambridge/ New York 2019, 43f.

7 Lockmann: Dialog zweier Freiheiten, 79.

8 Böttigheimer, Christoph: Wie handelt Gott in der Welt? Reflexionen im Spannungsfeld von Theologie und Naturwissenschaft, Freiburg i. B. 2013, 259.

wirksam eingreifen kann. Die Ununterscheidbarkeit des göttlichen Wirkens vom Zufall macht es zumindest extrem schwer, Gott in diesen Modellen als personales, freies und handelndes Gegenüber zu begreifen.

Eine grundlegend andere Spielart des kausalen Modells des Handelns Gottes ist die ‚Zweitursachenlehre', die beispielsweise bei Thomas von Aquin in klassischer Form entwickelt und im 20. Jahrhundert von Karl Rahner und Bela Weissmahr fortgeschrieben wird. Es handelt sich um ein kausal-vermitteltes Modell, da Gott nicht unvermittelt in der Welt interveniert, sondern Gott stets als erste Ursache in Vermittlung durch innerweltliche Zweitursachen handelt. Würde Gott unvermittelt kausal intervenieren, käme dies, Karl Rahner zufolge, einer ‚Verzwergung' Gottes gleich, da Gott dann in episodischen Interventionen mit innerweltlichen kausalen Prozessen konkurrieren würde und damit nicht mehr das umfassende Geheimnis der Welt, sondern ein kleines Prinzip von vielen weiteren wäre. Dagegen Rahner: „[*D*]*en* Gott gibt es wirklich nicht, der als ein einzelnes Seiendes neben anderem Seienden sich auswirkt und waltet und so gewissermaßen selber noch einmal in dem größeren Haus der Gesamtwirklichkeit anwesend wäre."[9] Für Rahner umfasst Gott die gesamte Wirklichkeit – und kann gerade deshalb nicht als einzelne ‚Zweitursache' in diese Wirklichkeit einrücken.

Unter Rückgriff auf die Idee der Zweitursachen des Thomas von Aquin geht Rahner davon aus, dass die kausalen Prozesse in der Welt autonom ablaufen. Gott pfusche nicht in diese Kette von Ursachen und Wirkungen hinein, sondern sei vielmehr die allumfassende erste Ursache, die solche Ursache-Wirkungs-Ketten allererst ermöglicht. Die Rede vom Handeln Gottes zielt darauf, zu verstehen, dass alle Ursache-Wirkungs-Ketten nochmals von Gott umfangen sind, der die erste Ursache von allem ist. Gott ist aber nie eine konkrete Ursache innerhalb von Ursache-Wirkungs-Ketten, weil er dann nicht mehr der Grund von allem wäre. Rahner wahrt damit die Autonomie der Zweitursachen: Gott mischt sich nicht in innerweltliche Kausalzusammenhänge ein, vielmehr ist er der Ermöglichungsgrund dafür, dass es überhaupt innerweltliche Zusammenhänge geben kann. Zu-

9 Rahner: Grundkurs des Glaubens, 66.

gleich ist nicht ganz klar, wie man bei Rahner noch von einem besonderen Handeln Gottes sprechen können soll: Gottes Präsenz als Sinnzusammenhang ist nach wie vor darauf beschränkt, Garant und Bedingung der Möglichkeit innerweltlicher Kausalzusammenhänge zu sein. Selbst wenn eine Person dann angesichts eines bestimmten innerweltlichen Ereignisses realisiert, dass die letzte Wirklichkeit und der Urgrund allen Seins Gott ist, dann handelt es sich dabei nicht um ein Handeln Gottes, sondern um eine neue Erkenntnis ebendieser Person. Dies wäre dann aber lediglich eine *Uminterpretation des allgemeinen erhaltenden Handelns Gottes*, nicht aber ein besonderes Handeln Gottes selbst. Aus diesem Grund ist die Zweitursachenlehre in der Theologie stark umstritten.

Beide Varianten des kausalen Sprachspiels haben den Vorteil, das Handeln Gottes im Gespräch mit den kausalen Strukturen der Welt zu entwickeln und damit auf ein einheitliches Bild der Wirklichkeit zu zielen. Zugleich stehen sie vor der Schwierigkeit, das Spezifikum des *Handelns* eines *personalen* Gottes einzuholen – in beiden Fällen scheint Gott doch eher eine anonyme kausale Kraft und weniger ein kommunikativ handelnder Akteur zu sein. An dieser Stelle setzen nun personale Modelle des Handelns Gottes ein.

4.3 Personale Modelle des Handelns Gottes

Personale Modelle des Handelns Gottes nehmen weniger auf Kategorien der Kausalität als auf Kategorien der Kommunikation und des Dialogs Bezug. In den Worten Klaus von Stoschs:

> „Die Grundidee des personalen Modells besteht darin, das Verhältnis zwischen Gott und Mensch als dialogisches Freiheitsverhältnis zu bestimmen, in dem Gott allein mit den Mitteln der Liebe versucht, die Liebe des Menschen zu gewinnen."[10]

Personale Modelle betonen also die kommunikative Natur der Interaktion Gottes mit seinen Geschöpfen. Das Handeln Gottes ist keine

10 Stosch: Gott – Macht – Geschichte, 23.

episodische Einflussnahme auf naturkausale Prozesse oder das eher anonyme Umfassen aller Kausalprozesse, sondern ein kommunikatives Handeln, innerhalb dessen Gott sich selbst und seine Intentionen mitteilt. Markus Knapp formuliert dies so:

> „Eine solche Form des [kommunikativen, M.B.] Handelns entspricht dem Willen Gottes, die Schöpfung als eigenständige Wirklichkeit unbedingt anzuerkennen. Ein kommunikatives Handeln überwältigt den Anderen nicht, sondern respektiert dessen Eigenständigkeit. Wer kommunikativ handelt, wirbt für die eigenen Intentionen und Ziele; er versucht, Andere davon zu überzeugen und dafür zu gewinnen, handelt also nicht an ihnen vorbei. [...] Als kommunikativ Handelnder geht Gott auf die Schöpfung zu, wirbt um sie und versucht sie für seinen Heilsplan zu gewinnen auf der Basis ihrer geschöpflichen Eigenständigkeit und Freiheit.“[11]

Im Gegensatz zu eindeutig identifizierbaren kausalen Mechanismen ist das kommunikative Werben Gottes um die Liebe seiner Geschöpfe immer deutungsoffen, da ein Geschehenszusammenhang ganz unterschiedlich interpretiert werden kann. Wenn beispielsweise die Freundschaft zu einer anderen Person einmal als konkrete innerweltliche Manifestation der Liebe Gottes gedeutet wird und ein anderes Mal als evolutiv nützliche Kooperationsbeziehung, die aus egoistischen Motiven gesucht und durch evolutive Vorteile prämiert wird, dann handelt es sich – nüchtern betrachtet – zunächst bloß um unterschiedliche Ebenen der Beschreibung. Keine von beiden kann aber mit dem Anspruch der theoretischen Gewissheit auftreten. Es geht also im personal-kommunikativen Modell des Handelns Gottes nicht darum, bestimmte Bezugspunkte der kausalen Einflussnahme Gottes zu benennen, sondern darum, im Prinzip auch innerweltlich erklärbare Geschehenszusammenhänge als Handeln Gottes zu interpretieren. Diese Deutung wird nie die einzig mögliche sein – aber sie kann unter Umständen *eine mögliche, rational legitime* Deutung sein. Nicht ein göttliches Handeln im Sinne einer sporadischen Durchbrechung innerweltlicher Zusammenhänge wäre dann die eigentliche Pointe der Rede vom Handeln Gottes, sondern die Deutung be-

11 Knapp: Weltbeziehung, 221.

stimmter (auch prinzipiell anders deutbarer) Ereignisse als Selbstmitteilung Gottes im konkreten Anderen.

Ein Vertreter dieses personalen Modells ist Thomas Pröpper. Der 2015 verstorbene Münsteraner Dogmatiker sagt zunächst, dass sich die handelnde Gegenwart Gottes dort erschließt, wo es „Ereignisse, die dem Menschen Liebe als absoluten Sinn seines Seins offenbaren“[12] gibt. Diese zunächst sehr breit anmutende Definition wird von Pröpper schnell eingeengt, da ihm zufolge der *absolute* Sinn des Seins exklusiv durch „andere Freiheit, die sich selber zur Liebe bestimmt“[13] vermittelt werden kann. Nun deutet sich allerdings ein bei Pröpper zentrales Dilemma an: Auch wenn Freiheit in transzendentaler Perspektive als formal unbedingt ausgewiesen werden kann, ist sie in konkreten historischen Vollzügen jedoch immer schon material bedingt: „Jede Freiheit, die sich zu realisieren versucht, tritt unter Bedingungen ein, in denen schon über sie verfügt worden ist.“[14] Diese immer nur in Bedingtheit mögliche Realisierung des unbedingten Entschlusses der Freiheit zur schöpferischen Bejahung anderer Freiheit führt dazu, dass diese Realisierung lediglich symbolisch möglich ist:

> „Liebe hat nur die Kraft ihrer situativen und symbolischen Evidenz […]. Was aber zwischen Menschen überhaupt gilt, musste […] auch für einen Gott gelten, der sich ihnen auf menschliche Weise mitteilen wollte: Indem er sich zur geschichtlichen Realität seiner Liebe bestimmte und ihr so verbindliche Eindeutigkeit gab, nahm er zugleich die Zweideutigkeit alles Sichtbaren auf sich.“[15]

Wenn Gott als innerweltlich Handelnder gelten soll – wenn seine Liebe geschichtlich real werden soll – dann ist dies für Pröpper nur in einem Anerkennungsverhältnis zweier Freiheiten möglich, die sich ihre unbedingte Anerkennung wiederum nur symbolisch versichern können. Er lokalisiert das Handeln Gottes daher auch folgerichtig in der „intersubjektiven Situation“[16]. Der symbolische Cha-

12 Pröpper: Thesen zum Wunderverständnis, 237.
13 Ebd.
14 Ebd., 239.
15 Ebd., 240.
16 Ebd.

rakter des Handelns Gottes ist die Konsequenz aus Pröppers grundlegendem Axiom, den „Sinn des Gottesgedankens allererst selber im Horizont der Freiheitsproblematik zu vermitteln."[17] Mit anderen Worten: Ein innerweltliches Handeln Gottes lässt sich nur von seiner personalen *Zuwendung* her verstehen, die im Prozess der Anerkennung anderer Freiheit symbolisch realisiert wird.

Gott handelt also in der Welt, indem er kommunikativ um die freie Zustimmung des Menschen wirbt, die sich seine Handlungsabsichten zu eigen machen und damit Mit-Subjekte des göttlichen Handelns werden können. Gott wendet sich der Welt personal zu und greift gerade deshalb nicht in die Eigenständigkeit der naturgesetzlichen Welt oder in die Autonomie seiner Geschöpfe ein, weil er damit seine Schöpfungsabsicht – die Gewinnung von Mitliebenden – widerrufen würde. Für die Geschöpfe Gottes bedeutet dies einerseits eine gewisse Ernüchterung: Ein passives Zurücklehnen mit der Einstellung eines ‚Gott wird es schon richten' ist mit einem solchen Konzept des Handelns Gottes nicht zu haben. Andererseits kann dieser Ansatz auch befreiend wirken: Das Geschöpf ist nicht als Untertan eines göttlichen Souveräns im Blick, sondern als freies Gegenüber, das im Horizont der göttlichen Verheißung und in der konkreten Nachfolge Jesu zu ‚Zeichen und Werkzeug' des göttlichen Handelns in der Welt werden kann.

Die größte Schwierigkeit der personalen Rede vom Handeln Gottes besteht – gerade mit Blick auf die Schöpfungstheologie – in ihrer Anthropozentrik: Gott wirbt um die Freiheit des Menschen – aber heißt das im Umkehrschluss, dass Gott jenseits menschlicher Handlungen nicht in der Welt handelt? Mit Aaron Langenfeld gefragt: „Ist es kategorisch auszuschließen, dass sich Gottes freie Anerkennung menschlicher Freiheit nicht menschlich-interpersonal vermittelt?"[18] Gerade im Kontext der Debatte um das Handeln Gottes ist eine apriorische Absage an die Möglichkeit einer Deutung bestimmter nichtinterpersonaler Geschehnisse als göttliches Handeln problematisch, da dann noch vor jedem Diskurs über die Begründbarkeit einer Deutung feststünde, in welchen Bereichen Gott handeln kann und in

17 Ebd., 243.

18 Langenfeld, Aaron: Das Schweigen brechen. Christliche Soteriologie im Gespräch mit islamischer Theologie, Paderborn 2016, 276.

welchen nicht. Konkret ließe sich daher an personale Modelle zurückfragen, inwiefern sie nicht jedes Handeln Gottes jenseits menschlicher Kontexte ausschließen. Sollte dies aber der Fall sein, schließen sich diverse Folgefragen an: Was hat Gott in den Milliarden Jahren der Erdgeschichte gemacht, bevor es menschliche Freiheit gab, die er anerkennen und um die er werben konnte? Wie lässt sich ein göttliches Schöpfungshandeln denken? Und: Ist das personale Modell nicht zu anthropozentrisch, wenn es die einzige Handlungsmöglichkeit Gottes in den freien Handlungen von menschlichen Individuen verortet? So elegant es sein mag, unsere liebevollen Beziehungen zu anderen Menschen als Ausdruck der Selbstmitteilung und damit als Handeln Gottes zu deuten, so schwierig wird es sein, Kategorien wie Interaktion, Dialog oder Kommunikation im Hinblick auf die Natur zu verwenden – und zugleich gehen viele christliche Überzeugungen und Handlungspraxen davon aus, dass Gott nicht nur kommunikativ-zwischenmenschlich, sondern auch in der natürlichen Umwelt handeln kann.

In der gegenwärtigen theologischen Debatte werden angesichts dieser Problematik verschiedene Versuche diskutiert, das Schöpfungshandeln Gottes als dialogisches Handeln in der Natur zu formulieren. So hält Hans Kessler fest, dass auch ein Handeln Gottes in der Natur dialogisch gedacht werden kann: „Gott muss […] nicht an bestimmten Punkten oder Lücken im Weltprozess ‚von oben' oder von außen […] eingreifen, da er allem Geschaffenen transzendenaldialogisch immanent ist und ständig von innen her dialogisch wirkt."[19] Ein dialogisches Werben Gottes geschehe also in allen Dingen und sei keineswegs auf kommunikative Handlungspraxen des Menschen engzuführen. Reinhold Bernhardt zieht stattdessen eine pneumatologische Lösung des Problems des Handelns Gottes in der Natur vor: Das Handeln Gottes sei wie eine Art ‚Kraftfeld', welches durch den Heiligen Geist erzeugt werde und „als Ausstrahlung seiner heilshaften Gegenwart"[20] bezeichnet werden kann. Die operative Präsenz des göttlichen Geistes sei weder wie eine physische

19 Kessler: Evolution und Schöpfung, 161.

20 Bernhardt, Reinhold: Das Handeln Gottes – Christliche Perspektiven, in: Stosch, Klaus von/ Tatari, Muna (Hg.): Handeln Gottes – Antwort des Menschen (Beiträge zur komparativen Theologie; 11), Paderborn 2014, 13–34, hier 31.

Ursache noch wie eine menschliche Handlung zu verstehen, sondern als inspirierendes pneumatisches Wort-Geschehen. Dies sei zum einen möglich im Rahmen eines personal-kommunikativen Geschehens zwischen Gott und Mensch; zum anderen aber auch im Sinne einer ‚Inspiration' von Natur und Geschichte, da Gottes Wirksamkeit zwar nicht als metaphysische Ursache, aber als „Sinngrund und [...] Zielbestimmung"[21] natürlicher Vorgänge gelten könne. Und Bernhard Nitsche spricht schließlich davon, dass es legitim sein kann, „auch naturale Vorgänge oder natural eingebundene Vorgänge wie die menschliche Freiheitsgeschichte theologisch zu deuten und damit doppelt zu kodieren."[22] Gerade die Idee einer ‚doppelten Kodierung' von natürlichen Ereignissen verdeutlicht, dass eine theistische Deutung bestimmter natürlicher Ereignisse nicht in explikativer Konkurrenz zu ihrer empirischen Erklärung steht, sondern sie vielmehr in einen größeren Sinnhorizont einbetten soll. Trotz dieser Explikationsversuche bleibt eine Vermittlung der sinnvollen Grundeinsicht, dass Gottes Handeln das Werben um die Liebe des Menschen mit den Mitteln der Liebe ist, mit der ebenso sinnvollen Grundeinsicht, dass die Handlungsmöglichkeiten Gottes die menschlichen Kontexte übersteigen können müssen, eine wichtige theologische Forschungsaufgabe.

Insgesamt lässt sich sagen, dass sowohl kausale als auch personale Ansätze in der Debatte um das Handeln Gottes jeweils Stärken und Schwächen haben. Für die Schöpfungstheologie erscheint eine plausible Rede vom besonderen Handeln Gottes unverzichtbar, da andernfalls die Rede von der dauerhaften Zugewandtheit Gottes zu seiner Schöpfung nur noch wenig Sinn ergibt. Die bleibende Herausforderung ist es, zum einen die je für sich plausiblen Intuitionen des kausalen und des personalen Modells zu vereinen und zugleich die Interaktion Gottes mit seinen Geschöpfen nicht in ein anonymes Kausalgeschehen aufgehen zu lassen, da dieses der Selbstmitteilung

21 Ebd.

22 Nitsche, Bernhard: Handeln Gottes. Eine schöpfungstheologische und transzendentallogische Rekonstruktion, in: Göcke, Benedikt Paul/ Schneider, Ruben (Hg.): *Gottes Handeln in der Welt.* Probleme und Möglichkeiten aus Sicht der Theologie und analytischen Religionsphilosophie, Regensburg 2017, 204–242, hier 213.

Gottes in Jesus von Nazaret als den Menschen unbedingt zugewandte Liebe nur schwer gerecht werden kann.[23]

Weiterführende Literatur

Breul, Martin: Gottes Geschichte. Eine theologische Hermeneutik der Rede vom Handeln Gottes, Regensburg 2022. *[Ausführliche Würdigung der wichtigsten Entwürfe der kausalen und personalen Modelle und eigenständiger Lösungsvorschlag unter Rückgriff auf die Kategorie der ‚Kollektiven Intentionalität'.]*

Büchner, Christine: Wie kann Gott in der Welt wirken? Überlegungen zu einer theologischen Hermeneutik des Sich-Gebens, Freiburg 2010. *[Formulierung einer Theorie des Wirkens Gottes aus der Perspektive einer Theorie der Gabe, die zur Auflösung des vereinfachenden Kategorisierens in kausale und personale Modelle hilfreich sein kann.]*

Essen, Georg/ Kopf, Simon Maria (Hg.) : Vorsehung und Handeln Gottes. Analytische und kontinentale Perspektiven im Dialog, Freiburg 2023. *[Dialogisch angelegter Sammelband, der Brücken zwischen verschiedenen analytisch und kontinental geprägten Modellen des Handelns Gottes baut.]*

Menke, Karl-Heinz: Handelt Gott, wenn ich ihn bitte? 3. Auflage, Kevelaer 2008. *[Leicht zugänglicher, freiheitstheoretisch inspirierter Entwurf zum Handeln Gottes mit besonderem Fokus auf das Bittgebet.]*

Stosch, Klaus von: Gott-Macht-Geschichte. Versuch einer theodizeesensiblen Rede vom Handeln Gottes in der Welt, Freiburg 2006. *[Sehr gut lesbare und argumentativ stringente Verteidigung eines personalen Modells des Handelns Gottes mit besonderem Blick auf die Trinitätstheologie und das Theodizeeproblem.]*

23 Den Versuch einer solchen Vereinigung der beiden Modelle habe ich vorgelegt in Breul, Martin: Gottes Geschichte. Eine theologische Hermeneutik der Rede vom Handeln Gottes, Regensburg 2022.

5. Schöpfung und das Gott-Welt-Verhältnis

Grundsätzlich führt die christliche Rede von der Schöpfung des Seins durch Gott aus dem Nichts eine Unterscheidung zwischen dem Sein des Universums und Gott ein: Beide sind nicht identisch, sondern voneinander verschieden. Zugleich stiftet die Rede von Schöpfung aber eine Beziehung, eine Relation zwischen Sein und Gott: Gott ist der Urgrund des Seins, der dieses im Sein allererst erschaffen hat und im Sein erhält. Die schöpfungstheologisch offene Frage ist nun, wie diese Gleichzeitigkeit von Verschiedenheit von- und Bezogenheit aufeinander gedacht werden kann. In der Regel wird dies als die Frage nach dem *Gott-Welt-Verhältnis* bezeichnet. Dabei sollten zwei unplausible Extrempositionen vermieden werden: Der Deismus auf der einen, der Pantheismus auf der anderen Seite (5.1). Schöpfungstheologisch relevanter ist die Auseinandersetzung zwischen dem ‚Klassischen Theismus' und dem ‚Personalen Theismus', die je unterschiedliche Intuitionen in der Gotteslehre stark machen (5.2). Eine Alternative zwischen beiden Auffassungen ist der Panentheismus, der gegenwärtig kontrovers debattiert wird (5.3). Aus christlicher Perspektive bietet die Trinitätstheologie dabei einen Schlüssel, um die berechtigen Intuitionen der jeweiligen Bestimmungen des Gott-Welt-Verhältnisses aufzunehmen und dabei insbesondere die mit dem Monotheismus ausgesagte Differenz zwischen Schöpfer und Schöpfung mit der dauerhaften Zugewandtheit des Schöpfers zu seiner Schöpfung zu versöhnen (5.4).

5.1 Abwehr von Deismus und Pantheismus

In der gegenwärtigen theologischen Debattenlandschaft konkurrieren in der Gotteslehre mehrere Ansätze miteinander, die im Folgenden kurz vorgestellt werden sollen. Zunächst müssen aber zwei Extrempositionen ausgeschlossen werden, die aus der Perspektive christlicher Theologie nicht tragbar sind, da sie die Vermittlung von Transzendenz und Immanenz jeweils zu einseitig auflösen.

Eine erste Option, die aus christlicher Perspektive auszuschließen ist, ist die des *Deismus*. Der Deismus geht davon aus, dass Gott in einem initialen Schöpfungsakt das Universum ins Sein setzt und sich danach vollständig zurückzieht. Ein typischer Vertreter ist der antike römische Philosoph und Dichter Lukrez (ca. 99 v. Chr. – ca. 54 v. Chr.), der in seinem Buch *De Rerum Natura (Über die Natur der Dinge)* eine solche Position entwirft: Unter dem Einfluss der Philosophie Epikurs argumentiert Lukrez, dass die Götter sich vollständig aus dem Lauf der Welt heraushalten und diese nie beeinflussen.[1] Lukrez wurde zu einem wichtigen Bezugspunkt in der Renaissance, und auch in der Aufklärung war ein Deismus beliebt, da er scheinbar erlaubte, die Eigengesetzlichkeit der Welt und die freie Vernunft des Menschen in Einklang zu bringen mit der Idee einer göttlichen Schöpfung der Welt. Der Aufstieg der empirischen Wissenschaften und die zunehmende naturwissenschaftliche Erklärbarkeit natürlicher Vorgänge in der Welt machten den Deismus attraktiv: Er schien den Glauben an einen Schöpfer des Seins kompatibel zu machen mit dem Verständnis einer Welt, in der alles mit rechten Dingen zugeht und es keine übernatürlichen Interventionen, keine Magie oder Zauberei gibt. Der Deismus denkt den Schöpfer als genialen Konstrukteur, der eine perfekte Maschine entwirft, baut und sich seither entspannt zurücklehnt und beobachtet, wie die Maschine ihre Arbeit tut.[2]

Seit der Aufklärung wird ein solcher Deismus in einer philosophischen Theologie immer wieder einmal vertreten. Er ist allerdings nicht kompatibel mit einem christlichen Schöpfungsverständnis. Der Deismus betrachtet den Schöpfungsakt als singuläres Ereignis und geht von keinerlei Bezogenheit des Schöpfers zu seiner Schöpfung aus. Damit wird aber unklar, welche religiöse Relevanz ein Deismus überhaupt haben soll: Ob der Startpunkt des Universums im Urknall oder in einem singulär-deistischen Schöpfungsakt verortet wird,

1 Vgl. Lukrez: Über die Natur der Dinge, übers. von Eva Marie Noller, Stuttgart 2021.

2 Vgl. zu dieser Metapher ausführlich Bernhardt, Reinhold: Was heißt ‚Handeln Gottes'? Eine Rekonstruktion der Lehre von der Vorsehung, Gütersloh 1999, 180–186.

scheint keinen großen Unterschied zu machen. Der Deismus schafft es nicht, so von Gott zu sprechen, „dass dabei der einzigartige Unterschied zwischen Gott und Welt zugleich mit der einzigartigen Beziehung zwischen beiden gedacht wird.“[3] Zudem kann der Deismus weder einen geschichtsmächtigen Gott denken, was zentrale christliche Überzeugungen wie die der Inkarnation Gottes in der Welt gefährdet. Auch die Auffassung einer *creatio continua* ist im Deismus nicht zu haben – er bietet lediglich eine rationalistische Theologie, die für Gottes Gegenwart keinen anderen Zeitraum mehr übrig lässt als den einzigen, zu dem es noch keine Naturgesetze gab, nämlich den Zeitpunkt der Initialzündung der Schöpfung. Das passt nicht zum Christentum, zumal der Vorteil des Deismus – die Kompatibilität der Eigengesetzlichkeit der Welt mit dem Glauben an einen Schöpfergott – auch im Rahmen eines Theismus und nicht nur um Rahmen eines Deismus vernünftig begründbar ist. Der Deismus radikalisiert die Verschiedenheit von Gott und Welt also so sehr, dass für eine Beziehung Gottes zur Welt keinerlei Raum mehr bleibt.

Die zweite Option, die aus christlicher Perspektive ebenfalls nicht tragfähig ist, ist die des *Pantheismus*. Das Wort Pantheismus setzt sich aus den griechischen Wörtern *pan* (alles) und *theos* (Gott) zusammen und bedeutet im Wortsinn ‚Alles-(ist)-Gott‘. Der Kern des Pantheismus ist eine strikte Identitätsaussage von Sein und Gott: Alles, was ist, ist zugleich Gott; und Gott ist nichts anderes außer dem, was ist. Damit ist die gesamte Natur göttlich, und Gott ist nichts anderes als die Natur. Baruch de Spinoza hat dies auf die Formel des ‚deus sive natura‘ (Gott oder Natur) gebracht – es ist gleichgültig, ob man das Wort Gott oder das Wort Natur verwende, da sie beide das gleiche seien. Wenn es nur eine Wirklichkeit – nämlich Gott – gibt, muss alles, was ist, Gott sein.

Auch diese Auffassung ist nicht kompatibel mit einem christlichen Verständnis von Schöpfung. Sie ist nicht unterscheidbar von einem Naturalismus, da es nur die irdischen Dinge der Welt gibt – ob man diese nun auch noch als göttlich bezeichnet oder als bloße Natur, scheint keinen großen Unterschied zu machen. Eng verwandt damit ist das Problem, dass die Transzendenz Gottes im Pantheismus

3 Kehl/Ansorge: Und Gott sah, dass es gut war, 36f.

nicht gewahrt bleibt: Gott ist nichts, das jenseits des irdischen Seins steht, sondern ist identisch mit diesem. Damit geht sowohl die Personalität Gottes als auch die Differenz zwischen Schöpfer und Geschöpf verloren. Zu guter Letzt muss sich für den Pantheismus auch das Theodizeeproblem in radikalisierter Weise stellen: Wenn Gott identisch mit der Natur ist, ist auch alles Leiden in der Welt ein Teil Gottes und damit für immer Gott eingeschrieben. Wenn aber Naturkatastrophen oder Völkermorde ein Teil Gottes sind, ist es nicht möglich, einen solchen Gott als wesenhafte Liebe zu bezeichnen.

Als Zwischenergebnis lässt sich also festhalten: Der *Deismus* betont so sehr die Transzendenz des Schöpfers, dass er keinerlei *Immanenz* des Schöpfers in der Welt mehr denken kann. Der Pantheismus hingegen identifiziert das immanente Sein so vollständig mit dem Schöpfer, dass die *Transzendenz* des Schöpfers nicht gewahrt bleibt. Der christliche Glaube hingegen denkt das Verhältnis von Schöpfer und Geschöpfen als Differenzverhältnis, welches der Schöpfer selbst gesetzt hat. Die Rede von Schöpfung drückt also gerade eine Unterschiedenheit von Schöpfer und Geschaffenem aus. Damit ist nicht ein gegenständliches ‚Nebeneinander' gemeint, so als ob Gott im Haus des Seins einfach nur ein Zimmer weiter als das Universum hockt. Die Rede von der Schöpfungsdifferenz zielt vielmehr auf die Einsicht, dass es eine grundlegende Unterschiedenheit zwischen Schöpfer und Geschöpf gibt, da der Schöpfer seine Schöpfung in freiem Entschluss setzt und sich bleibend an diese Schöpfung bindet. Die Welt ist nicht Gott und Gott ist nicht die Welt, aber beide sind aufeinander bezogen. Wie ein solcher Theismus aber genau das Verhältnis von Gott und Welt denken kann, ist Gegenstand der Auseinandersetzung zwischen personalem und klassischem Theismus.

5.2 Zur Auseinandersetzung zwischen Personalem und Klassischem Theismus

In der gegenwärtigen theologischen Debatte konkurrieren zwei Lesarten des Theismus, die je unterschiedliche Eigenschaften des Schöpfers betonen: Der klassische und der personale Theismus. Auch wenn beide Etiketten nicht trennscharf auf verschiedene Positionen angewendet werden können, lassen sich doch bestimmte Grundintuitionen ausmachen, die die jeweiligen Positionen leiten. Der klassische Theismus ist stärker dem metaphysischen Bild eines unbewegten Bewegers, der in Einfachheit und Unveränderlichkeit das grundlegende Prinzip des Seins ist, verpflichtet. Im Hintergrund stehen hier häufig der christliche Neuplatonismus sowie der aristotelisch beeinflusste Thomismus. Der personale Theismus betont hingegen stärker die biblische Fokussierung auf Gott als ansprechbares und personales Gegenüber, welches in Freiheit geschichtsmächtig handelt und auf die freien Entscheidungen seiner Geschöpfe reagiert. Im Hintergrund steht ein jüdisch-narratives Denken, das sich in biblischen Traditionen genauso niederschlägt wie in freiheitstheoretischen Entwürfen in der Gotteslehre.

Die Grundintuitionen des klassischen und des personalen Theismus lassen sich in einer Reihe von grundlegenden Differenzen ausbuchstabieren: So ist etwa das Verhältnis von Gott zur Zeitlichkeit eine beständige Kontroverse zwischen klassischem und personalem Theismus, da der klassische Theismus auf der Notwendigkeit der Behauptung der Ewigkeit und Zeitenthobenheit Gottes beharrt, während der personale Theismus die Notwendigkeit bestimmter zeitlicher Strukturen in Gott betont, da andernfalls eine Interaktion zwischen zeitlich verfassten Geschöpfen und ihrem Schöpfer nicht denkbar sei.

Eng verwandt mit der Frage nach Zeitlichkeit in Gott ist die Frage, inwiefern Gott veränderlich ist. Der klassische Theismus betont im Einklang mit der metaphysischen Tradition der antiken und mittelalterlichen Philosophie die Unveränderlichkeit Gottes, da wahre Vollkommenheit einschließe, sich nicht verändern zu können – wenn Gott sich ändert, muss er ja entweder vor oder nach der Veränderung nicht wahrhaft vollkommen gewesen sein, sonst hätte er sich nicht verändern müssen. Die klassisch-theistische These der Unveränderlichkeit Gottes, die von ihren Gegnerinnen und Gegnern auch als ‚Apathie-Axiom' bezeichnet wird, zieht eindeutige Kritik vonseiten des personalen Theismus auf sich. Greshake hält fest:

> „Und doch ist die These von der Unveränderlichkeit Gottes inkompatibel mit der schriftgemäßen Überzeugung, dass Gott wahrhaft in die Geschichte hinein verwickelt ist, dass er nicht einer Geschichte der Menschen *ge-*

genübersteht, sondern dass es seine eigene Geschichte mit den Menschen und die Geschichte der Menschen mit ihm ist, in die hinein er verflochten ist. Anders käme es auch zu ruinösen spirituellen Konsequenzen!“[4]

Greshake wendet sich also gegen ein statisches Denken von Gott, das von einem unveränderlichen Wesenskern Gottes ausgeht, und prozessualisiert das Gottesbild durch die Einführung der Zentralkategorie der *Communio*. Erst auf diese Weise, so Greshake, zeige sich Gott wirklich als vollkommen, da Vollkommenheit nicht die Abwesenheit von Veränderung, sondern die stets reagierende Liebe selbst ist. Es sei daher ein Missverständnis, aus der göttlichen Vollkommenheit und Selbstgenügsamkeit seine Unveränderlichkeit abzuleiten. Die hinter der Idee der Unveränderlichkeit Gottes steckende Intuition, dass Gottes Vollkommenheit nicht von irdischen Zusammenhängen gestört werden kann, sollte nicht zu einer Unberührbarkeit Gottes von irdischen Zusammenhängen radikalisiert werden – im Gegenteil kann die Vollkommenheit Gottes erst dann sinnvoll behauptet werden, wenn man davon ausgeht, dass Gott sich betreffen lassen kann von dem Guten und dem Schlechten, das in seiner Schöpfung geschieht. Eine solche Auffassung der Veränderlichkeit von Gottes Handlungsplänen als Reaktion auf die freien Handlungen seiner Geschöpfe wird auch im wirkmächtigen freiheitsanalytischen Ansatz im Anschluss an Thomas Pröpper verteidigt. So hält Magnus Striet in expliziter Kritik des ‚Apathieaxioms‘ fest: „Den geschichtlich offenbar gewordenen freien Gott in seiner Möglichkeit als den gleichursprünglich in drei Personen existierenden Gott zu denken, erfordert offensichtlich zugleich, ihn solcher Eigenschaften wie der des Leiden-Könnens, aber selbstverständlich auch des Sich-freuen-Könnens fähig sein zu lassen, Eigenschaften freilich, die nur solchen Personen zukommen können, die sich durch Freiheit auszeichnen.“[5]

Es ist wichtig zu sehen, dass damit keine Willkür in die Gotteslehre einzieht. Nahezu alle personalen Theistinnen lehnen den Gedan-

---

4 Greshake, Gisbert: Der dreieine Gott. Eine trinitarische Theologie, 5., nochmals erweiterte Auflage, Freiburg i. Br. 2007, 304.

5 Striet, Magnus: Konkreter Monotheismus als trinitarische Fortbestimmung des Gottes Israels, in: ders. (Hg.): Monotheismus Israels und christlicher Trinitätsglaube (QD; 210), Freiburg u.a. 2004, 155–198, hier 188.

ken ab, dass sich das Wesen Gottes ändern kann – Gott kann sich zum Beispiel nicht jeden Tag neu entscheiden, ob er heute ein liebender oder ein strafender Gott sein möchte. Das ist der tiefere Sinn der Selbstmitteilung Gottes in Jesus von Nazaret als den Menschen unbedingt zugewandte Liebe: Gott teilt sich selbst, nicht etwas über sich mit – und diese Selbstmitteilung ist nicht revozier- oder veränderbar. Was im Rahmen des personalen Theismus aber ausgesagt wird, ist die Veränderlichkeit Gottes angesichts sich stetig verändernder Beziehungsverhältnisse von Gott und Mensch. Etwas vereinfacht ausgedrückt: Ein Gott, der dem Wesen nach Liebe ist, lässt sich von menschlichen Sorgen und Nöten, aber auch von ihren Freuden und Hoffnungen betreffen. Gottes Treue gilt seiner Schöpfung im Ganzen, weshalb seine unbedingte Heilszusage zwar nicht von ihm zurückgenommen werden könne. Die *Mittel und Wege*, mit denen Gott seine Ziele erreicht, seien aber höchst flexibel und abhängig von den Reaktionen seiner Geschöpfe: „The essence of God does not change, but God does change in experience, knowledge, emotions and actions."[6] Die Geschichte der Welt laufe also nicht wie ein Uhrwerk ab, welches einen ewigen göttlichen Plan Schritt für Schritt verwirkliche, sondern sei ein geschichtliches Projekt, dessen Zukunft auch von den freien Entscheidungen der Geschöpfe Gottes abhänge.

Spätestens an dieser Stelle reagieren Vertreterinnen und Vertreter des klassischen Theismus allergisch: Gottes Souveränität könne doch nicht so weit eingeschränkt werden, dass die Verwirklichung seines Heilsplanes von der ja allzu oft missbrauchten Freiheit seiner Geschöpfe abhänge. Das Sein Gott sei durch ‚Aseität' geprägt, also durch ein Sein-aus-Sich, das unabhängig von allem anderen nur aus sich selbst heraus existiert und sein Sein durch nichts anderes empfangen hat. Diese absolute Unabhängigkeit und Einfachheit Gottes seien es ja gerade, die seine Vollkommenheit ausmachen. Es würde die Souveränität Gottes beschneiden, wenn er abhängig wäre vom konkreten Verlauf der Geschichte des Universums.

Dieses Hin-und-Her zwischen klassischem Theismus und personalem Theismus ließe sich noch vertiefen oder entlang weiterer Ei-

---

6 Sanders, John: The God who Risks. A Theology of Divine Providence, Westmont 2006, 187.

genschaften Gottes fortsetzen, jedoch sollte der Grundkonflikt bereits hier klar geworden sein: Beide Seiten sind sich einig darüber, dass der eine Schöpfer ein vollkommenes Wesen ist. Der Streitpunkt besteht in der Frage, was die Vollkommenheit Gottes ausmacht. Ist es die Einfachheit, Ewigkeit, Unabhängigkeit und Unveränderlichkeit, die Gottes Vollkommenheit konstituiert? Oder ist es die Personalität, Freiheit, Beziehungsfähigkeit und durch die liebende Zuwendung bedingte Veränderlichkeit Gottes, die entscheidend für seine Vollkommenheit sind?

Insgesamt lässt sich festhalten: Der ‚personale Theismus' steht mitten in der biblischen und theologiegeschichtlichen Tradition. Zugleich ließe sich aus einer Perspektive eines ‚klassischen Theismus' anfragen, ob der personale Theismus die Rede von Gott nicht zu sehr dynamisiert und ob er nicht zu anthropomorph ist. Eine zu starke Dynamisierung vermutet der ‚klassische Theismus' in der Auffassung, dass Gott durch Interaktionen mit Menschen affizierbar und im Prinzip auch veränderbar ist. Dies schließt zudem ein, dass es eine gewisse Form von Zeitlichkeit in Gott gibt, da er andernfalls nicht mit seinen Geschöpfen innerhalb der Zeit interagieren könnte. Neben dieser Dynamisierung des Gottesbildes erscheint im Rahmen eines klassischen Theismus auch die Zuschreibung von Freiheit problematisch, weil anthropomorph: Wird Gott damit nicht ein idealisiertes Abziehbildchen von ins Unendliche gesteigerten menschlichen Eigenschaften? Die Alternative des klassischen Theismus betont hier weniger die Freiheit Gottes als seine absolute Souveränität, seine Einfachheit und Unveränderlichkeit. Allerdings schlägt damit das Pendel sehr weit in eine Richtung, die Gott als metaphysisches Prinzip und weniger als ansprechbares Gegenüber fasst und damit die Rückbindung eines christlichen Theismus an konkrete Heilsgeschichte zu verfehlen droht. Angesichts dieser Debattenlage wird gegenwärtig häufig der Panentheismus als Lösungsperspektive vorgeschlagen, dem wir uns nun zuwenden.

5.3 Lösungsperspektive Pan-en-theismus?

Die Grundidee des Panentheismus lehnt sich an den oben bereits kritisierten Pantheismus an, zieht aber eine wichtige Differenz ein, die an dem Wort ‚en' hängt: Im wörtlichen Sinne bedeutet Pan-en-theismus ‚Alles – in – Gott'. Das ganze Universum ist *in* Gott, aber Gott ist nicht einfach identisch mit dem Universum, sondern umfasst dieses und ist zugleich mehr als das Universum. Sein und Gott sind nicht einfach identisch miteinander, sondern sind voneinander in der Hinsicht verschieden, dass Gott noch viel mehr ist als das irdische Sein. In den Worten Fana Schiefens: „Der Urgrund Gott setzt alles Wirkliche in seine Eigenständigkeit frei. Das Geschaffene, das Gott freisetzt, bleibt in diesen Urgrund einbegriffen und entfaltet ein *Feedback* auf Gott, der davon nicht unberührt bleibt. ‚Panentheismus' bezeichnet eine Einheit von Gott und Welt, die ihre Verschiedenheit wahrt."[7] Der Panentheismus versucht den Streit zwischen personalem und klassischem Theismus also so zu lösen, dass durch die Einschreibung des Universums in die All-Einheit Gottes sowohl ein starker Dualismus zwischen Schöpfer und Geschöpf vermieden wird (wie er im personalen Theismus oft implizit ist), als auch eine Beziehung zwischen Schöpfer und Schöpfung möglich wird (was im klassischen Theismus nur schwer denkbar ist).

Diese Grundidee wird in der Theologie der Gegenwart in unterschiedlichen Denkformen entfaltet. Klaus Müller formuliert eine umfassende philosophisch-metaphysische Theorie eines panentheistischen Monismus[8]; Markus Knapp hingegen fasst den Panentheismus innerhalb der Anerkennungstheorie und bindet ihn stärker an die Trinitätstheologie zurück[9]; und Matthias Remenyi formuliert im Anschluss an Philip Clayton eine Spielart des Panentheismus, der

7 Schiefen, Fana: Art. Monismus, in: Dockter, Cornelia/ Dürnberger, Martin/ Langenfeld, Aaron: Theologische Grundbegriffe. Ein Handbuch, Paderborn 2021, 114–115, hier 115.

8 Müller, Klaus: Gott jenseits von Gott. Plädoyer für einen kritischen Panentheismus, hg. von Fana Schiefen, Münster 2021.

9 Vgl. Knapp: Weltbeziehung, 154–158.

als ‚bidirektionaler Panentheismus' bezeichnet werden kann[10]. Im Folgenden wird der Fokus auf Klaus Müllers Ansatz gelegt.

Klaus Müller beginnt die Verteidigung seines Panentheismus mit der Diagnose, dass es einen „monistischen Tiefenstrom der christlichen Gottrede"[11] gebe: Am Grund des Christentums liege die Idee einer All-Einheit Gottes, der jegliches irdische Sein umfasse und dabei zugleich größer sei als dieses: „Gott wird gedacht als Urgrund, aus dem alles Wirkliche in seine ihm gemäße Eigenständigkeit freigesetzt wird – aber dies so, dass es ungeachtet dieser Ausdifferenzierung in diesen seinen Urgrund einbegriffen bleibt."[12] Das Kernargument Müllers für diese Auffassung besagt, dass die Unendlichkeit Gottes nicht mehr ernsthaft gedacht werden könne, sobald etwas Seiendes behauptet werde, dass außerhalb Gottes stehe. Gott setze „als das Absolute die Dinge frei ins Dasein. Sie bleiben aber in ihn – weil er der Unendliche ist und deswegen ‚neben' ihm nicht noch anderes sein kann – einbegriffen."[13] Im Anschluss an die Subjektphilosophie Henrichs denkt Müller das Geschaffene dabei als frei gegenüber Gott. Es geht ihm um „ein Ineinanderdenken von Himmel und Erde gleichsam, das die fundamentale Einheit beider so zur Geltung bringt, dass dabei die Differenzen zwischen ihnen nicht aufgelöst, sondern eingeborgen werden."[14] Die entscheidende Frage ist dabei natürlich, was genau dieses ‚Einborgen', das ‚en' im Pan-entheismus bedeuten soll. Müller erklärt dieses ‚in' in Abgrenzung zum klassischen Theismus des Thomas von Aquin, der von keiner realen Beziehung Gottes zu seinen Geschöpfen ausgehe, als Berührbarkeit Gottes durch seine Schöpfung: „Das ‚in' wird in gewissem Sinn substantial interpretiert. Das bedeutet: Das Geschaffene, das Gott freisetzt, entfaltet ein Feedback auf Gott. Die Macht, die etwas geschaffen hat, bleibt nicht unberührt und unbeeinflusst von dem,

10 Remenyi, Matthias: Gottes Gegenwart denken. Eine fundamentaltheologische Programmskizze, in: Göcke, Benedikt/ Schärtl, Thomas (Hg.): Freiheit ohne Wirklichkeit?, Münster 2020, 327–374.

11 Müller, Klaus: Über den monistischen Tiefenstrom in der christlichen Gottrede, in: Ders./ Striet, Magnus (Hg.): Dogma und Denkform, Regensburg 2005, 47–84.

12 Müller: Gott jenseits von Gott, 278.

13 Ebd., 495.

14 Ebd., 17.

was sie geschaffen hat.“[15] Diese Sätze treffen allerdings genauso auf einen personalen Theismus zu. Daher bleibt die Rückfrage im Raum: Wie kommt man von einer Feedbackschleife zu einer umfassenden All-Einheits-Lehre? Muss das ‚Einbergen‘ der Schöpfung in Gott nicht mehr bedeuten, als dass Gott berührbar bleibt von seiner Schöpfung?

Die große Stärke des Panentheismus liegt in der Einsicht, dass Gott nicht auf eine endliche Art und Weise von der Welt unterschieden sein kann, so als stünde er einem sich ausdehnenden Universum irgendwie räumlich gegenüber. Ein solches Bild würde eine Begrenzung Gottes durch das irdische Sein implizieren, und das ist völlig unplausibel, wenn Gott wirklich Gott sein soll. Gegen diese räumliche Trennung, diese räumlich gedachte Dualität von Gott und Welt bezieht der Panentheismus zu Recht Stellung. Nicht zwingend ist allerdings die Schlussfolgerung, dass diese Problemanalyse bereits auf die Wahrheit eines Monismus oder Panentheismus hinweise. Aus dem Problem der möglichen Begrenzung Gottes durch die Behauptung der Differenz von Schöpfer und Geschöpf folgt noch nicht, dass alles Geschaffene auch Teil des Schöpfers sein muss – zumal mit der Alternative des ‚In-Seins‘ des Universums in Gott die prekäre räumliche Metaphorik ja gerade auch nicht aufgegeben wird. Zunächst folgt nur, dass es ein problematisches Verständnis von Gottes Existenz ist, ihn als raumzeitlich ausgedehntes Etwas hinter dem Ende des Universums zu lokalisieren. Eine solche verdinglichende Verstehensweise Gottes würde ihn Sache, als Gegenstand betrachten. Wenn das so wäre, dann wäre dieses göttliche Ding natürlich von anderen Dingen außerhalb seiner selbst begrenzt. Es ist aber auch möglich, Gott nicht als gegenständlich ausgedehntes Ding, sondern als eine das Sein im Ganzen umfassende Wirklichkeit zu verstehen, zu der er in einer ermöglichenden (= transzendentalen) Beziehung steht. In dieser Sicht ist Gott der Welt immanent, indem er sie durch Beziehung und Dialog erfüllt und umgibt, nicht aber, indem die Welt schon als Teil Gottes aufgefasst wird.[16]

15 Ebd., 93.

16 Vgl. für eine ähnlich gelagerte Kritik an einer ontologisch verstandenen Einheit von Endlichem und Absolutem auch Langenfeld: Frei im Geist, 233–236.

Weiterhin hat der Panentheismus Probleme, bestimmte Bestandteile des Sprachspiels eines *personalen* Theismus aufzunehmen, die unaufgebbar für eine christliche Theologie sind. Kategorien wie Interaktion, Relationalität, Autonomie oder Kommunikation sind für das christliche Gottesbild zentral. Wie aber sollen diese fluiden Kategorien, die auf Handlungspraxen und Performanzen zielen, in einer panentheistischen Kosmologie berücksichtigt werden? An dieser Stelle ist es auch nicht besonders nützlich, die Gleichzeitigkeit von Personalität und All-Einheit einfach zu behaupten, etwa wenn Müller festhält, dass der panentheistische Gott „persönlich und alles zugleich“[17] sei. Die offene Flanke des Panentheismus bleibt also, wie man Gott als Person und Gott als das All-Eine zusammendenken kann. Dies zeigt sich auch daran, dass Müller die Auffassung einer *creatio ex nihilo* kritisiert[18] – und dann mit Langenfeld die Frage gestellt werden kann, „ob eine monistische Schöpfungsmetaphysik die Kontingenz der Welt überhaupt adäquat bestimmen kann.“[19] Gerade für zentrale Pfeiler der christlichen Schöpfungstheologie scheint der Panentheismus kein solides Fundament bieten zu können.

Nicht ganz klar wird zudem das Verhältnis des Panentheismus zur *Geschichtlichkeit* des christlichen Glaubens: Nach christlicher Überzeugung ereignet sich die Selbstmitteilung Gottes heilsgeschichtlich und verdeutlicht die *personale* und *kommunikative* Zuwendung Gottes zum Geschöpf. Die zentrale Frage für einen panentheistischen Gott ist daher, wie er sich zur Geschichtlichkeit und Personalität der Heilszusage des christlichen Gottes verhält. Rückzufragen wäre an dieser Stelle, inwiefern die stetige Erhöhung des Abstraktionslevels – bis am Ende eine die Physik, die Kosmologie und die Metaphysik umfassende All-Einheitstheorie herauskommt – wirklich die beste Idee ist, um der kommunikativ-geschichtlichen Signatur des Christentums gerecht zu werden.[20]

---

17 Müller: Gott jenseits von Gott, 274.

18 Vgl. Müller, Klaus: Paradigmenwechsel zum Panentheismus?, in: HerKorr Spezial (2/2011), 33–38.

19 Langenfeld, Frei im Geist, 243.

20 Vgl. zu einer weiterführenden kritischen Einordnung der Position Müllers auch Lerch, Magnus: Monismus als Denkform christlicher Theologie? Analyse und Diskussion des Konzeptes von Klaus Müller, in: Nitsche, Bernhard/ Stosch,

Eng verwandt mit dem Einwand der fehlenden Berücksichtigung der Geschichtlichkeit des Glaubens ist schließlich auch ein Einwand, der darauf zielt, dass der Panentheismus die Konkretheit des Anderen nicht adäquat denken kann. Führt ein All-Einheitsdenken nicht dazu, das alle konkrete Andersheit, jede individuelle Besonderheit in einem alles aufsaugenden Allgemeinen absorbiert wird? In den Worten Wendels: „Denn genau besehen wird hier das Absolute nicht nur als Einheit (…), sondern als diese Einheit zugleich als Allgemeinheit bestimmt, welche das Einzelne und Besondere in sich aufhebend einschließt. Jenes Einzelne ist solcherart als bloßes Moment des Allgemeinen bestimmt und besitzt so keinen bleibenden Selbststand gegenüber dem Allgemeinen.“[21] Angesichts dieser Einwände ist unklar, inwiefern der Panentheismus eine Lösungsperspektive für die festgefahrene Debatte zwischen klassischem und personalem Theismus bieten kann.

Wenn man die Debatte zwischen personalem, klassischem und panentheistischem Theismus bündelt, lassen sich zwei widerstreitende Intuitionen ausmachen, die als *monistische Intuition* und als *differenztheoretische Intuition* bezeichnet werden können. Die monistische Intuition tendiert dazu, im Gott-Welt-Verhältnis die Einheit von Gott und Welt zu betonen – und läuft damit Gefahr, die Dimension der Differenz von Gott und Welt nicht hinreichend in den Blick zu bekommen. Die differenztheoretische Intuition, die entweder im Gewand des klassischen oder des personalen Theismus daherkommen kann, tendiert dazu, eben diese Differenz von Gott und Welt zu betonen – und läuft umgekehrt Gefahr, die Dimension der Verbundenheit von Gott und Welt nicht angemessen zu berücksichtigen. Eine Lösungsperspektive, die die berechtigten Anliegen der monistischen sowie der differenztheoretischen Intuition aufnimmt, könnte im christlichen Bekenntnis zum trinitarischen Gott liegen.

Klaus von/ Tatari, Muna (Hg.): Gott – jenseits von Monismus und Theismus?, Regensburg 2017, 153–167.

21 Wendel, Saskia, Sendschreiben an einen christlichen Panentheisten, in: dies./ Thomas Schärtl (Hg.): Gott – Selbst – Bewusstsein. Eine Auseinandersetzung mit der philosophischen Theologie Klaus Müllers, Regensburg 2015, 225–239, hier 229f.

5.4 Trinitarische Perspektivierung

Im letzten Teil dieses Kapitels erfolgt eine trinitarische Perspektivierung der Debatte um die Verhältnisbestimmung von Gott und Welt, da gerade die Trinitätstheologie nochmals anders auf diese Verhältnisbestimmung blicken kann. Die Trinitätstheologie verspricht, „die wichtigsten Anliegen des Panentheismus aufzunehmen, ohne in sein unbiblisches neuplatonisches Fahrwasser zu geraten.“[22]

Die Grundaussage des Trinitätsglaubens besagt, dass Gottes Wesen relational strukturiert ist. Gott ist Sein in Beziehung. Diese Beziehung im innersten Wesen Gottes wird heilsgeschichtlich in der Schöpfung ausgedrückt. Dabei ist besonders relevant, dass die christliche Rede von Schöpfung eine doppelte Aussageintention hat: Zum einen bringt sie *Differenz* zum Ausdruck: Gott und seine Schöpfung sind voneinander verschieden. Zum anderen bringt sie ihre *Verbundenheit* zum Ausdruck: Gott ist auf seine Schöpfung bezogen, er ist mit ihr zuinnerst verbunden. Diese Dialektik von Differenz und Verbundenheit, von Einheit in Verschiedenheit, die in der Rede von der Schöpfung sichtbar wird, nimmt ein grundlegendes Motiv der Trinitätstheologie auf, da auch hier das Moment von Einheit in Verschiedenheit zentral ist: Der eine Gott subsistiert in drei innertrinitarischen Personen. Das „Zugleich von In-Sein und Gegenüber-Sein Gottes“[23] in der Schöpfung wird also besonders dann plausibel, wenn Gott trinitarisch verstanden wird, sodass die Trinitätstheologie eine mögliche Lösungsperspektive für die Auseinandersetzungen zwischen klassischem, personalem und panentheistischem Theismus bietet.

Die Grundeinsicht der trinitarischen Grundstruktur der ‚Einheit in Verschiedenheit‘, die im Verhältnis von Gott und Welt gespiegelt wird, ist insbesondere von Gisbert Greshake ausgearbeitet worden. Er bettet seinen theologischen Gesamtentwurf in einen trinitarischen Rahmen ein, den er dezidiert als „Verstehensschlüssel“[24] für den

---

22 Stosch, Klaus von: Plädoyer für einen trinitätstheologisch perspektivierten Theismus, in: Nitsche, Bernhard/ Ders./ Tatari, Muna (Hg.): Gott – jenseits von Monismus und Theismus?, Regensburg 2017, 189–211, hier 211.

23 Ebd., 193.

24 Greshake: Der dreieine Gott, 216.

christlichen Glauben im Ganzen (und damit natürlich auch für die Schöpfungstheologie) bezeichnet. Der Grundgedanke der Trinitätstheologie Greshakes besteht in der Idee, dass sich in der Dreifaltigkeit Gottes die unbedingte Einheit des einen Gottes mit der Verschiedenheit der innertrinitarischen Personen vermittelt – Gott selbst ist *Communio*, d. h. eine „Gemeinschaft von Personen, die in ihrem liebenden Aufeinanderhin-, Voneinanderher- und Miteinander-Sein ‚perichoretisch' so verbunden sind, dass ihre Differenz sich zur höchsten Form der Einheit vermittelt."[25] Greshake weist dabei den Personen der Trinität spezifische ‚Rollen' zu, jedoch nicht ohne zu betonen, dass jede der drei Personen alle diese Eigenschaften und Rollen besitzt und sie diese nur mit spezifischen Akzentuierungen miteinander vermitteln: „Gott ist also allmächtig, weil es den Vater ‚gibt', in dessen Gabe alles gründet; Gott ist Wahrheit und erlösende Liebe, weil es den Sohn ‚gibt', dem der Vater sich selbst hinschenkt und den er uns erschließt; Gott ist Liebe und Vollender, weil es den Geist ‚gibt', der den Rhythmus der Liebe zusammenfasst und zur Vollendung führt."[26] Interessanterweise kann man diese innertrinitarischen Rollenverteilungen auch schöpfungstheologisch spiegeln – schaut man sich das folgende Zitat von Franz Gruber an, ergeben sich erstaunliche strukturelle Parallelen zu Greshakes Beschreibung der innertrinitarischen Gemeinschaft: „Nur von der Erfahrung Gottes als ‚Vater' sehen wir die Welt als Schöpfung. Nur in der Erfahrung Gottes als ‚Sohn' sehen wir die Wirklichkeit als ein evolutives Geschehen auf die Selbstmitteilung Gottes in der Menschheit, sehen wir den Kosmos als ‚Inkarnation'. Nur in der Erfahrung Gottes als ‚Geist' erblicken wir die Wirklichkeit in ihrer unfassbaren Kreativität und Vitalität des Seins und des Lebens ‚als neuen Himmel und neue Erde'."[27]

Die Grundlage von Greshakes Trinitätstheologie betrachtet das Schöpfungshandeln Gottes als ein Werben um die Liebe des freien Geschöpfs, sodass das Handeln Gottes weder manipulativ oder intervenierend gedacht werden kann. Innovativ ist sein wichtigstes Argument gegen ein solches Verständnis, da es dezidiert aus dem

25 Ebd.
26 Ebd., 215f.
27 Gruber: Im Haus des Lebens, 23.

Zentralbegriff der ‚Communio', d. h. der Gemeinschaft mit dem liebenden dreifaltigen Gott, abgeleitet wird. Eine echte Gemeinschaft mit Gott könne nämlich nicht bestehen, wenn Gott den Menschen durch Interventionen oder Manipulationen in diese hineinzwingt. Die Konsequenz einer solchen ‚Umzauberung' des Menschen wäre der Abschied vom „communialen Gott, der ein Verhältnis der Communio, der liebenden Gemeinschaft und nicht ein Verhältnis einseitiger überwältigender Macht zum Menschen haben will."[28] Daher kann der göttliche Handlungsmodus nicht in Konkurrenz zur menschlichen Freiheit stehen – göttliche Allmacht wäre genau dann keine Allmacht mehr, sobald sie die Freiheit des Menschen überginge, und sie bleibt Allmacht genau dann, wenn sie die aus Gott herausgesetzte Eigenständigkeit des Menschen bleibend achtet.

Schöpfungstheologisch ergibt sich durch die Trinitätstheologie die Möglichkeit, die Beziehung von Schöpfer und Geschöpf als Einheit in Differenz zu betrachten. Während die differenztheoretische Intuition des personalen und klassischen Theismus einen Dualismus anklingen lässt, der mindestens im klassischen Theismus die Bezogenheit des Schöpfers auf die Schöpfung schwer plausibilisierbar macht, hat die monistische Intuition die Tendenz, die Transzendenz und Entzogenheit des Schöpfers nicht angemessen würdigen zu können. Trinitätstheologisch lassen sich die differenztheoretische und die monistische Intuition vermitteln, da schon Gott von einer Einheit geprägt ist, die durch Differenz und Beziehung durchwoben wird. Die Trinitätstheologie entfaltet also gerade in der Schöpfungstheologie ihr Potenzial, die göttliche Verschiedenheit von und Bezogenheit auf die Schöpfung denkerisch plausibel zu machen. In den Worten Grubers: „Darum ergibt sich mit einem trinitarischen Gottesbegriff auch eine andere Vermittlung von Schöpfer und Schöpfung, von Transzendenz und Immanenz als mit einer streng monotheistischen Relation. Der Wirklichkeit setzende Akt der Schöpfung hat seinen Grund schon in der in sich selbst differenzierten Einheit Gottes."[29]

Es ist wichtig zu sehen, dass es sich bei der trinitätstheologischen Fortschreibung nicht um eine Konkurrenz zu, sondern um eine Mo-

28 Greshake, Gisbert: Erlöst in einer unerlösten Welt?, Mainz 1987, 84.
29 Gruber: Im Haus des Lebens, 178.

difikation der Modelle des personalen, klassischen oder panentheistischen Theismus handelt, die die bleibend wertvollen Intuitionen der Modelle aufnehmen kann: Die im personalen Theismus problematische Dualität zwischen Schöpfer und Geschöpf kann genauso trinitätstheologisch aufgehoben werden wie die im klassischen Theismus lauernde Beziehungslosigkeit zwischen Schöpfer und Geschöpf oder die im Panentheismus versteckte Ununterscheidbarkeit von Gott und Universum. Das in der Schöpfungstheologie so zentrale Zueinander von Schöpfungsdifferenz und Bezogenheit des Schöpfers auf die Schöpfung wird trinitätstheologisch gespiegelt. Die Figur einer ‚Einheit in Differenz' ist für die Schöpfungslehre genau wie für die Gotteslehre zentral: „Wenn die heilsgeschichtliche Erfahrung Gottes Liebe ist und wenn diese Liebe in Christus eine Beziehungstat ist, von der her Gott selbst durch und durch bestimmt ist, und wenn diese Liebe zwischen Vater und Sohn erst erkannt wird, wenn sie im Geist angenommen wird, dann ist Gott in sich als die dreifach personal vermittelte Relationalität der Liebe zu denken. […] Darum ist die Entfaltung des Schöpfungsbekenntnisses ein Entfaltungsfeld des christlichen Gottesbekenntnisses selbst."[30]

Weiterführende Literatur

Dierker, Farina: Gottes ‚Mit/Leidenschaft' im Werden der Welt. Zur Relevanz prozesstheologischer Ansätze für ein neues Denken über Gott und Schöpfung, Ostfildern 2021. [*Gelungene Einführung in gegenwärtiges prozesstheologisch-monistisches Denken mit besonderem Fokus auf seinem Potenzial für die Schöpfungstheologie.*]

Kreiner, Armin: Das wahre Antlitz Gottes, oder: Was wir meinen, wenn wir Gott sagen, Freiburg 2006. *[Analytisch geprägte Gotteslehre mit Fokus auf die Art und Weise, wie überhaupt Aussagen über Gott verantwortet gemacht werden können.]*

Lerch, Magnus: All-Einheit und Freiheit. Subjektphilosophische Klärungsversuche in der Monismus-Debatte zwischen Klaus

30 Ebd., 179.

Müller und Magnus Striet, Würzburg 2009. [*Exzellente Einführung in die Debatte um personalen Theismus und Panentheismus mit Plädoyer für die personale Variante.*]

Müller, Klaus: Gott jenseits von Gott. Plädoyer für einen kritischen Panentheismus, hg. von Fana Schiefen, Münster 2021. [*Profilierter Entwurf eines christlichen Panentheismus, der sich als große Alternative zum personalen Theismus präsentiert.]*

Marschler, Thomas/ Schärtl, Thomas (Hg.): Herausforderungen und Modifikationen des klassischen Theismus, Band 1: Trinität, Münster 2019. *[Sammelband zur Verknüpfung von Trinitätstheologie und klassischem Theismus, guter Überblick über gegenwärtige Debatten.]*

Werbick, Jürgen: Gott verbindlich. Eine theologische Gotteslehre, Freiburg 2007. *[Umfassende und theologisch anspruchsvolle Gotteslehre im Paradigma des personalen Theismus.]*

6. Die Rede von Schöpfung jenseits eines Anthropozentrismus?

Ein gängiger Vorwurf an die christliche Schöpfungstheologie ist, dass sie den Menschen eine Sonderrolle im Universum zuschreibt, die mit der unbiblischen Metapher der ‚Krone der Schöpfung' auf den Begriff gebracht wird. Ein solche Singularität des Menschen sei aber sowohl kosmologisch als auch ethisch problematisch und mitverantwortlich für die Vielzahl der ökologischen Katastrophen der Gegenwart (6.1). In gegenwärtigen schöpfungstheologischen Debatten wird daher insbesondere diskutiert, ob die christliche Schöpfungstheologie auf problematische Weise anthropozentrisch ist – oder ob ein gewisser Anthropozentrismus nicht unvermeidlich ist, wenn die Errungenschaften der anthropologischen Wende bewahrt werden sollen (6.2). Als Mittelweg bietet sich ein ‚schwacher', eingestandener Anthropozentrismus an (6.3). Alternativ könnte man auch versuchen, Schöpfungstheologie stärker mit Christologie zu verknüpfen, was gegenwärtig in der Debatte um ‚Deep Incarnation' Thema ist (6.4).

In der gegenwärtigen theologischen Debattenlandschaft konkurrieren zwei Intuitionen miteinander, die je für sich genommen plausibel scheinen, die aber nicht ohne Weiteres miteinander kompatibel sind: Einerseits die Einsicht in die Notwendigkeit einer Anthropo-de-zentrierung der Theologie, andererseits die Einsicht in den bleibenden theologischen Wert der ‚anthropologischen Wende'. Im Folgenden werden die zentralen Motive hinter beiden Einsichten dargelegt und eine Reflexion darüber angeschlossen, inwiefern beide vielleicht doch miteinander versöhnt werden könnten.

6.1 Defizite einer Zentrierung auf den Menschen

Kommen wir als Erstes zu den Gründen, die für eine Anthropo-de-zentrierung der Schöpfungstheologie sprechen. Zunächst einmal legen es naturwissenschaftliche und kosmologische Erkenntnisse nahe, den Menschen nicht als Zentrum des Universums zu begreifen. Im kosmischen Maßstab erscheint die Existenz eines einzelnen Menschen einfach sehr marginal, da sie angesichts des Alters des Universums noch weit weniger als einen Wimpernschlag in seiner Geschichte darstellt und auch die Erde als bisher einzig bekannter bewohnbarer Planet nicht im Zentrum des Universums steht. Im Gegenteil ist die Sonne, um die unsere Erde kreist, ein eher kleiner, im planetarischen Maßstab unbedeutender Stern. Die Fokussierung auf die Erde könnte daher eine unzulässige *Geozentrik* sein, die die Weite des Universums nicht hinreichend würdigt. Und selbst wenn wir uns auf die Erde fokussieren, ist die zeitliche Dauer der Existenz der menschlichen Spezies auf diesem Planeten sehr klein, wenn man die Erdgeschichte als Ganzes betrachtet. Die Fokussierung auf den Menschen könnte daher eine problematische *Anthropozentrik* sein, die einer modernen Kosmologie unangemessen ist.

Der zweite wichtige Grund für eine Anthropo-de-zentrierung ist eher normativ und weniger kosmologisch: Die derzeitige, anthropozentrierte Lebensweise des Menschen hat sich als nicht nachhaltig oder zukunftsfähig erwiesen. Es könnte sein, dass die aus religiösem Wurzelgrund stammende Idee des Menschen als einer ‚Krone der Schöpfung' mindestens eine Mitschuld an den immensen ökologischen Krisen der Gegenwart trägt. Die Tragweite dieser Krisen zeigt sich unter anderem daran, dass in der Geologie und diversen anderen Disziplinen derzeit debattiert wird, ob die menschengemachten Veränderungen des Planeten es rechtfertigen, von einem neuen geologischen Zeitalter zu sprechen, dem *Anthropozän*. Dieser Begriff soll ausdrücken, dass die menschliche Lebensweise – insbesondere das massive Verbrennen fossiler Energieträger – tiefe und irreversible Narben in der Erde hinterlässt. Der Mensch ist ein geologischer Einflussfaktor geworden, der das Angesicht der Erde verändert – und dies führt wiederum dazu, dass derzeit überdurchschnittlich viele Tier- und Pflanzenarten aussterben und es zu einer rapiden Erwärmung der Erde mit weitreichenden problematischen Konsequenzen kommt. Der indische Historiker Dipesh Chakrabarty bezeichnet den Menschen daher auch als planetarischen Akteur, da „wir als geologische Kraft agieren und zu einem Rückgang der Biodiversität beitragen, der sich in wenigen Jahrhunderten zum sechsten großen Massensterben entwickeln könnte. Unabhängig davon, ob der Begriff je formal anerkannt wird, steht das Anthropozän für das Ausmaß und die Dauer der Veränderungen, die unsere Spezies an der Geologie, Chemie und Biologie der Erde vornimmt.“[1]

Daher könnte es auch aus moralischen Gründen geboten sein, eine starke Zentrierung der menschlichen Handlungs- und Lebensweisen auf die menschliche Spezies allein zu durchbrechen und sich für eine nachhaltige Entwicklung einzusetzen, die nicht die Spezies Mensch allein, sondern den Planeten Erde in den Blick nimmt. Schöpfungstheologisch wäre eine Wende angezeigt, die stärker das nichtmenschliche Leben berücksichtigt. In den Worten Julia Enxings: „Theologien, die die Bedeutung des Nicht-Menschlichen vernachlässigen, verkennen […], dass kein Lebewesen so sehr durch seine Abhängigkeit zu Arten und Lebendigem außerhalb seiner selbst gekennzeichnet ist wie der Mensch.“[2] Daher gelte es, „den gegenseitigen Abhängigkeiten von Menschlichem und Nicht-Menschlichem und der gemeinsamen Geschichte, dem ko-kreatürlichen Schöpfungsprozess und dem Ko-Habitat von Mensch und Nicht-Mensch auch in der (systematischen) Theologie Rechnung zu tragen.“[3]

Es sprechen also gewichtige kosmologische und gewichtige ethische Gründe für eine Anthropo-de-zentrierung, die auch die Schöpfungstheologie berücksichtigen sollte. Zugleich scheint aber das Verhältnis eines solchen dezentrierenden Projekts zu einer bahnbrechenden theologischen Neuerung des vergangenen Jahrhunderts ungeklärt zu sein, die das menschliche Subjekt gerade in den Mittelpunkt der theologischen Reflexion stellt und damit eine moderne

---

1 Chakrabarty, Dipesh: Das Klima der Geschichte im planetarischen Zeitalter, Frankfurt a. M. 2022, 20.

2 Enxing, Julia: Und Gott schuf den Erdling, in: HerKorr 74 (3/2020), 24–26, hier 24.

3 Ebd., 26.

Theologie begründet: Es geht um die ‚anthropologische Wende' in der Theologie.

6.2 Die anthropologische Wende

Die anthropologische Wende ist der theologische Nachvollzug eines philosophischen Paradigmenwechsels, der in der Neuzeit mit René Descartes einsetzte und dann untrennbar mit dem Namen Immanuel Kant verbunden ist: Descartes und Kant gehen beide davon aus, dass Menschen nicht passive Automaten sind, in die die Erkenntnis der Wirklichkeit, wie sie an sich ist, einfach einströmt. Vielmehr finden sie heraus, dass das erkennende Subjekt selbst eine Reihe von Kategorien, Begriffen und Vorannahmen in jeden Erkenntnisprozess einfließen lässt. Daher ist der primäre Gegenstand der philosophischen Analyse nicht das Sein als solches, sondern zunächst einmal das Subjekt des Erkennens, welches versucht, sich einen Reim auf die Welt und sich selbst zu machen. Kant bezeichnet diese Einsicht auch als ‚kopernikanische Wende' in der Philosophie: Während man zuvor davon ausging, dass sich das Denken nach dem Sein richte, gelte nun: Das Sein richtet sich (auch) nach dem Denken. Karl Rahner wählt zur Illustration dieses Gedankens die Metapher eines Fotoapparats – der Mensch funktioniere nicht wie ein solcher Apparat, der einfach nur ein Abbild seiner Umgebung knipst, sondern er legt in jedes Bild bestimmte Erfahrungen, Kontexte und Kategorien mit hinein: „Der Mensch ist in seiner Erkenntnis nicht eine photographische Platte, die gleichgültig und ungewandelt einfach registriert, was je gerade im einzelnen, abgetrennten Augenblick auf sie fällt. Er muss vielmehr, schon um bloß zu verstehen, was er sieht oder hört, reagieren, Stellung nehmen, die neue Erkenntnis in einen Zusammenhang bringen […].“[4]

Dieser philosophische Paradigmenwechsel wird nun zunächst in der evangelischen, kurz darauf auch in der katholischen Theologie

4 Rahner, Karl: Die Assumptio-Arbeit von 1951 mit den Änderungen bis 1959, in: ders.: Maria, Mutter des Herrn, bearbeitet von Regina Pacis Meyer (Sämtliche Werke 9), Freiburg i. Br. 2004, 3–392, hier 24.

nachvollzogen und erhält das Label ‚anthropologische Wende'. Diese hat sowohl eine methodische als auch eine soteriologische Spitze.

Die methodische Spitze der anthropologischen Wende besagt, dass eine moderne Theologie nicht mehr verantwortet von Gott sprechen kann, ohne die menschlichen Bedingungen des Hörens und Erkennens von Gottes Wort zu berücksichtigen. Das Wort Gottes ist nicht etwas, das jedem Kontext und jeder menschlichen Begrifflichkeit enthoben ist, sondern es ergeht in konkreten Kontexten und in menschlichen Begriffen an den Menschen. Daher müssen die Voraussetzungen auf Seiten des Menschen, das Wort Gottes überhaupt vernehmen zu können, geklärt werden. Diese methodische Zentrierung des Menschen ist theologisch von entscheidender Bedeutung, da mit ihr der Durchbruch zu einer modernen Theologie gelingen konnte, die sich nicht in kontext- und damit haltlosen Spekulationen über das Göttliche ergeht.

Die soteriologische Spitze der anthropologischen Wende besagt: Theologie muss als wissenschaftliche Reflexion des Wortes Gottes für das konkrete menschliche Individuum existenziell relevant sein. So mögen beispielsweise scholastische Spekulationen über die raumzeitliche Ausdehnung von Engeln zwar geistreich und tiefschürfend sein, aber sie haben kaum Anschluss in der alltäglichen Erfahrungswelt des Menschen. *Existenzielle Bedeutsamkeit statt leerlaufender Spekulation*: Dies schreibt die anthropologische Wende der modernen Theologie als dauerhafte Aufgabe ins Hausaufgabenbuch. Und gerade die Frage nach der Bedeutung der eigenen Existenz ist eine, die sich, nach allem, was wir wissen, nur der Mensch stellt: „Die Frage nach dem Grund und Ziel des Seins ist deshalb eine spezifisch menschliche Frage seines Lebens. Nur dieses Lebewesen stellt diese Frage, nur dieses Lebewesen sucht unaufhaltbar nach einer Antwort darauf."[5]

Wenn man den bleibenden Wert der anthropologischen Wende ernst nimmt, lässt sich also durchaus ein gewisser Anthropozentrismus verteidigen, für den die menschlichen Vermögen der Freiheit, des Selbstbewusstseins und der Vernunft zentral sind. Eigene Handlungsintentionen in einem intersubjektiven Prozess des Gründe-Ab-

5 Gruber: Im Haus des Lebens, 22.

wägens zu formulieren und diese in die Tat umzusetzen ist etwas, das die uns evolutiv vorausgehenden Spezies und unsere nächsten Verwandten im Tierreich nicht konnten bzw. können. Die anthropologische Wende rückt also den einzigartigen menschlichen Erkenntnisapparat in den Fokus und befördert damit natürlich auch – mit guten Gründen – eine anthropozentrische Sicht, da der Mensch aus umfassenden kosmologischen Seinsordnungen herausgelöst und als autonomes Subjekt in den Mittelpunkt theologischer Theoriebildung gerückt wird. Gregor Taxacher formuliert die Unhintergehbarkeit einer epistemologischen Anthropozentrik so: „Eine Regression in einen Zustand kosmischer Einbettung – falls es diesen je gegeben haben sollte – ist dem Menschen des Anthropozän nicht möglich. […] Wir können unser Bewusstsein nicht bedauernd wieder an der Pforte der Natur ablegen, um paradiesische Unschuld zu spielen. In diesem Sinn bleibt Anthropozentrik unhintergehbar: […] nicht als Anspruch, nicht als ein metaphysisches Konzept, sondern als unsere faktische Perspektivität."[6]

Dieser Punkt steht auch im Fokus von Papst Franziskus' differenzierter Erörterung des Anthropozentrismusproblems, die er in seiner Enzyklika ‚Laudato Si' vornimmt. Zunächst kritisiert er die Gefahr eines überbordenden Anthropozentrismus in der Moderne, die alle Natur jenseits des Menschen als Gebrauchsgegenstand begreift: „Eine unangemessene Darstellung der christlichen Anthropologie konnte dazu führen, eine falsche Auffassung der Beziehung des Menschen zur Welt zu unterstützen. Häufig wurde ein prometheischer Traum der Herrschaft über die Welt vermittelt, der den Eindruck erweckte, dass die Sorge für die Natur eine Sache der Schwachen sei."[7] Zugleich würde diese Kritik an menschlichen Allmachtsfantasien jedoch das Kind mit dem Bade ausschütten, wenn jegliche Zentrierung um den Menschen aufgegeben und „der Mensch bloß für ein Wesen unter anderen"[8] gehalten würde. Denn: „Man kann vom Menschen

6 Taxacher, Gregor: Alles nur Natur? Zum Problem der Anthropozentrik, in: Horstmann, Simone/ Ruster, Thomas/ ders.: Alles was atmet. Eine Theologie der Tiere, Regensburg 2018, 31–45, hier 35.

7 Enzyklika ‚*Laudato* Si' vom 24. Mai 2015 über die Sorge über das gemeinsame Haus (Verlautbarungen des Apostolischen Stuhls 202), Bonn 2015, 116.

8 Ebd., 118.

nicht einen respektvollen Einsatz gegenüber der Welt verlangen, wenn man nicht zugleich seine besonderen Fähigkeiten der Erkenntnis, des Willens, der Freiheit und der Verantwortlichkeit anerkennt und zur Geltung bringt."[9]

Damit haben wir den zentralen Konflikt herausgearbeitet: Einerseits ist es problematisch, die Schöpfungstheologie allein um die menschliche Existenzweise herum zu zentrieren, und zu Recht wird ein Schöpfungsverständnis eingefordert, das auch nicht-menschliches Leben als Schöpfung Gottes begreift. Andererseits bleibt aber die menschliche Lebensform notwendig das Zentrum der menschlichen Lebenspraxis. Wie also könnte es gelingen, die wichtigen Anliegen der ökologischen Ethik und die berechtigte Kritik an der Anthropozentrik einzuholen, ohne gleich jegliche Differenz zwischen Menschen und anderen Lebewesen einzuebnen? Oder, mit Saskia Wendel gefragt: Wie kann das zusammenkommen, „was in einer Reflexion über das Gottesverständnis zusammenkommen muss: die anthropologisch-ethische Perspektive konkreter menschlicher Existenz und die kosmologische Perspektive im Blick auf die Unendlichkeit des Alls"[10]?

6.3 Ein schwacher Anthropozentrismus?

Der bisherige Gedankengang des Kapitels beschreibt die Gefahr einer konzeptuellen Kollision: Der Mensch als vernunftbegabtes und hypersoziales Wesen und der Mensch als unvernünftige, die Existenz der Erde gefährdende Spezies: Lässt sich das beides unter einen Hut bringen? Theologisch – und auch gesamtgesellschaftlich – ist dies der zentrale Balanceakt: Einerseits die desaströsen Auswirkungen der menschlichen Existenzweise auf die globalen Ökosysteme zu mindern; und andererseits die menschliche Existenzweise als die einzige zu begreifen, die aufgrund ihrer Fähigkeit zur Kooperation,

9 Ebd.

10 Wendel, Saskia: Theismus nach Kopernikus, in: Knop, Julia/ Lerch, Magnus/ Claret, Bernd (Hg.): Die Wahrheit ist Person. Brennpunkte einer christologisch gewendeten Dogmatik (Festschrift Karl-Heinz Menke), Regensburg 2015, 17–46, hier 46.

zur Interaktion, zur Beziehung überhaupt in der Lage ist, die derzeitige ökologische Situation zu verbessern.

Diese fragile Balance ist notwendig, um jeweils die Exzesse einer verabsolutierten Perspektive zu vermeiden: Ein harter Anthropozentrismus ist weder kosmologisch plausibel, noch vermag er uns vor einer ökologischen Katastrophe zu bewahren. Eine harte Anthropode-zentrierung aber gibt die entscheidenden methodischen und wissenschaftstheoretischen Fortschritte einer modernen Theologie auf und droht ein neokonservatives Projekt zu werden, da die spezifisch menschlichen Vermögen der Vernunft und der Moral Bedingung dafür sind, verantwortet über den Glauben in Geschichte und Gesellschaft zu sprechen. Eine Verabschiedung der Singularität dieser menschlichen Vermögen würde die Bedingungen der Möglichkeit von Kritik am Anthropozentrismus gleich mit verabschieden. In dieser Hinsicht lässt sich mit Volker Gerhardt dafür plädieren, an den Kerneinsichten der anthropologischen Wende festzuhalten, denn: „Die Liste der vom Menschen unablässig verübten Vergehen und Verbrechen ist lang; aber es wird nichts besser dadurch, dass man dem Menschen zumutet, auf die ihn auszeichnende Vernunft oder auf seinen Verstand zu verzichten, um endlich nicht länger als Mensch zu gelten: Es kommt im Gegenteil darauf an, den Menschen in seinen ihn auszeichnenden Qualitäten ernst zu nehmen und von ihm zu fordern, Mensch im Sinne der Humanität zu sein.“[11]

An dieser Stelle könnte man daher die Mittlerposition eines *schwachen Anthropozentrismus* ins Spiel bringen. Ein solcher schwacher, vielleicht könnte man auch sagen: eingestandener Anthropozentrismus nimmt einerseits die Unhintergehbarkeit der menschlichen Erkenntnisperspektive ernst, indem er die existenzielle und anthropologische Verfasstheit menschlicher Individuen im Fokus stellt. Dieser Anthropozentrismus muss aber deshalb mit der Eigenschaft ‚schwach‘ abgefedert werden, weil es angesichts des fortschreitenden Wissens um die Größe des Universums und um das Ausmaß der ökologischen Krise einer – mit Chakrabarty gesprochen – *planetarischen Perspektive* bedarf, die den Planeten als solchen und nicht bloß seinen Nutzen

11 Gerhardt, Volker: Humanität. Über den Geist der Menschheit, München 2019, 45.

für die Spezies Mensch fokussiert. Die planetarische Perspektive fragt nicht nach dem Nutzen des Planeten für den Menschen, sondern in weitaus größeren Zeitmaßstäben nach den geologischen Bedingungen für die Existenz von Leben auf dem Planeten Erde. Daher gilt, dass der Mensch sich nicht als ‚Krone der Schöpfung' verstehen darf, „wenn dies die Formel für die Entsolidarisierung mit den anderen nichtmenschlichen Geschöpfen bedeutet."[12]

Insgesamt ergibt sich so ein eigentümliches Zueinander von Anthropologie und Dezentrierung: Gerade in der Fähigkeit, seine eigene Perspektive zu dezentrieren, liegt die Besonderheit des Menschen. Die Perspektivität der menschlichen Erkenntnis ist nicht hintergehbar – und genau dies legt nahe, dass nicht nur menschliche Perspektiven zählen sollten, da Menschen in der Lage sind, ihre Perspektiven auf die Welt zu transzendieren und zu dezentrieren. In diesem Sinne lässt sich eine erkenntnistheoretische und moralische Sonderstellung des Menschen in der Schöpfung behaupten, aus der sich allerdings nicht ableiten lässt, dass ausschließlich Menschen moralische Ansprüche haben.

Hier ist nicht der Ort, um das Zueinander von anthropologischer Wende und einer Kritik des Anthropozentrismus ein für alle Mal zu klären. Festhalten lässt sich aber: Es ist eine bleibende Aufgabe für die Theologie der Gegenwart, die fragile Balance zwischen einer heilsamen Anthropo-de-zentrierung und dem Bewahren der wichtigen theologischen Fortschritte der anthropologischen Wende zu halten. Eine wichtige Aufgabe für die Schöpfungstheologie der kommenden Jahre ist also die Beantwortung dieser Frage: Wie könnte es gelingen, die berechtigte Kritik an (zu) anthropozentrischer Theologie einzuholen, ohne gleich jegliche Differenz zwischen Menschen, Tieren und anderem Leben, das sich vielleicht in den Weiten des Universums verbirgt, einzuebnen?

12 Gruber: Im Haus des Lebens, 26.

6.4 Exkurs: Die Debatte um Deep Incarnation

In der gegenwärtigen theologischen Debatte um postanthropozentrische Theologien wird zunehmend auch eine Verknüpfung zwischen Schöpfungstheologie und Christologie versucht, die dann mit dem Etikett der *Deep Incarnation* versehen wird. Im Fokus steht die Frage, welche Beziehung zwischen der irdischen Welt im Ganzen und dem Leben, Sterben und Wiederauferstehen Jesu besteht. Meist sind diese Entwürfe von einem ökologischen Interesse getragen, welches die erlösende Macht Christi nicht nur auf Menschen, sondern auf die ganze Schöpfung übertragen wollen und der gesamten naturalen Welt eine theologische Bedeutung zuschreiben.

Die Idee einer *Deep Incarnation* bezieht sich auf die Einsicht, dass die Inkarnation Gottes nicht ein abgeschlossenes Ereignis vor langer Zeit, sondern eine sich in die Materialität der Welt erstreckender, dynamischer Prozess ist. Dementsprechend spricht Aurica Jax in Analogie zur *creatio continua* auch von einer ‚incarnatio continua‘[13] und spielt damit auf die Vorstellung an, dass das Universum auch als eine universale Inkarnation Gottes verstanden werden könne. Eine beliebte Metapher zur Illustration lautet an dieser Stelle, dass das Universum als der ‚kosmische Leib Christi‘ verstanden werden könne.[14] Häufig wird auch auf den Prolog des Johannes-Evangeliums angespielt, in dem vom Logos Gottes gerade nicht gesagt wird, dass er Mensch (*anthropos*), sondern vielmehr dass er Fleisch (*sarx*) geworden sei: „Und das Wort ist Fleisch geworden und hat unter uns gewohnt und wir haben seine Herrlichkeit geschaut.“ (Joh 1,14). Damit ist die Rede von der *Deep Incarnation* nicht zuletzt auch ein Versuch, die Rede von der Inkarnation Gottes nicht zu anthropozentrisch zu verstehen. In den Worten Niels Henrik Gregersens: „Incarnation cannot be an exclusively human affair.“[15]

---

13 Jax, Aurica: ‘And Wisdom Became Matter’. Materialist Explorations of the Cosmic Body of Christ, in: Jax, Aurica / Wendel, Saskia (Hg.): Envisioning the Cosmic Body of Christ, Abingdon 2020, 7–20, hier 15.

14 Vgl. beispielsweise Jax, Aurica/ Wendel, Saskia (Hg.): Envisioning the Cosmic Body of Christ, Abingdon 2020.

15 Gregersen, Niels Henrik: The Extended Body of Christ: Three Dimensions of Deep Incarnation, in: Ders. (Hg.): Incarnation. On the Scope and Depth of Christology, Minneapolis 2015, 225–251, hier 226.

Das Etikett ‚*Deep Incarnation*' umfasst eine Reihe von Positionen, weshalb keine trennscharfe Definition dieses Konzepts gegeben werden kann. Wichtige Beiträge stammen von Elizabeth Johnson, Celia Deane-Drummond, Denis Edwards und dem bereits zitierten Niels Gregersen.[16] Auf letzteren geht auch der Ausdruck der *Deep Incarnation* zurück. Gregersen formuliert die Grundidee wie folgt:

> „'Deep Incarnation' is the view that God's own Logos (Wisdom and Word) was made flesh in Jesus the Christ in such a comprehensive manner that God, by assuming the particular life story of Jesus the Jew from Nazareth, also conjoined the material conditions of creaturely existence ('all flesh'), shared and ennobled the fate of all biological life forms ('grass' and 'lilies'), and experienced the pain of sensitive creatures ('sparrows' and 'foxes') from within. Deep Incarnation thus presupposes a radical embodiment that reaches into the roots (*radices*) of material and biological existence as well as into the darker sides of creation."[17]

Auf ganz ähnliche Weise definiert Elizabeth Johnson das Konzept der *Deep Incarnation*:

> „In the incarnation Jesus, the self-expressing Wisdom of God, conjoined the material conditions of all biological life forms (grasses and trees), and experienced the pain common to all sensitive creatures (sparrows and seals). The flesh assumed in Jesus connects with all humanity, all biological life, all soil, the whole matrix of the material universe down to its very roots."[18]

Das Konzept der *Deep Incarnation* verknüpft also die Schöpfungstheologie mit der Christologie in der Form, dass aller materiellen Schöpfung bereits die Inkarnation als Zielperspektive eingeschrieben wird. Der Kosmos sei nicht geistlose Materie, sondern greife

16 Vgl. für eine Zusammenfassung der verschiedenen Spielarten sowie für eine kritische Diskussion des Konzepts der Deep Incarnation auch Schärtl, Thomas: Deep Incarnation. Gottes Menschwerdung im Kosmos, in: Striet, Magnus/ Tück, Jan-Heiner: Jesus Christus – Alpha und Omega. Für Helmut Hoping, Freiburg 2021, 357–383.

17 Gregersen: The Extended Body of Christ, 225f.

18 Johnson, Elizabeth: Ask the Beasts. Darwin and the God of Love, London 2014, 196.

nach der Inkarnation des universalen Logos aus, bis hin zur Idee, dass Gott in allem, was ist, bereits inkarniert ist, also auch in der kosmischen und biologischen Evolution. In den Worten Schärtls: „Die Inkarnation ist […] als Sinnspitze der Schöpfung immer schon eingeschrieben.“[19] Viele Entwürfe der *Deep Incarnation* machen sich zudem die Idee zu eigen, dass das Universum die Verkörperung Gottes sei – ein Konzept, das bereits in der ökofeministischen Theologie des letzten Jahrhunderts, etwa bei Sallie McFague, eine wichtige Rolle spielte.[20] Besonders anschlussfähig an diese Ansätze scheint zudem die Idee, dass das Wort Gottes, der Logos, in seiner Fleischwerdung eben nicht nur die Menschheit erlöst, sondern sich solidarisch mit der gesamten biophysischen Welt erklärt habe, zumal die Abhängigkeit von und die Verwobenheit der menschlichen Spezies mit dieser Welt in vielen schöpfungstheologischen Entwürfen noch nicht hinreichend berücksichtigt sei.

Das Konzept der *Deep Incarnation* ist noch recht jung, sodass es manche konzeptuelle Unklarheit gibt. So ist nicht ganz klar, ob es lediglich als eine Spielart des Panentheismus verstanden werden sollte. John Polkinghorne etwa hält fest: „[A] harsh critic might say that a promiscuous use of the concept of incarnation carries with it a dangerous whiff of pantheism.”[21] Thomas Schärtl verteidigt das Konzept der *Deep Incarnation* zwar gegen diesen Vorwurf, da dieser „verkennt, dass zur dogmatischen Tradition des Christentums auch das Element der Immanenz Gottes unaufgebbar gehört“. Allerdings sollte man hier zwischen den Konzepten der Inkarnation und der Immanenz unterscheiden – die Behauptung einer Immanenz und Gegenwart Gottes in der Welt ist nicht identisch mit der Behauptung, dass der gesamte Kosmos eine Inkarnation Gottes sei. Wenn also das Konzept einer Inkarnation des Logos im Gesamt der Welt mindestens Affinitäten zu einem Panentheismus hat, steht die Frage im Raum, inwiefern das Konzept der *Deep Incarnation* den Einwänden,

19 Schärtl: Deep Incarnation, 372.

20 Vgl. exemplarisch McFague, Sallie: The Body of God: An Ecological Theology, Minneapolis 1993.

21 Polkinghorne, John: Afterword: Reservations, in: Gregersen, Niels (Hg.): Incarnation. On the Scope and Depth of Christology, Minneapolis 2015, 355–359, hier 357.

die in Kapitel 5 gegen den Panentheismus diskutiert wurden, entgehen kann: Es könnte sein, dass das Konzept am Ende doch auf ein Emanationsdenken hinausläuft, welches weder die Freiheit des Schöpfungsentschlusses Gottes denken kann noch die *creatio ex nihilo* oder die Schöpfungsdifferenz zwischen Schöpfer und Schöpfung. Ebenso ist ungeklärt, wie sich ein solches Inkarnationsdenken eigentlich zur Zwei-Naturen-Lehre verhält und welche soteriologischen Konsequenzen mit diesem Konzept einhergehen.

Ein zweites Problem der *Deep Incarnation* ist die starke Zentrierung des Konzepts auf den Logos und die damit drohende Gefahr, Inkarnation nicht in einem trinitarischen Denken einholen zu können, weil insbesondere der Hl. Geist keine große Rolle zu spielen scheint. Dieses Problem einer pneumatologischen Leerstelle hält auch Johnson als eine mögliche Schwäche des Ansatzes fest, da sie vermutet, dass die Wahrnehmung der Präsenz Christi im gesamten Kosmos nur in Vermittlung durch den Geist möglich ist.[22] In Kapitel 5 haben wir bereits gesehen, dass die große Stärke der Trinitätstheologie ist, Einheit in Differenz denken zu können, und es ist fraglich, ob das Konzept der *Deep Incarnation* diese Stärke einholen kann – sowohl mit Blick auf die Frage, ob es Schöpfung trinitarisch als Einheit in Differenz deuten kann, als auch mit Blick auf die Frage, ob die Differenz zwischen Schöpfer und Geschöpf hinreichend zur Geltung kommt.

Zukünftig werden schöpfungstheologische Debatten die Frage nach der Möglichkeit einer *Deep Incarnation* wohl genauso in den Blick nehmen wie ihre Verbindung zur Strömung des ‚New Materialism'. Diese Bewegungen sind so neu, dass ihre theologischen Implikationen noch offen sind: So argumentiert beispielsweise Schärtl, dass die Theorie einer *Deep Incarnation* „den Graben zwischen natürlicher Theologie und Offenbarungstheologie endgültig überbrückt"[23], zumal „Inkarnation […] in solch einer spekulativen Intuition nicht nur als ein punktuelles Ereignis in der Geschichte zu

22 Vgl. Johnson, Elisabeth: Jesus and the Cosmos: Soundings in Deep Christology, in: Gregersen, Niels (Hg.): Incarnation. On the Scope and Depth of Christology, Minneapolis 2015, 133–156, hier 152f.

23 Schärtl: Deep Incarnation, 383.

denken“[24] wäre; womit er *Deep Incarnation* als ein metaphysisches Konzept inkarnatorischer Präsenz jenseits konkreter Heilsgeschichte versteht. Elizabeth Johnson hingegen fasst die Inkarnation als ein kosmisches Ereignis und begründet damit eine umfassende Öko-Theologie, die weniger mit metaphysischer Spekulation und mehr mit der konkreten Transformation des Bestehenden und dem Appell zu politisch-ökologischer Praxis verbunden wird. Das Konzept der *Deep Incarnation* bietet also eine Vielzahl ganz unterschiedlicher Anknüpfungspunkte und bildet einen möglichen Abstoßpunkt für zukünftige Forschungsarbeiten an der Schnittstelle von Schöpfungstheologie und Christologie.

Unabhängig von diesen unterschiedlichen Einschätzungen der Potenziale der Rede von einer *Deep Incarnation* zeigt diese Debatte exemplarisch, dass es derzeit in vielen Kontexten Versuche einer postanthropozentrischen Schöpfungstheologie und Christologie gibt, die häufig auch aufgrund der Dringlichkeit der gegenwärtigen Herausforderungen der Menschheit als solcher durch die Klimakrise formuliert werden.[25] Im nächsten Kapitel vertiefen wir daher zwei Herausforderungen der Schöpfungstheologie und erörtern, welche Potenziale die Schöpfungstheologie angesichts der ökologischen Krisen und der Digitalisierung hat.

Weiterführende Literatur

Edwards, Denis: Deep Incarnation. God’s Redemptive Suffering with Creatures, Maryknoll 2019. *[Guter Überblick über gegenwärtige Positionen innerhalb der Debatte um Deep Incarnation.]*

Gregersen, Niels (Hg.): Incarnation. On the Scope and Depth of Christology, Minneapolis 2015. *[Umfangreicher Sammelband mit theologiegeschichtlichen, philosophischen und systema-*

---

24 Ebd., 358.

25 Vgl. dazu auch Stosch, Klaus von: Theologische Impulse für eine ökologische Wende in der christlichen Theologie, in: Dürnberger, Martin/ Krain, Judith/ Ders. (Hg.): Gott – Welt – Mensch. Eine Auseinandersetzung mit Hans-Joachim Höhn, Würzburg 2023, 307–328.

tisch-theologischen Beiträgen zum Konzept der Deep Incarnation.]

Horstmann, Simone/ Ruster, Thomas/ Taxacher, Gregor: Alles was atmet. Eine Theologie der Tiere, Regensburg 2018. *[Entwicklung einer anthropozentrismuskritischen Theologie der Tiere, die für eine Berücksichtigung nicht-menschlichen Lebens in der Schöpfungstheologie plädiert.]*

Ökumenische Rundschau: Themenheft: „Anthropozentrik? Tiere, Menschen und Maschinen in der theologischen Diskussion", in: ÖR 70 (3/2021). *[Sammlung verschiedener Beiträge zur Anthropozentrismus-Debatte, die Argumente gegen die Anthropozentrik der Theologie formulieren.]*

Theologie und Glaube: Themenheft „Theologie *nach* der anthropologischen Wende?", hg. von Aaron Langenfeld, ThGl 113 (2023). *[Verschiedene Positionierungen zur theologischen Bedeutsamkeit der anthropologischen Wende aus allen theologischen Disziplinen, via Open Access im Netz frei zugänglich.]*

7. Gegenwärtige Herausforderungen der Schöpfungstheologie

Der gegenwärtige Bedarf nach Schöpfungstheologie erklärt sich auch aus bestimmten Herausforderungen, die nicht nur die Schöpfungstheologie, sondern die Gesellschaft, ja sogar die Menschheit im Ganzen betreffen. Dies ist zum einen die Klimakrise, die das Fortbestehen der Menschheit als solche gefährdet. Eine schöpfungstheologische Einordnung der theologischen Konsequenzen dieser Krise und die Erörterung der theologischen Potenziale zur Überwindung dieser Krise ist daher ein wichtiger Bestandteil jeder gegenwärtigen Schöpfungstheologie (7.1). Zum anderen bestehen diese Herausforderungen in bestimmten technologischen Entwicklungsschüben, die die menschliche Lebensform als solche transformieren könnten – zu denken ist hier an die Digitalisierung und den damit verbundenen Transhumanismus (7.2). Im folgenden Kapitel werden die Bezüge zwischen der Schöpfungstheologie und diesen gegenwärtigen Herausforderungen erörtert.

7.1 Klimakrise und Schöpfungsglaube

Die Klimakrise ist allgegenwärtiges Thema in politischen und zivilgesellschaftlichen Diskursen. Es herrscht ein breiter Konsens darüber, dass die menschliche Lebensweise in ihrer gegenwärtigen Gestalt keine nachhaltige Umgangsform mit der Erde ist. Vielmehr bürdet sie ihr planetarische Kosten auf, die das Leben zukünftiger Generationen massiv belasten werden und vielleicht sogar den Fortbestand der Spezies Mensch als solche gefährden. Die Vernichtung ganzer Ökosysteme, ein neues Massenaussterben, das Abschmelzen von Gletschern und des vermeintlich ‚ewigen' Eis der Arktis und Antarktis, die fortschreitende Wüstenbildung und der Mangel an lebensnotwendigen Ressourcen sind nur einige Symptome, die die Dringlichkeit der Situation verdeutlichen. Dabei sind die notwendigen Konsequenzen recht unumstritten: Es braucht eine Umstellung der gegenwärtigen Wirtschaftsform, eine massive Reduktion der Verbrennung fossiler Brennstoffe, eine Umstellung auf Nachhaltigkeit in allen Bereichen des Lebens.[1]

Für die Schöpfungstheologie ergibt sich aus der Klimakrise eine doppelte Herausforderung: Zum einen wirkt die Klimakrise auf die Schöpfungstheologie zurück: Die Stellung des Menschen im Kosmos ist durch die Erkenntnis, dass der Mensch durch sein Handeln ein erdgeschichtlicher Faktor ist, der im planetarischen Maßstab die Lebensbedingungen auf der Erde verändert, angefragt. Ist die Rede von einer ‚Sonderstellung' des Menschen, die häufig unter Rückgriff auf religiöse Vorstellungen begründet wird, nicht Teil des Problems – und müsste sie nicht aufgegeben werden? Oder anders: Wenn am Verhältnis von Mensch und Natur offensichtlich etwas nicht in Ordnung ist, müsste dann dieses Verhältnis nicht neu überdacht werden – auch schöpfungstheologisch? Franz Gruber vermutet in dieser Diskrepanz zwischen dem schöpfungstheologischen Anspruch der menschlichen Verantwortung für die Lebensdienlichkeit der Welt und dem beständigen Scheitern durch eine nicht-nachhaltige Lebensweise einen der Gründe für die Krise des Schöpfungsglaubens: „Das Bekenntnis zum Schöpfergott misslingt weithin, weil in diesem Bekenntnis ein Versprechen inbegriffen ist, das nicht eingelöst wird, nämlich diese Welt nicht durch unsere Lebensweise zu zerstören, sondern zu heilen."[2] Und programmatisch halten Katrin Bederna und Claudia Gärtner fest:

> „Die ökologische Krise verändert den Raum. Und sie nimmt den Raum, beispielsweise durch Landverlust aufgrund der Ausdehnung der Meere und der Wüsten. Hierdurch ist nicht nur Kirche in ihrem Handeln, sondern auch die Theologie in ihrem Schöpfungsverständnis herausgefordert. Die Deutung dieses Raumes als Schöpfung meint nicht nur, dass sie von Gott

1 Es versteht sich von selbst, dass in dieser systematisch-theologischen Einführung in die Schöpfungstheologie nicht das Feld der ‚Ökologischen Sozialethik' abgedeckt werden kann – vgl. als umfassende Einführung dazu Vogt, Markus: Christliche Umweltethik. Grundlagen und zentrale Herausforderungen, Freiburg 2021; Höhn, Hans-Joachim: Ökologische Sozialethik. Grundlagen und Perspektiven, Paderborn 2001.

2 Gruber: Der bedrohte Garten, 118.

geschenkt und gegründet sei. Schöpfung ist auch eine Zukunftsaussage, eine Vision einer wohlgeordneten, guten Welt. Schöpfung ist zugleich eine Metapher dafür, dass Gott sich in der Welt gibt und von ihr betroffen ist – und die Welt freigelassen hat. Diese Spannung aus Antizipation und Verantwortung, aus Panentheismus und Vermissen Gottes gilt es schöpfungstheologisch auszubuchstabieren."[3]

Zum anderen kann man aber nicht nur nach der Bedeutung der Klimakrise für den Schöpfungsglauben fragen, sondern die Frage umkehren: Kann die Schöpfungstheologie bei der Bewältigung der Klimakrise helfen? Bietet die Schöpfungstheologie Potenziale, um die Klimakrise zu bearbeiten? Gibt es bestimmte Aspekte des christlichen Schöpfungsglaubens, die den öffentlichen Diskurs über die ökologische Krise bereichern können – vielleicht auch auf eine Weise, wie dies säkulare Positionen nicht können? Augenfällig ist zunächst, dass die Rede von einer ‚Bewahrung der Schöpfung' auch von Personen gebraucht wird, die keine Bezüge zu religiösen Weltdeutungen haben. Dieser Ausdruck scheint also etwas zu sagen, dass mit dem Ausdruck ‚Bewahrung des Planeten' oder ‚Bewahrung der Welt' nicht ohne Weiteres ausgesagt wird. Was aber steht hinter dieser Beobachtung?

In meinen Augen lassen sich insbesondere drei Potenziale der Schöpfungstheologie für eine ökologische Ethik herausarbeiten. Erstens kann sie auf besondere Weise dazu motivieren, sich für eine ökologische Wende einzusetzen. Zweitens hat sie die Möglichkeiten, die missbräuchliche Indienstnahme religiöser Vorstellungen für eine ausbeuterische Haltung gegenüber der Welt zu dekonstruieren und zu zeigen, welche Haltung der Welt gegenüber dem christlichen Schöpfungszweck eigentlich entspricht. Drittens kann sie helfen, einen Sinnhorizont für Versuche der Rettung des Klimas bereitzustellen, da in einem naturalistischen Weltbild nicht ohne Weiteres klar wird, mit welchem Ziel man sich für die Bekämpfung des Klimawandels einsetzen soll.

Der *erste* Punkt ist die *Motivation* zu ökologischem und sozialem Engagement. Der Schöpfungsglaube bietet ethische Ressourcen, die zu Nachhaltigkeit und einer umfassenden ökologischen Sorge für

3 Bederna, Katrin/ Gärtner, Claudia: Wo bleibt Gott, wenn die Wälder brennen?, in: HerKorr 3/2020, 27–29, hier 29.

die Welt motivieren und diese als Werte einer liberalen Gesellschaft rechtfertigen können. Mit Claudia Gärtner gesprochen liegt in einer „visionär-prophetischen Lesart der Schöpfungstheologie […] auch die Aufforderung zu einem suffizienten Umgang mit der Schöpfung begründet. Diese zu bewahren und zu pflegen umfasst eben auch, durch einen suffizienten Lebensstil dazu beizutragen, dass die planetaren Grenzüberschreitungen nicht weiter zunehmen bzw. möglichst vermieden werden.“[4]

Im Hintergrund der motivationalen Kraft des Schöpfungsglaubens steht die existenzielle Einsicht in den unbedingten Zuspruch Gottes als des Schöpfers allen Lebens. Dieser Zuspruch wäre aber, wie ebenfalls in Kapitel 2 bereits gesehen, nicht richtig verstanden, wenn er als Beruhigungspille dienen würde und lediglich ein individuell-existenziales Ruhekissen bereitstellen würde. Vielmehr geht mit diesem Zuspruch immer auch der Anspruch einher, Verantwortung für ein gutes Fortbestehen der Schöpfung zu übernehmen. Das unbedingte Ja Gottes ist gerade keine Entlastung von der eigenen Verantwortung für die Schöpfung, sondern eine Befähigung, diese Verantwortung im Bewusstsein der letzten Unverfügbarkeit und Verdanktheit des eigenen Seins übernehmen zu können. In den Worten Franz Grubers: „Wenn Christen und Christinnen Gott als den Schöpfer von Himmel und Erde bekennen, dann besagt dieses Bekenntnis nicht nur den Hinweis darauf, die Welt als Ganze in der Relation zum schöpferischen Gott zu verstehen, sondern es ist zugleich ein Bekenntnis zur spezifischen Performativität der Rede von Schöpfung. Schöpfung ist nicht nur Gabe, sondern Aufgabe.“[5]

Hier liegt das Potenzial, ein bestimmtes motivationales Defizit rein säkularer Umweltethiken beheben zu können, da keineswegs klar ist, warum man sich unter beispielsweise naturalistischen Vorannahmen überhaupt für den Erhalt des Lebens auf der Erde einsetzen sollte. Welchen tieferen Sinn hätte der Einsatz für Klimagerechtigkeit, wenn am Ende ohnehin für jeden Menschen nur der Tod steht? Mit Markus Vogt kann hier ein Potenzial des christlichen Schöpfungsglaubens für die säkulare Gesellschaft aktiviert werden:

4 Gärtner, Claudia: Klima, Corona und das Christentum Religiöse Bildung für nachhaltige Entwicklung in einer verwundeten Welt, Bielefeld 2020, 94.

5 Gruber: Der bedrohte Garten, 118.

„Will die Umweltethik mehr sein als ein Diskurs des schlechten Gewissens, der apokalyptischen Zukunftsängste und der politischen Anklagen, kann sie in der christlichen Schöpfungstheologie eine tiefe Horizonterweiterung finden."[6] Dieser Horizont entsteht nicht zuletzt durch die Einsicht, dass der Planet Erde nicht eine bloße Verfügungsmasse des Menschen ist, sondern dieser ihm als Lebenshaus von Gott überantwortet wurde. Dieser Einsicht wird der Mensch aber nur dann gerecht, „wenn er sich nicht selbst zum Herrscher über seine Mitwelt zu machen versucht, um sie seinen Zwecken und Wünschen rücksichtslos zu unterwerfen, sondern sich das Wohlwollen Gottes für und seine Sorge um alle Geschöpfe zu eigen macht."[7]

Es ist wichtig zu sehen, dass dieses motivationale Potenzial des Schöpfungsglaubens gerade nicht darauf setzt, dass religiös Gläubige nur aus Angst vor einer Bestrafung Gottes oder aus dem Versprechen auf eine himmlische Belohnung moralisch handeln. Dieser Vorwurf wird in der Philosophie immer wieder diskutiert, wenn es um die Frage nach der Notwendigkeit einer nicht-religiösen Motivation zu moralischem Handeln geht. Der Frankfurter Philosoph Rainer Forst beispielsweise glaubt, dass eine Handlung nur dann moralisch genannt werden kann, wenn sie nicht aus religiösen Motiven vollzogen wird – er hält fest, dass die Moral „nicht als autoritäre und fremde, göttliche verbindliche Größe gedacht werden, sondern als eine zugleich befreiende und bindende Kraft in unserem Leben als rationale, rechtfertigende Wesen"[8] verstanden werden solle. Auf die hier angebotene Alternative ‚entweder religiöse Heteronomie oder reine Vernunftmoral' sollte man sich allerdings aus philosophischen und theologischen Gründen nicht einlassen. Kaum eine religiöse Motivation zu moralischem Handeln impliziert, dass man die Handlung nur aus heteronomen Motiven, also z.B. aus Angst vor der Strafe Gottes oder im Sinne einer Unterwerfung unter einen göttlichen Willen vollzieht. Religiös motivierte moralisch Handelnde agieren oft aus einem bestimmen Verständnis der Nachfolgepraxis

6 Vogt: Christliche Umweltethik, 211.

7 Knapp, Markus: Gott – Natur – Mensch. Eine theologische Standortbestimmung angesichts der Klimakrise, Freiburg 2023, 119.

8 Forst, Rainer: Die Autonomie der Autonomie, in: ders. (Hg.): Die noumenale Republik, Berlin 2021, 132–148, hier 141.

Jesu heraus, der jede Christ:in dazu auffordert, das Reich Gottes auf Erden anfanghaft zu realisieren, also Strukturen von Ungerechtigkeit zu überwinden. Damit soll nicht gesagt sein, dass es nicht auch Fälle geben kann, in denen moralische Autonomie durch eine religiös grundierte Heteronomie *ersetzt* wird – aber es gibt eben auch eine Vielzahl von Fällen, in denen die moralische Autonomie durch einen motivational wirksamen, religiösen Wurzelgrund der Moral *ergänzt* wird. Daher gilt, mit Hans-Joachim Höhn: „Das Vernunftsubjekt muss nicht nur über ein Erkenntnisvermögen des moralisch Richtigen verfügen, sondern es braucht auch ein Erfüllungsvermögen, um das Gesollte zu tun und jene Hindernisse zu überwinden, die dem Gelingen moralischer Praxis entgegenstehen. Denn nicht immer tut der Mensch, was er soll und kann, obwohl er weiß, was er soll und dass er es kann."[9] Dieser Satz erscheint gerade mit Blick auf die Klimakrise angemessen: Wir wissen allzu gut, was wir tun sollten – und doch tun wir, obwohl wir wissen, was wir sollen und dass wir es können, nicht das Notwendige.

Das *zweite* wichtige Potenzial der Schöpfungstheologie besteht in der *Dekonstruktion* religiöser Narrative, die zur Ausbeutung führen. Wir haben bereits im Kapitel zu den biblischen und theologiegeschichtlichen Grundlagen des Schöpfungsglaubens gesehen, dass es eine Vielzahl problematischer Narrative gibt, die häufig mit den biblischen Schöpfungserzählungen assoziiert werden, ohne dass dies in irgendeiner Weise gerechtfertigt wäre. Die Rede von Schöpfung läuft immer auch Gefahr, eine „religiös-ideologische Verbrämung und Legitimation des Prinzips blinder Herrschaft gegenüber der Natur"[10] zu werden. Es ist eine bleibende Aufgabe der Schöpfungstheologie, diese missbräuchliche Verwendung der Religion zur Legitimation eines ausbeuterischen Verhältnisses zur Umwelt zu kritisieren und zu dekonstruieren.

Diese Dekonstruktionsleistung möchte ich hier an zwei Beispielen kurz erläutern. Zum einen ist eine der meistdiskutierten Passagen der Bibel zu nennen, die wir uns bereits in Kapitel 1 angeschaut haben.

9 Höhn, Hans-Joachim: Sozialethik postsäkular? Diskursethik und katholische Soziallehre, in: Gruber: Franz/ Viertbauer, Klaus (Hg.): Habermas und die Religion, Darmstadt [2]2019, 277–298, hier 297.

10 Knapp: Gott – Natur – Mensch, 91f.

Es geht um den vermeintlichen ‚Herrschafts'- bzw. ‚Hüte'-Auftrag in Kapitel 1 des Buches Genesis. Die aktuelle Einheitsübersetzung formuliert diesen Vers so: „Gott segnete sie und Gott sprach zu ihnen: Seid fruchtbar und mehrt euch, füllt die Erde und unterwerft sie und waltet über die Fische des Meeres, über die Vögel des Himmels und über alle Tiere, die auf der Erde kriechen." (Gen 1,28). Wenn man diesen Vers isoliert liest, wirkt er zunächst als klare Anweisung, alles nicht-menschliche Sein zu objektivieren, zu funktionalisieren und zu verwerten. Wir haben aber bereits gesehen, dass der exegetische Befund einen solchen ‚Herrschaftsauftrag' für unplausibel hält (vgl. Kap. 1.1). Zudem ist es wichtig, diesen Satz in dem größeren schöpfungstheologischen und zeitgeschichtlichen Kontext, in dem er steht, wahrzunehmen: Dieser Satz ist keine Aufforderung zu einer selbstzerstörerischen Ausbeutung der Welt. Markus Knapp hält zu diesem Bibelvers präzise fest: „Gottes Herrschaft steht im Dienste des Lebens in der Schöpfung, sie richtet sich gegen alles, was dessen Entfaltung einschränkt oder ihr im Wege steht. Als Ebenbild Gottes kommt dem Menschen der Auftrag zu, Repräsentant dieser Herrschaft Gottes zu sein."[11] Dem Menschen ist also eine Ordnungsfunktion zugedacht, die er als Teil der Natur und nicht als ihr Gegenüber ausüben soll. Der Auftrag des Menschen in der Schöpfung ist nicht die Unterwerfung der nicht-menschlichen Schöpfung, sondern das ordnende Handeln innerhalb dieser Schöpfung, welches der Lebensbejahung Gottes entspricht. Es ist theologisch schlicht verfehlt, aus der Bibel die Möglichkeit einer Gegenüberstellung von menschlicher und nicht-menschlicher Schöpfung abzuleiten und nur dem Menschen einen Wert zuzusprechen. Die Besonderheit des Menschen besteht nicht in einer von Gott verliehenen Berechtigung, die nicht-menschliche Schöpfung auszubeuten, sondern in seinen Vermögen der Freiheit, der Vernunft und der Moral, die er dazu einsetzen sollte, die Bedingungen des Lebens auf der Erde zu erhalten.

Ein zweites Beispiel ist die im letzten Kapitel problematisierte Rede vom Menschen als ‚Krone der Schöpfung', von der viele Menschen (und auch viele Christinnen und Christen) glauben, dass er in der Bibel stünde – dies ist aber gar nicht der Fall: „Dieser Satz steht

11 Ebd., 97.

nicht in der Bibel. Auch nicht in einer anderen Bibelübersetzung. Auch nicht so ähnlich oder in anderen Worten. Er steht dort nicht. Wir waren nie die Krone der Schöpfung und sind es auch heute nicht. Die [sic!] Höhepunkt der Schöpfung, das ist der Sabbath."[12] Es ist theologisch zentral, problematischen Metaphern ihre vermeintliche biblische oder schöpfungstheologische Rechtfertigung zu entziehen. Dies ist die Voraussetzung, um anschließend die eigentlichen inhaltlichen Potenziale der Schöpfungstheologie für den ökologischen Diskurs freizulegen – zum Beispiel die Einsicht, dass das Universum als Ganzes und eben nicht nur der Mensch eine Schöpfung Gottes ist und damit ebenfalls einen intrinsischen Wert hat. Diese manchmal verlorengegangene Einsicht hat der katholische Philosoph Charles Taylor schon 1995 als grundlegendes Problem einer anthropozentrischen Moderne ausgemacht:

> „Es würde sehr viel zur Abwendung ökologischer Katastrophen beitragen, wenn wir uns wieder ein Gefühl dafür erwerben könnten, dass unsere natürliche Umwelt und die Wildgebiete etwas von uns fordern. Das subjektivistische Vorurteil, dem sowohl die instrumentelle Vernunft als auch die Ideologien der ichbezogenen Erfüllung zu seiner heutigen Vorherrschaft verholfen haben, macht es nachgerade unmöglich, ein solches Plädoyer zu formulieren. Viele Argumente zugunsten ökologischer Zurückhaltung und Verantwortung werden [...] in anthropozentrischer Sprache zum Ausdruck gebracht. Es wird dargetan, dass diese Zurückhaltung für das Wohlergehen des Menschen unerlässlich ist. Das ist zwar richtig und auch durchaus wichtig, aber damit ist noch längst nicht alles gesagt. Es erfasst noch nicht einmal in vollem Umfang unsere gefühlsmäßigen Einsichten in diesen Bereich, denn diese deuten oft auf das Empfinden hin, dass die Natur und unsere Welt einen gewissen Anspruch an uns stellen."[13]

Insgesamt liegt das zweite Potenzial der Schöpfungstheologie für den öffentlichen Diskurs über die Klimakrise in einer Form der theologischen Aufklärungsarbeit: Schöpfungstheologie kann zum einen bestimmte missbräuchliche Verwendungen religiöser Narrative entlarven, um zu zeigen, dass sich das Christentum nicht als Legitimationsbeschaffer für eine ausbeuterische Haltung der Welt gegenüber

12 Enxing, Julia: Und Gott sah, dass es nicht gut war. Warum uns der christliche Glaube verpflichtet, die Schöpfung zu bewahren, München 2022, 41.

13 Taylor, Charles: Das Unbehagen an der Moderne, Frankfurt 1995, 102.

eignet. Zum anderen kann sie auch positiv Inhalte in den öffentlichen Diskurs einspeisen, die auch Nicht- oder Andersgläubigen etwas sagen können, ohne dass sich diese schon eine christliche Selbst- und Weltdeutung vollständig zu eigen machen müssten.

Das *dritte* schöpfungstheologische Potenzial für einen Umgang mit der ökologischen Krise fragt nach der *Nachhaltigkeit einer Hoffnung* auf eine bessere Zukunft und damit nach den *Sinnbedingungen* des Einsatzes für Klimaschutz und Klimagerechtigkeit. Die grundlegende Idee ist angelehnt an ein berühmtes Argument bei Immanuel Kant, welches im Rahmen seiner ‚Postulatenlehre' entwickelt wird. Der erste Schritt in der Entwicklung einer postulatorischen Theologie besteht in der Regel in der Markierung eines Widerstreits in der Vernunft. Für Kant ist dies der Widerstreit zwischen Glückseligkeit und Glückswürdigkeit – jemand, der nach Glückseligkeit strebt, ist vernünftig; und jemand der moralisch handelt, wäre würdig, glücklich zu sein. In der Wirklichkeit herrscht aber offensichtlich eine große Disparatheit zwischen beiden: moralisches Handeln und persönliches Glück korrelieren viel zu oft nicht. Höhn reformuliert diesen Widerstreit innerhalb der Vernunft im Rahmen seiner Daseinsanalyse: „Die praktische Vernunft gebietet einen Umgang mit den Limitationen des Daseins zur Optimierung der Daseinsverhältnisse […]. Dem steht der Einspruch der theoretischen Vernunft entgegen, dass nicht ersichtlich ist, ob und warum die Welt es wert ist, verbessert zu werden."[14] Dies gilt auch im Kontext der Klimakrise: Es ist für die Wissenschaft kein Problem, auszurechnen, wann die Sonne auf eine solche Größe angewachsen sein wird, dass sie als ‚Roter Riese' die Erde verschlucken wird (für alle Neugierigen: in ca. 5 Milliarden Jahren ist es soweit)[15]. Nichts auf der Erde oder in unserem Sonnensystem ist für die Ewigkeit – welchen Unterschied sollte es aus der Perspektive der theoretischen Vernunft machen, ob es ein bisschen schneller geht mit dem Ende der Erde? Zugleich regt sich aus der Perspektive der praktischen Vernunft heftiger Widerstand: Es ist eine moralische Pflicht und gehört zu einem ethisch verantwortungsvollen Umgang mit dem Leben, das Leben auf der Erde nicht durch

14 Höhn, Hans-Joachim: Gottes Wort – Gottes Zeichen. Systematische Theologie, Würzburg 2020, 142.

15 Vgl. Galfard: Das Universum in deiner Hand, 28.

eine menschengemachte Erhitzungskatastrophe weitgehend auszulöschen.

Dieser Widerspruch ist nicht ohne Weiteres hinzunehmen, da er die Konsistenz der ethischen Vernunft im Ganzen hinterfragt: Warum soll ich auf die autonome und vernünftige Rechtfertigung moralischer Normen bauen, wenn der Kern des damit in Anspruch genommenen Vernunftvermögens selbst wieder unvernünftig ist? Die Moral verlangt den konsequenten Einsatz dafür, die Welt zu einem humaneren, besseren Ort zu machen – und doch kann sie in einer Logik der Immanenz nicht anders als zuzugestehen, dass am Ende nur Tod und Vernichtung stehen und nichts an moralischem Handeln etwas auf Dauer gut werden lässt. Dieses Problem ist keine Lappalie, sondern zielt in das Herz dessen, was es heißt, vernünftig zu sein: „Die Zerreißprobe der Vernunft besteht darin, dass sie um ihrer eigenen Moralität willen auf eine unbedingte, nicht temporal limitierte Anerkennung der Selbstzwecklichkeit eines jeden Menschen im Kontext einer ‚moralischen Weltordnung' setzen muss. Jedoch ist sie nicht in der Lage darzulegen, dass die Zumutbarkeitsbedingung für die Überschreitung dieser temporalen Limitation erfüllt ist."[16] Mit Blick auf die ökologischen Krisen unserer Zeit gesprochen: Würde man trotz der Aussichtslosigkeit des eigenen Tuns immer wieder für eine bessere, ökologischere Welt eintreten, stünde die Vernünftigkeit des eigenen Tuns durchaus infrage.

Die kantische Lösung dieser Zerreißprobe der Vernunft besteht im Postulat der Existenz Gottes und der Unsterblichkeit der Seele: Die moralische Praxis setzt eine Perspektive der rettenden Gerechtigkeit voraus und stillt damit ein Bedürfnis der Vernunft. Der Glaube an einen Schöpfer, der die Welt im Ganzen und das Leben in ihr ursprünglich gewollt hat und es eines Tages vollenden wird, ist ein Postulat, welches mit Versuchen der Weltverbesserung einhergeht. In einem rein naturalistischen Weltbild steht nämlich durchaus die Frage im Raum, warum man sich überhaupt darum scheren sollte, was mit unserem kleinen Planeten geschieht – angesichts seiner kosmischen Insignifikanz und der Tatsache, dass schon immer Tierarten

---

16 Höhn, Hans-Joachim: Handeln unter Ungewissheit. Skizzen zu einer postsäkularen ‚Ethico-Theologie', in: Hofer, Michael et al. (Hg.): Der Endzweck der Schöpfung, Freiburg/ München 2013, 282–310, hier: 304.

ausstarben, dass das Klima sich schon immer veränderte und dass in einigen Milliarden Jahren die Erde ohnehin von einer sich vergrößernden Sonne verschluckt werden wird. Dennoch erscheint es vielen eine höchst sinnvolle Praxis zu sein, sich für die Bewahrung der Schöpfung einzusetzen. Warum aber erscheint das als sinnvoll? Müsste die Sinnhaftigkeit in einem naturalistischen oder atheistischen Rahmen nicht ehrlicherweise als illusorisch begriffen werden? Setzt der Versuch der Rettung des Klimas nicht einen Sinnhorizont voraus, der auch die langfristige Bedeutsamkeit dieses Handelns beinhaltet? Dies hält auch der Philosoph Volker Gerhardt als tieferen Sinn des Postulats eines Schöpfergottes fest: „Natürlich *wissen* wir nicht, ob es so ist [dass ein göttlicher Schöpfer existiert, M.B.], und wir können auch künftig nicht auf Beweise rechnen. Aber wenn wir dies nicht in unserem moralischen Glauben als für uns verbindlich annehmen, verlieren wir nicht nur die Überzeugung von der *Einheit unserer Person*, sondern wir können es auch nicht länger für möglich halten, ob das, was wir in jeder für uns als bedeutsam angesehenen Handlung tun, auch nur von der *geringsten Bedeutung für das ist, was wir in der Welt tun*!“[17]

Der Schöpfungsglaube eröffnet eine Perspektive einer nachhaltigen Gerechtigkeit und stiftet damit Hoffnung auf eine gelingende Zukunft – und diese Hoffnung ist Bedingung für moralisches Handeln, denn halte ich das Leben des Einzelnen ohnehin für gleichgültig und die Zukunft zumindest *in the long run* ohnehin für verloren, ist jeglicher Akt der Weltverbesserung ein im Ende sinnloser Akt. Mit jeder moralischen Handlung postulieren wir die Möglichkeit einer rettenden Gerechtigkeit, nehmen wir performative Sinnunterstellungen vor. Daher ist der religiös deutbare Begriff der Hoffnung ein Kernbegriff der Moral. Dabei geht es nicht um einen psychologischen Kniff, um die Kontingenz des eigenen Tuns zu übertünchen, sondern um eine Forderung der Vernunft, die nach der Widerspruchsfreiheit der eigenen Handlungen fragt: „Kant will nicht nur zeigen, dass das Fehlen von Hoffnung aus psychischen Gründen schwer zu ertragen ist, sondern dass es schlichtweg eine Inkohärenz darstellt –

17 Gerhardt, Volker: Kants Theologie der Hoffnung, in: zur debatte 52 (4/2022), 94–104, hier 97.

es sei denn, dass das Handeln und die Moral als solche aufgegeben würden."[18]

Damit soll natürlich nicht gesagt sein, dass es nicht auch atheistische, humanistische oder weitere Begründungen des Engagements gegen die ökologischen Krisen geben kann. Nur: Nehmen diese nicht mehr in Anspruch, als sie zugeben? Sind sie nicht implizit auf einen Sinnhorizont verwiesen, den sie in ihrem Handeln voraussetzen? Es ist völlig klar, dass sich Atheist*innen diese Deutungsperspektive mit Blick auf ihr eigenes Handeln nicht zu eigen machen können – aber es handelt sich um eine Perspektive, auf die sich religiöse Menschen einlassen können und die gerade die christliche Botschaft ernstnimmt, die ja nicht nur ein Heilsversprechen, sondern immer auch ein Auftrag ist, das Reich Gottes im Diesseits anfanghaft zu realisieren. Eine Deutung der Wirklichkeit, die Gott ausschließt und damit auch die Möglichkeit einer nachhaltigen, endgültigen Gerechtigkeit, wird dem Einsatz gegen die Klimakrise weniger gut gerecht als eine theistische Deutung, die diese Perspektive der Erlösung als Sinnhorizont des irdischen Einsatzes gegen die Klimakrise einholt.

Es ist wichtig zu sehen, dass die schöpfungstheologische Reflexion der Sinnbedingungen des Einsatzes zur Verhinderung ökologischer Katastrophen unterschieden ist von der Frage nach den motivationalen Ressourcen für diesen Einsatz. Die Motivationsfrage zielt darauf, aus schöpfungstheologischen Überzeugungen heraus die handlungsleitenden Triebfedern des eigenen Tuns zu aktivieren. Das postulatorische Argument hingegen setzt bereits voraus, dass sehr viele Menschen den Einsatz für Klimagerechtigkeit für sinnvoll erachten und fragt, welche Sinnbedingungen dieser Einsatz eigentlich voraussetzt oder implizit in Anspruch nimmt. In den Worten Höhns: „Zum Akzeptieren und Verbessern einer veränderungsbedürftigen und -fähigen Welt muss der Mensch daher von etwas ausgehen, was an der Welt empirisch nicht ausweisbar ist: die Rechtfertigung des Anspruchs, dass es sinnvoll ist, die Welt zu verbessern."[19] Der Ein-

18 O'Neill, Onora: Vernünftige Hoffnung. Tanner Lecture I über Kants Religionsphilosophie, in: Nagl, Ludwig (Hg.): Religion nach der Religionskritik, Wien 2003, 86–110, hier 104.

19 Höhn, Hans-Joachim: Ökologische Sozialethik, 165.

satz für Ökologie und Klimagerechtigkeit zehrt also von Sinnunterstellungen, die selten explizit gemacht werden, die aber durchaus relevant für Versuche der Weltverbesserung sind. Vielleicht liegt in diesem größeren Sinnhorizont, in welchen moralisches Handeln – ob explizit oder implizit – eingebettet wird, auch der Reiz des Ausdrucks der ‚Bewahrung der Schöpfung' begründet.

Schöpfungsrede ist daher, mit Claudia Gärtner gesprochen, eine „prophetische Hoffnung und utopische Erinnerung"[20], die auf die befreienden Potenziale und Sinngehalte des Schöpfungsglaubens abhebt. Diese Rede steht für ein unnachgiebiges Eintreten für die Bewahrung der Schöpfung, gerade weil mit dem Schöpfungsglauben der Rahmen der Immanenz durchbrochen wird, der auf lange Sicht ohnehin die Vernichtung der Erde beinhaltet: „Der Schöpfungsglaube schließt die Zuversicht ein, dass der Welt nicht nur ein sinnstiftender Anfang geschenkt ist, sondern auch eine erlöste Zukunft, eine Verwandlung und ein rettendes Erinnern Gottes. Schöpfung und Neuschöpfung gehören zusammen. Das ist die *soteriologische* Sinnspitze des Schöpfungsglaubens."[21]

7.2 Digitalisierung und Transhumanismus

In Jürgen Habermas' großem Buch „Auch eine Geschichte der Philosophie" wird in einer kurzen Passage eine neue Herausforderung für die Gottesrede im 21. Jahrhundert formuliert. Habermas reiht zunächst mehrere ‚Medienrevolutionen' aneinander, die jeweils einschneidende Veränderungen für die religiöse und theologische Rede von der göttlichen Wirklichkeit hatten. Er zeigt auf, dass „der Gestaltwandel des Heiligen mit der sozialevolutionär folgenreichen Erweiterung der Kommunikationsmedien"[22] korreliert, und benennt die Erfindung der Schrift sowie des Buchdrucks als Motoren der philosophisch-theologischen Theoriebildung: Zunächst erfolge im Gefolge der *Erfindung der Schrift* und der damit verbundenen Etab-

20 Gärtner: Klima, Corona und das Christentum, 93.
21 Vogt: Christliche Umweltethik, 96.
22 Habermas, Jürgen: Auch eine Geschichte der Philosophie, Bd. 1: Die okzidentale Konstellation von Glauben und Wissen, Berlin 2019, 272.

lierung von Schriftkulturen ein Übergang vom Mythos zum Logos: Der Umgang mit dem ‚Heiligen' erfolgt nun nicht ausschließlich auf ritueller Basis, sondern wird in schriftlich fixierte, gewissermaßen ‚dogmatisierte' Lehren gegossen, die allgemeine Verbindlichkeit stiften und als ‚Buchreligionen' das Zeitalter des Mythos und des ausschließlich rituell verkapselten Umgangs mit Transzendenz überwinden. Die zweite große Medienrevolution ist der *Buchdruck*, der zu einer „Ermächtigung von Hörern zu potenziellen Lesern"[23] führt und damit der Schlüssel für die Individualisierung des Umgangs mit dem Heiligen in Reformation und Aufklärung ist – eine Entwicklung, die zeitversetzt auch in der katholischen Theologie nachvollzogen wurde.[24]

Für die zeitgenössische systematisch-theologische Forschung ist nun entscheidend, dass sich gegenwärtig eine ähnlich einschneidende Medienrevolution ereignet: Die *Digitalisierung* führt zu einer Umstellung der verfügbaren Kommunikationsmedien in dem Sinne, dass mit ihr eine „Ermächtigung weltweit vernetzter Leser zu Autoren"[25] einhergeht. Die zentrale Frage ist dabei, welche Konsequenzen diese Medienrevolution für die Rede von Gott haben wird: Handelt es sich um einen ähnlich großen Einschnitt wie die Erfindung der Schrift selbst und dem damit verbundenen Übergang vom Mythos zu religiös-metaphysischen Weltbildern? Oder ist die Digitalisierung lediglich eine technische Neuerung, die bestimmte Aspekte der *Durchführung* menschlicher Kommunikation, nicht aber die *Art und Weise* der personalen Kommunikation selbst ändert und daher nur marginale Auswirkungen auf das Verständnis unserer Stellung in der Welt und unserer Beziehung zu Gott haben wird?

Der Ausdruck *Digitalisierung* bezeichnet zunächst einmal nur den technischen Prozess einer Umstellung analoger Werte und Informationen auf digitale Formate. Die Erscheinungsform von Gegenständen, Sachverhalten, Ereignissen und Handlungen ist ursprünglich analog: Wenn ich einen Gegenstand wahrnehme, einen Sachverhalt

---

23 Ebd.

24 Vgl. Lerch, Magnus/ Stoll, Christian (Hg.): Gefährdete Moderne. Interdisziplinäre Perspektiven auf die katholische Reformtheologie der Zwischenkriegszeit, Freiburg 2021.

25 Habermas: Auch eine Geschichte der Philosophie, Bd. 1, 272.

rekonstruiere, ein Ereignis erkläre oder die Handlung einer Person verstehe, geschieht dies *prima facie* in einer analogen, gewissermaßen ‚verkörperten' Form. Die *Digitalisierung* der Erscheinungsform all dieser Entitäten ermöglicht nun ihre Repräsentation und Vervielfältigung, indem die in der Erscheinungsform enthaltenen Werte und Informationen durch eine zerlegende Übersetzung in einen digitalen Code verfügbar gemacht werden: „Digitalisierung heißt zunächst nur, zu diesen analogen Formen ‚digitale Repräsentationen' zu schaffen, das analoge Kontinuum also in Zahlen zu übersetzen, meist in binäre Werte – null und eins."[26] Gegenstände, Sachverhalte, Ereignisse und Handlungen werden durch diesen technischen Prozess zu Informationen, die sich elektronisch verarbeiten und auf diese Weise digital reproduzieren lassen.

Zugleich geht der Gebrauch des Wortes ‚Digitalisierung' über die grundlegende technische Bedeutung des Ausdrucks hinaus – so wird in der Regel das Adjektiv ‚digital' in Ausdrücken wie ‚digitale Revolution', ‚digitales Zeitalter' etc. verwendet, was auf mehr zielt als bloß eine weitere technische Errungenschaft der Moderne. Diese Beispiele deuten vielmehr an, dass es sich bei der Digitalisierung um eine die Gesellschaft im Ganzen transformierende Entwicklung handelt, die weitreichende Konsequenzen für das Selbstverständnis des Menschen als autonomes Subjekt, für die Form des gesellschaftlichen Zusammenlebens oder auch für die Zukunft der demokratischen Öffentlichkeit haben kann. Philosophisch und theologisch ist insbesondere dieser weite Begriff von Digitalisierung von Relevanz: „Wenn wir in theologischer Perspektive über Digitalisierung reden, geht es nicht um eine technische, sondern um eine soziokulturelle Entwicklung."[27]

Es würde den Rahmen dieser Einführung sprengen, die Relevanz, die Potenziale und die Gefahren der Digitalisierung für Theologie

26 Höhne, Florian: Darf ich vorstellen: Digitalisierung. Anmerkungen zu Narrativen und Imaginationen digitaler Kulturpraktiken in theologisch-ethischer Perspektive, in: Jonas Bedford-Strohm/ Florian Höhne / Julian Z. Quattlender (Hg.): Digitaler Strukturwandel der Öffentlichkeit. Interdisziplinäre Perspektiven auf politische Partizipation im Wandel, Baden-Baden 2019, 25–46, hier 26.
27 Ebd., 27.

und Religion im Ganzen herauszuarbeiten.[28] Stattdessen möchte ich einen Diskurs fokussieren, der die soziokulturelle Bedeutsamkeit der Digitalisierung wie durch ein Brennglas verdeutlicht: Es geht um die Auseinandersetzung mit dem Transhumanismus.

Der Transhumanismus besteht im Kern aus dem Versprechen, technische Möglichkeiten zur Verbesserung des Menschen zu nutzen und so die dem Menschen durch seine biologische Verfasstheit auferlegten Grenzen zu verschieben. Die langfristige Zielperspektive des Transhumanismus ist dabei eine grundsätzliche Überwindung der biologischen Natur des Menschen. Er verspricht, das vergängliche kohlenstoffbasierte Leben des Menschen auf eine siliziumbasierte Existenzweise umzustellen. Damit könne die Spezies Mensch so transformiert werden, dass eine insgesamt neue, bessere, intelligentere und moralischere Gattung entstehe. Ein *Trans-Human* ist zwar auch nicht prinzipiell unzerstörbar oder unvergänglich, da alles Irdische auch endlich ist. Aber er erweist sich in seiner *digitalen* Existenzweise als weitaus leichter vervielfältigbar und damit resilienter als ein kohlenstoffbasiertes, gewissermaßen *analoges* menschliches Individuum.[29] Diese digitale Existenzweise führt zu immer weiterführenden Verschmelzungen von biologischen Menschen und Maschinen bzw. digitalen Substraten des Biologischen. Das Kunstwort des Cyborgs – *cyb*ernetic *org*anism – dient hier als Beschreibung dieser nächsten Stufe in der Evolution des Menschen.[30]

In manchen transhumanistischen Entwürfen ist die Vorstellung von Cyborgs jedoch nur ein Zwischenschritt: Die digitale Existenzweise des Menschen kann auch so weit gefasst werden, dass es möglich sein soll, den menschlichen Geist auf eine Festplatte oder in eine Cloud hochzuladen. Einer der Vordenker des Transhumanismus, Nick Bostrom, beschreibt dies so: „Im Erfolgsfall führt das Verfahren zu einer qualitativen Reproduktion des ursprünglichen Geistes –

28 Vgl. dazu etwa die Beiträge in Beck, Wolfgang/ Nord, Ilona/ Valentin, Joachim (Hg.): Theologie und Digitalität. Ein Kompendium, Freiburg 2021.

29 Eine hilfreiche Zusammenstellung der transhumanistischen ‚Essentials', die hinter dieser Position stehen, bietet Helmus, Caroline: Transhumanismus – der neue (Unter-)Gang des Menschen (ratio fidei 72), Regensburg 2020, bes. 19–84.

30 Vgl. dazu auch Fuchs, Thomas: Die Verteidigung des Menschen. Grundfragen einer verkörperten Anthropologie, Berlin 2020, 71–118, bes. 72–78.

samt Erinnerungen und Persönlichkeit – als Software auf einem Computer."[31] Dieses sogenannte *Mind-Uploading* könnte, so die Idee, der Schlüssel zu einer umfassenden Transformation des Menschen sein: Das im blinden evolutionären Prozess entstandene biologische Mängelwesen Mensch könne aus seiner fehlerhaften Konstitution aussteigen und gewissermaßen zu einer digitalen, postbiologischen Existenzweise finden. Der den beständigen Alterungs- und damit Verfallsprozessen ausgesetzte Körper des Menschen kann als bloße Hülle des menschlichen Geistes verlassen werden, um die eigene geistige Existenz in Form von reiner Information fortzuführen. Was ist aus der Perspektive der Schöpfungstheologie zu den Erfolgsaussichten dieses Programms einer vollständigen ‚Digitalisierung des Geistes' zu sagen?

Im Hintergrund der Auseinandersetzung mit dem Transhumanismus steht die grundsätzliche Bestimmung des Verhältnisses von Körper und Geist, von Leib und Seele. Der Transhumanismus kann nämlich weder funktionieren, wenn Körper und Geist völlig voneinander getrennt sein sollten (diese Position nennt man auch ‚Dualismus'), noch wenn der Geist nichts anderes sein soll als der Körper, d. h. dass alle geistigen Vorgänge auf körperliche Vorgänge reduziert werden können (diese Position nennt man auch ‚reduktiven Materialismus'). Im Dualismus bleibt der Geist etwas Geheimnisvolles, das empirisch nicht fassbar und raumzeitlich nicht ausgedehnt ist und das deshalb auch nicht isoliert und auf eine Festplatte geladen werden kann. Im reduktiven Materialismus wird der Geist, wie der Name ja schon nahelegt, auf die Materie des Körpers reduziert: Ein geistiger Zustand ist *identisch* mit einem körperlichen Zustand. Auch dann ist aber ein Hochladen des Geistes auf eine Festplatte nicht möglich, da der Körper ja gerade nicht überwunden werden kann, wenn der Geist notwendig identisch mit körperlichen Zuständen ist.

Die einzige Theorie in der Philosophie des Geistes, nach der der Transhumanismus funktionieren könnte, ist der sogenannte ‚Funktionalismus'. Dieser besagt, dass mentale Zustände auf unterschiedliche Weisen, z. B. von vielen verschiedenen neuronalen Zuständen,

---

31 Vgl. Bostrom, Nick: Die Zukunft der Menschheit, Berlin 2018, 41.

realisierbar sind.[32] Ein mentaler Zustand ist nicht strikt identisch mit einem physikalischen Zustand im Gehirn, sondern spielt eine ‚funktionale Rolle', die von ganz unterschiedlichen physikalischen Zuständen hervorgerufen werden kann. Daher sind für mentale Zustände ihre ‚funktionalen Rollen' entscheidend, nicht aber ihre konkrete physikalische Realisierung in einem Hirnprozess.

Ein Beispiel, um diese Idee der funktionalen Rollen zu illustrieren, könnte das menschliche Herz sein: Im Normalfall übernimmt ein im Laufe der embryonalen Entwicklung entstandenes natürliches Organ die Funktion, den menschlichen Blutkreislauf in Gang zu halten.[33] Es ist aber ohne weiteres denkbar, dass diese funktionale Rolle von etwas anderem als diesem Organ erfüllt wird – entweder, indem man in dieses Organ Verbesserungen wie Stents, Bypässe etc. einbaut, oder indem man so etwas wie ein »Kunstherz« entwickelt, das bei Versagen des organischen Herzens die Funktion des Herzens übernimmt. In Bezug auf das Körper-Geist-Problem gesprochen: Geistige Zustände sollten, so der Funktionalismus, nicht über ihre Identität mit Zuständen des Gehirns definiert werden, sondern über die *funktionalen Rollen*, die sie erfüllen. Mit anderen Worten: Im Funktionalismus kommt es darauf an, was mentale Zustände *tun*, nicht was sie *sind*.

Diese Auffassung ermöglicht allererst die Idee des Transhumanismus. Denn im Funktionalismus ist es prinzipiell denkbar, eine andere Basis als das menschliche Gehirn zu finden, um geistige Zustände zu realisieren. Genauso, wie das menschliche Herz vielleicht eines Tages durch ein Kunstherz ersetzt werden kann, könnte auch das menschliche Gehirn durch einen sehr leistungsfähigen Computer ersetzt werden, ohne dass sich an der Funktionalität dieser Organe etwas ändert. Man könnte daher den Transhumanismus auch als *Wette* auf die praktische Richtigkeit einer funktionalistischen Theorie des Geistes begreifen.

Zugleich scheint ein solcher transhumanistischer Funktionalismus jedoch einen wichtigen Aspekt des Mensch-Seins zu vergessen: Der

32 Vgl. als eines der »Gründungsdokumente« des Funktionalismus Putnam, Hilary: Mind, Language, and Reality. Philosophical Papers 2, Cambridge 1975.

33 Vgl. zu diesem Beispiel Lane Ritchie: Divine Action and the Human Mind, 169–175.

menschliche Geist besteht nicht nur aus dem funktionalen Verarbeiten von Input, wie es ein ‚Geist' eines Computers oder ein auf eine Festplatte gespielter Algorithmus machen würden.[34] Er ist immer auch ein verleiblichter Geist, der ohne konkrete Verkörperung nicht denkbar ist. Dies arbeitet der Heidelberger Philosoph Thomas Fuchs heraus: Nur ein verleiblichtes Bewusstsein sei in der Lage, sinnverstehend Zwecke zu verfolgen oder sich bestimmter Qualitäten von Bewusstseinszuständen gewahr zu werden. Funktionale Algorithmen können vielleicht ein „geistlose[s] Durchlaufen von informationellen Zuständen"[35] simulieren, aber dies sei ja gerade nicht das, was das menschliche Bewusstsein ausmache – vielmehr sei es die erstpersonale Wertung dieser Zustände, die eingebettet sind in ein Fühlen, Streben und ‚Auf-etwas-Aussein'. Daher gelte: „Der Kern des Bewusstseins, der uns erst zu fühlenden oder wollenden Wesen macht, lässt sich informationstheoretisch gar nicht erfassen. Er ist untrennbar mit unserer leiblichen und damit auch biologischen Existenz verbunden. Was angenehm und was schmerzhaft, was das Gute und was das Schlechte ist, das ist durch keinen Algorithmus auszudrücken."[36]

Mit diesem philosophischen Hinweis nähern wir uns auch schon der Schöpfungstheologie bzw. der theologischen Anthropologie, für die in der Regel die Kategorien der Freiheit, der Relationalität und der Interaktion besonders wichtig sind – und diese setzen allesamt eine verkörperte Existenzweise des Menschen voraus. Die Grundidee fasst der evangelische Theologe Gregor Etzelmüller so: „Der menschliche Geist ist nicht nur vom Leib abhängig, er wird vielmehr durch leibliche Vollzüge konstituiert. Er ist nicht in einem raumlos gedachten Inneren des Menschen zu verorten, sondern entwickelt sich im wahrnehmenden und tätigen Umgang des Menschen mit seiner Umwelt. Der menschliche Geist ist als verkörperter immer schon in seine Umwelt eingebettet."[37]

---

34 Vgl. für eine vertiefende Beschäftigung mit der Thematik auch Breul, Martin: Die Digitalisierung des Geistes? Theologische Anthropologie und die Herausforderung des Transhumanismus, in: SaThZ 24 (2020), 193–207.

35 Fuchs, Die Verteidigung des Menschen, 104.

36 Ebd., 105.

37 Etzelmüller, Gregor: Gottes verkörpertes Ebenbild. Eine theologische Anthropologie, Tübingen 2021, 63.

Christlich ist diese Auffassung keine große Überraschung, wenn man bedenkt, dass das zentrale Ereignis des Christentums die Inkarnation, also wörtlich: die Ein-Fleischung Gottes ist. Gemäß christlicher Überzeugung hat sich der göttliche Logos innerhalb der Welt ja gerade in verkörperter Weise mitgeteilt. Er wählt keinen körperlosen ‚himmlischen' Leib, sondern nimmt die menschliche Natur ganz und gar an. Eine Trennung der funktionalen Rollen von Körper und Geist ist also auch aus christlicher Perspektive weder möglich noch sinnvoll, da die Leiblichkeit des Menschen jeden Weltbezug des Menschen allererst ermöglicht. Das ist gemeint, wenn Saskia Wendel dem Leib eine ‚transzendentale' Funktion zuschreibt: „Dem Leib kommt somit als Möglichkeitsbedingung des Zur-Welt-Seins eine konstituierende und demgemäß auch transzendentale Funktion zu; hinsichtlich dieser Funktion geht er nicht in der Bedingtheit der Welt auf und besitzt als ‚Nullpunkt der Orientierung' ein Unbedingtheitsmoment."[38] Wenn der Leib aber ein ‚Nullpunkt der Orientierung' ist, dann wird er auch in allen Versuchen, den Leib loszuwerden und die geistige Existenz des Menschen auf eine Festplatte zu überspielen, immer schon in Anspruch genommen. Und gerade weil dem Leib ein Moment der Unbedingtheit zukommt, ist schon die Zielperspektive des Transhumanismus fragwürdig, da diese ja gerade auf eine Überwindung der leiblichen Existenz zielt – und damit auf eine durchaus leibfeindliche Tilgung des verleiblichten Ausgreifens auf das Unbedingte.

Diese Kritik der Verabsolutierung eines technokratischen Paradigmas und seines Imperativs der instrumentellen Optimierung aller Lebensbereiche klagt auch Papst Franziskus in seiner schöpfungstheologisch inspirierten Enzyklika »Laudato Si« ein: „Es müsste einen anderen Blick geben, ein Denken, eine Politik, ein Erziehungsprogramm, einen Lebensstil und eine Spiritualität, die einen Widerstand gegen den Vormarsch des technokratischen Paradigmas bilden."[39] Die Schöpfungstheologie liefert also gute Gründe, zumindest das transhumanistische Maximalprogramm zu hinterfragen und auf diese Weise Einfluss auf gesellschaftliche und forschungspolitische Diskurse zu nehmen. Weder die Überwindung des Leibes noch

38 Wendel, Saskia: Affektiv und inkarniert, Ansätze Deutscher Mystik als subjekttheoretische Herausforderung, Regensburg 2002, 286.

39 Enzyklika ‚*Laudato* Si', 111.

die Neuschöpfung des Menschen durch den Menschen noch eine säkularisierte Erlösungshoffnung im Sinne einer transhumanistischen Verewigung des immanenten Existierens sind zukunftsweisend, sondern eine (möglicherweise auch schöpfungstheologisch begründbare) Betonung der letzten Unverfügbarkeit des Seins sowie die noch weiter zu vertiefende Erforschung der verleiblichten Existenzweise des Menschen, der fähig ist, nach dem Unbedingten auszugreifen.

Der Transhumanismus setzt sich das Ziel, das irdische Dasein zu verlängern und eventuell sogar zu verewigen. Damit steht er in Kontrast zu einer christlichen Schöpfungs- und Erlösungsvorstellung, die gerade nicht die Verewigung des Bestehenden, sondern die Transformation des Bestehenden anzielt Der Transhumanismus ist also durch eine gewisse existenzielle Leere gekennzeichnet: Es wird überhaupt nicht klar, warum das irdische Leben überhaupt verewigt werden soll. Vielleicht liegt in einer Reflexion auf das, was ein Leben gut macht und gelingen lässt, daher ein wichtiger Beitrag der Schöpfungstheologie für die gesamtgesellschaftlichen Debatten um die Grundlagen des Menschseins, die im Transhumanismus wie durch ein Brennglas fokussiert werden: Nicht die blinde Verstetigung des irdischen Lebens ins Unendliche, sondern die Stiftung von Sinn im Endlichen könnte das sein, worauf menschliches Leben am Ende zielt.

Weiterführende Literatur

A) Zu Schöpfungstheologie und Klimakrise

Durst, Michael/ Wasmaier-Sailer, Margit (Hg.): Schöpfung und Ökologie, Freiburg 2023. *[Interdisziplinärer Sammelband mit schöpfungstheologischen Beiträgen unter besonderer Berücksichtigung der ökologischen Krise der Gegenwart.]*

Enxing, Julia: Und Gott sah, dass es nicht gut war. Warum uns der christliche Glaube verpflichtet, die Schöpfung zu bewahren, München 2022. *[Engagiertes und streitbares Plädoyer für mehr ökologische Verantwortung aus christlich-schöpfungstheologischer Perspektive.]*

Knapp, Markus: Gott – Natur – Mensch. Eine theologische Standortbestimmung angesichts der Klimakrise, Freiburg 2023. [*Sehr gut lesbare und wichtige fundamentaltheologische Grundlagenreflexion über notwendige Modifikationen des christlichen Theismus angesichts der ökologischen Krise.]*

Vogt, Markus: Christliche Umweltethik. Grundlagen und zentrale Herausforderungen, Freiburg 2021. *[Fast 800 Seiten starkes Buch mit umfassendem Überblick über den gegenwärtigen Stand der Umweltethik aus der Perspektive der Christlichen Sozialethik.]*

B) Zur Digitalisierung / zum Transhumanismus

Beck, Wolfgang/ Nord, Ilona/ Valentin, Joachim (Hg.): Theologie und Digitalität. Ein Kompendium, Freiburg 2021. *[Umfangreicher Band zur theologischen Bearbeitung der Digitalisierung mit interessanten Blicken aus vielen verschiedenen theologischen Disziplinen.]*

Helmus, Caroline: Transhumanismus – der neue (Unter-)Gang des Menschen? Das Menschenbild des Transhumanismus und seine Herausforderung für die Theologische Anthropologie, Regensburg 2020. *[Philosophische und theologische Auseinandersetzung mit dem Transhumanismus, die seine Potenziale für die Theologie, aber auch seine Grenzen auslotet.]*

Ohly, Lukas: Schöpfungstheologie und Schöpfungsethik im biotechnologischen Zeitalter, Berlin/ Boston 2015. *[Schöpfungstheologische Reflexionen mit besonderem Blick auf diverse technologische Fortschritte in den Neurowissenschaften, den Forschungen zur KI oder zur Synthetischen Biologie.]*

Epilog: Gottes Gegenwart in seiner Schöpfung

Am Ende dieses Buches haben wir einiges an Wegstrecke zurückgelegt. Der Ausgangspunkt des Buches war die Zeitdiagnose, dass Schöpfung einerseits unselbstverständlich geworden ist: In einer Wissensgesellschaft, die stark von einem naturwissenschaftlich-empirischen Blick auf die Dinge geprägt ist, ist wenig Platz für den Schöpfungsglauben; und auch die Pluralität an Schöpfungsvorstellungen in den Weltreligionen sowie die humanitären Katastrophen der jüngeren Menschheitsgeschichte stellen diesen Glauben in Frage. Anderseits gibt es auch eine doppelte Unverzichtbarkeit des Schöpfungsglaubens: Zum einen ist er aus einer christlichen Perspektive für die eigene Selbst- und Weltdeutung kaum aufgebbar, ohne zentrale Überzeugungen des Christentums zu verlieren; zum anderen scheint er aber auch wichtige Beiträge zu gesellschaftlichen Diskursen angesichts der Ausbreitung fundamentalistischer Strömungen wie dem Kreationismus oder dem Intelligent Design, der existenziellen Fraglichkeit eines weltanschaulichen Naturalismus, der ökologischen Krise, oder auch des gestiegenen ethischen Verständigungsbedarfs aufgrund der Digitalisierung zu leisten.

Eine zentrale Einsicht der gegenwärtigen Schöpfungstheologie, die sich sowohl biblisch als auch theologiegeschichtlich und ebenso im gegenwärtigen systematisch-theologischen Diskurs erhärten ließ, bestand in der Komplementarität von Theorien über die Weltentstehung und existenziellen Reflexionen über das Wovonher und Woraufhin der Schöpfung. Die Rede von Schöpfung sollte nicht als Füllung einer Leerstelle wissenschaftlich-empirischer Welterklärung missverstanden werden. Damit würde Gott und sein Schöpfungshandeln an den Rand des Universums gedrängt, und die Rede von seinem Schöpfungshandeln wäre nur ein Synonym für ‚An dieser Stelle wissen wir wissenschaftlich noch nicht weiter.'. Nein, die Rede vom Schöpfungshandeln Gottes, von der Gegenwart Gottes in seiner Schöpfung zielt nicht auf die Ränder, sondern in die Mitte personaler Existenz: Es geht um eine existenzielle Beziehungsaussage, den Ausdruck eines unbedingten Angenommen-Seins, die Affirmation des Lebens.

Gott ist nicht in den Bereichen des Universums zu finden, die auch die schärfsten Teleskope des Menschen nicht mehr ausleuchten können, sondern in der Existenz jedes Menschen: in der intersubjektiv angelegten Lebensform des Menschen, die auf Beziehungsfähigkeit setzt. Mit Ignatius von Loyola könnte man daher sagen, dass es darauf ankommt, Gott in allen Dingen zu finden – und nicht nur in den Dingen, die wir gerade nicht mehr oder noch nicht in den Blick bekommen können. Und dies gilt nicht nur mit Blick auf das Universum, sondern auf die konkrete menschliche Existenz: Ein schöpferischer Gott ist nicht nur dann relevant, wenn sich existenzielle Härten auftun, also in persönlichen Krisensituationen, die die Kontingenz des eigenen Daseins verdeutlichen, sondern auch und gerade dort, wo es gut läuft, wo sich die Schönheit des Lebens zeigt, wo sich die Erfahrung von Sinn einstellt. In diesen Kontexten findet die Rede von Schöpfung, das Ausgreifen nach einem letzten Sinn Anhalt, und gerade dann kann ein solcher Schöpfungsglaube auch durch die Krisen führen, in denen es schwerer fällt, den letzten Grund des Seins als Liebe zu bestimmen. Dietrich Bonhoeffer bringt das so zum Ausdruck:

> „In dem, was wir erkennen, sollen wir Gott finden, nicht aber in dem, was wir nicht erkennen; nicht in den ungelösten, sondern in den gelösten Fragen will Gott von uns begriffen sein. Das gilt für das Verhältnis von Gott und wissenschaftlicher Erkenntnis. Aber es gilt auch für die allgemein menschlichen Fragen von Tod, Leiden und Schuld. Es ist heute so, dass es auch für diese Fragen menschliche Antworten gibt, die von Gott ganz absehen können. Menschen werden faktisch – und so war es zu allen Zeiten – auch ohne Gott mit diesen Fragen fertig, und es ist einfach nicht wahr, dass nur das Christentum eine Lösung für sie hätte. Was den Begriff der ‚Lösung' angeht, so sind vielmehr die christlichen Antworten ebenso wenig – (oder ebenso gut) – zwingend wie andere mögliche Lösungen. Gott ist kein Lückenbüßer; nicht erst an den Grenzen unserer Möglichkeiten, sondern mitten im Leben muss Gott erkannt werden; im Leben und nicht erst im Sterben, in Gesundheit und Kraft und nicht erst im Leiden, im Handeln und nicht erst in der Sünde will Gott erkannt werden. Der Grund dafür liegt in der Offenbarung Gottes in Jesus Christus. Er ist die Mitte des Lebens."[1]

---

1 Bonhoeffer: Widerstand und Ergebung, 454f.

Die Rede von Schöpfung reflektiert daher eine Lebenspraxis, es geht um ein performatives Geschehen: Nicht das Für-Wahr-Halten einer Alternativtheorie zur physikalischen Kosmologie, sondern eine Einstellung zur Wirklichkeit im Ganzen wird in der Rede von Schöpfung zum Ausdruck gebracht. Nicht zu vernachlässigen ist dabei die Perspektive der Unversöhntheit mit der Schöpfung: Der Schöpfungsglaube ist nicht blind für die Leidensgeschichte des Universums, für all das, was nicht sein soll. Vielmehr gibt er dazu eine doppelte Antwort: Er befähigt zum einen zum Einsatz gegen Strukturen der Unterdrückung, die diese Leidensgeschichten verursachen. Zum anderen setzt er in das Leiden ein ‚Trotzdem': In all das, was nicht sein soll, setzt der Schöpfungsglaube die nicht auflösbare Bejahung des Lebens durch Gott. Als vor 2500 Jahren die unvorstellbare Krisenerfahrung der Zerstörung des Tempels und des babylonischen Exils dem Gedanken zum Durchbruch verhalf, dass die schöpferische Zuwendung Gottes nicht die eines günstig zu stimmenden Stammesgottes ist, sondern eine an keine Bedingungen geknüpfte Zuwendung des einen Schöpfers allen irdischen Seins, wurde ein theologischer Grundsatz zum Ausdruck gebracht, der auch heute noch gilt: Gott hat das Universum in einem freien Schöpfungsentschluss aus sich herausgesetzt und sich zugleich mit der Geschichte dieses Universums verbunden.

In diesem Zusammenhang lässt sich eine große Klammer vom Anfang aller Dinge – also der Schöpfung aus dem Nichts – bis zum Ende aller Dinge – also der Vollendung des Seins – ziehen. In der christlichen Rede von Schöpfung kommt eine unbedingte Zusage Gottes an das Leben zum Ausdruck, die bis in die Ewigkeit verlängert werden kann. Daher hängen Schöpfungs- und Erlösungslehre aufs Engste zusammen: „Als Glaubender weiß der Mensch, dass er die endgültige Erfüllung seines Menschseins in dieser Welt nicht finden kann, und doch bleiben die Welt und das Leben in ihr ‚unendlich' bedeutsam: denn Gott will nicht ohne seine Schöpfung Gott sein, sondern sich an ihr als Gott erweisen, indem er seinen Geschöpfen Anteil an seiner eigenen Lebensfülle gibt. Diese eschatologische Spannung wird erfahren zwischen dem ‚Schon' der bereits anfanghaft realsymbolisch gegenwärtigen

Herrschaft Gottes und der Ausrichtung auf das ‚Noch-nicht' ihrer endgültigen Vollendung."[2]

Der Glaube an die Schöpfung des Universums durch Gott erweist sich, so die Kernthese dieses Buches, damit als rational legitime Hoffnung. Dieser Glaube ist nicht in einem mathematischen Sinne beweisbar und nicht wie eine empirische Theorie belegbar – dann wäre er ja kein Schöpfungsglaube mehr, sondern ein Schöpfungswissen. Das Universum, das Sein, ist stets deutungsoffen. Dies muss so sein, da Gott andernfalls nicht mehr ausschließlich mit den Mitteln der Liebe um das freie Ja des Menschen werben würde, sondern der Glaube eine Sache der Klugheit, des evidenzbasierten Wissens wäre. Das Wunder der Schöpfung ist daher auch nicht die vermeintliche wissenschaftliche Unerklärbarkeit der Komplexität von Organismen – das Wunder der Schöpfung ist vielmehr, dass die eigene Existenz als vom letzten Grund des Seins gewollt und unbedingt bejaht verstanden werden kann.

---

2 Knapp, Markus: Art. Herrschaft Gottes, in: LThK, Bd. 5, Freiburg [3]2006, Sp. 34–37, hier 37.

Literaturverzeichnis

Aland, Barbara: Die Gnosis, Stuttgart 2014.

Apel, Karl-Otto: Die Erklären: Verstehen-Kontroverse in tranzendentalpragmatischer Sicht, Frankfurt a. M. 1979.

Augustinus: Confessiones. Bekenntnisse. Lateinisch-Deutsch (hg., übers. u. komm. von Kurt Flasch und Burkhard Mojsisch, Stuttgart 2009.

Augustinus: De Genesi ad litteram. Über den Wortlaut der Genesis, übers. von Carl Johann Perl, Paderborn 1961.

Austin, John L.: How to do Things with Words, Oxford 1962.

Ballhorn, Egbert/ Müllner, Ilse: Inspiratio Continua. Wort Gottes durch die Zeiten, in: Braulik, Georg/ Siquans, Agnethe/ Tück, Jan-Heiner (Hg.): Dein Wort ist meinem Fuß eine Leuchte (FS Schwienhorst-Schöneberger), Freiburg 2022, 30–52.

Barbour, Ian: Naturwissenschaft trifft Religion. Gegner, Fremde, Partner?, Göttingen 2010.

Bauer, Thomas, Die Vereindeutigung der Welt, Stuttgart 2018.

Bauks, Michaela: Die Welt am Anfang. Zum Verhältnis von Vorwelt und Weltentstehung in Gen 1 und in der altorientalischen Literatur, Neukirchen-Vluyn 1997.

Baumgart, Norbert/ Clemens: Die Umkehr des Schöpfergottes. Zu Komposition und religionsgeschichtlichem Hintergrund von Gen 5–9, Freiburg 1999.

Beck, Wolfgang/ Nord, Ilona/ Valentin, Joachim (Hg.): Theologie und Digitalität. Ein Kompendium, Freiburg 2021.

Bederna, Katrin/ Gärtner, Claudia: Wo bleibt Gott, wenn die Wälder brennen?, in: HerKorr 3/2020, 27–29.

Behe, Michael: Darwin's Black Box. Biochemische Einwände gegen die Evolutionstheorie, Gräfelfing 2007.

Bernhardt, Reinhold: Das Handeln Gottes – Christliche Perspektiven, in: Stosch, Klaus von/ Tatari, Muna (Hg.): Handeln Gottes – Antwort des Menschen (Beiträge zur komparativen Theologie; 11), Paderborn 2014, 13–34.

Bernhardt, Reinhold: Was heißt ‚Handeln Gottes'? Eine Rekonstruktion der Lehre von der Vorsehung, Gütersloh 1999.

Bonhoeffer, Dietrich: Widerstand und Ergebung. Briefe und Aufzeichnungen aus der Haft (DBW 8), Gütersloh 1998.

Bostrom, Nick: Die Zukunft der Menschheit, Berlin 2018.

Böttigheimer, Christoph: Wie handelt Gott in der Welt? Reflexionen im Spannungsfeld von Theologie und Naturwissenschaft, Freiburg i. B. 2013.

Brachtendorf, Johannes: Augustinus, Stephen Hawking und der Anfang der Zeit, in: Theologie und Philosophie 93 (2018), 481–501.

Brachtendorf, Johannes/ Drecoll, Volker Henning (Hg.): Augustinus De Genesi ad litteram. Ein kooperativer Kommentar, Paderborn 2021.

Breul, Martin: Art. Kosmologischer Gottesbeweis, in: Dockter, Cornelia/ Dürnberger, Martin/ Langenfeld, Aaron: Theologische Grundbegriffe. Ein Handbuch, Paderborn 2021, 96–97.

Breul, Martin: Die Digitalisierung des Geistes? Theologische Anthropologie und die Herausforderung des Transhumanismus, in: SaThZ 24 (2020), 193–207.

Breul, Martin: Gottes Geschichte. Eine theologische Hermeneutik der Rede vom Handeln Gottes, Regensburg 2022.

Breul, Martin/ Helmus, Caroline (Hg.): The Philosophical and Theological Relevance of Evolutionary Anthropology. Engagements with Michael Tomasello, Abingdon 2023.

Büchner, Christine: Wie kann Gott in der Welt wirken? Überlegungen zu einer theologischen Hermeneutik des Sich-Gebens, Freiburg 2010.

Chakrabarty, Dipesh: Das Klima der Geschichte im planetarischen Zeitalter, Frankfurt a. M. 2022.

Dawkins, Richard: Der Gotteswahn. Wie Religion die Welt vergiftet, 2007.

Dennett, Daniel: Den Bann brechen. Religion als natürliches Phänomen, Frankfurt 2006.

Dierker, Farina: Gottes ‚Mit/Leidenschaft' im Werden der Welt. Zur Relevanz prozesstheologischer Ansätze für ein neues Denken über Gott und Schöpfung, Ostfildern 2021.

Dirscherl, Erwin: Grundriss Theologischer Anthropologie. Die Entschiedenheit des Menschen angesichts des Anderen, Regensburg 2006.

Durst, Michael/ Wasmaier-Sailer, Margit (Hg.): Schöpfung und Ökologie, Freiburg 2023. [Interdisziplinärer Sammelband mit schöpfungstheologischen Beiträgen unter besonderer Berücksichtigung der ökologischen Krise der Gegenwart.]

Dworkin, Ronald: Religion ohne Gott, Berlin 2014.

Edwards, Denis: Deep Incarnation. God's Redemptive Suffering with Creatures, Maryknoll 2019.

Enxing, Julia: Und Gott sah, dass es nicht gut war. Warum uns der christliche Glaube verpflichtet, die Schöpfung zu bewahren, München 2022.

Enxing, Julia: Und Gott schuf den Erdling, in: HerKorr 74 (3/2020), 24–26.

Essen, Georg/ Kopf, Simon Maria (Hg.): Vorsehung und Handeln Gottes. Analytische und kontinentale Perspektiven im Dialog, Freiburg 2023.

Etzelmüller, Gregor: Gottes verkörpertes Ebenbild. Eine theologische Anthropologie, Tübingen 2021.

Forst, Rainer: Die Autonomie der Autonomie, in: ders. (Hg.): Die noumenale Republik, Berlin 2021, 132–148.

Franziskus: Enzyklika ‚*Laudato* Si' vom 24. Mai 2015 über die Sorge über das gemeinsame Haus (Verlautbarungen des Apostolischen Stuhls 202), Bonn 2015.

Fuchs, Thomas: Die Verteidigung des Menschen. Grundfragen einer verkörperten Anthropologie, Berlin 2020.

Galfard, Christophe: Das Universum in deiner Hand. Die unglaubliche Reise durch die Weiten von Raum und Zeit und zu den Dingen dahinter, München 2017.

Gärtner, Claudia: Klima, Corona und das Christentum Religiöse Bildung für nachhaltige Entwicklung in einer verwundeten Welt, Bielefeld 2020.

Gerhardt, Volker: Humanität. Über den Geist der Menschheit, München 2019.

Gerhardt, Volker: Kants Theologie der Hoffnung, in: zur debatte 52 (4/2022), 94–104.

Gradl, Hans-Georg: Sieh, ich mache alles neu. Schöpfung im Neuen Testament, Freiburg 2022.

Gregersen, Niels (Hg.): Incarnation. On the Scope and Depth of Christology, Minneapolis 2015.

Gregersen, Niels Henrik: The Extended Body of Christ: Three Dimensions of Deep Incarnation, in: ders. (Hg.): Incarnation. On the Scope and Depth of Christology, Minneapolis 2015, 225–251.

Greshake, Gisbert: Der dreieine Gott. Eine trinitarische Theologie, 5., nochmals erweiterte Auflage, Freiburg i. Br. 2007.

Greshake, Gisbert: Erlöst in einer unerlösten Welt?, Mainz 1987.

Gruber, Franz, Der bedrohte Garten. Was uns der Schöpfungsglaube zu denken und zu tun gibt, in: Lederhilger, Severin (Hg.): Gärten in der Wüste. Schöpfungsethik zwischen Wunsch und Wirklichkeit, Regensburg 2018, 100–118.

Gruber, Franz: Im Haus des Lebens. Eine Theologie der Schöpfung, Regensburg 2001.

Gwynne, Paul: Special Divine Action. Key Issues in the Contemporary Debate, Rom 1996.

Habermas, Jürgen: Das Sprachspiel verantwortlicher Urheberschaft und das Problem der Willensfreiheit, in: Ders., Kritik der Vernunft (Philosophische Texte, Band V), Frankfurt a. M. 2009, 271–341.

Habermas, Jürgen: Auch eine Geschichte der Philosophie, Bd. 1: Die okzidentale Konstellation von Glauben und Wissen, Berlin 2019.

Haudel, Matthias: Theologie und Naturwissenschaft. Zur Überwindung von Vorurteilen und zu ganzheitlicher Wirklichkeitserkenntnis, Göttingen 2021.

Helmus, Caroline: Transhumanismus – der neue (Unter-)Gang des Menschen? Das Menschenbild des Transhumanismus und seine Herausforderung für die Theologische Anthropologie (ratio fidei 72), Regensburg 2020.

Hoff, Gregor Maria: Glaubensräume. Topologische Fundamentaltheologie, Ostfildern 2021.

Hoff, Gregor Maria: Religionskritik heute, Kevelaer 2011.

Höhn, Hans-Joachim: Gottes Wort – Gottes Zeichen. Systematische Theologie, Würzburg 2020.

Höhn, Hans-Joachim: Handeln unter Ungewissheit. Skizzen zu einer postsäkularen ‚Ethico-Theologie', in: Hofer, Michael et al. (Hg.): Der Endzweck der Schöpfung, Freiburg/ München 2013, 282–310.

Höhn, Hans-Joachim: Ökologische Sozialethik. Grundlagen und Perspektiven, Paderborn 2001.

Höhn, Hans-Joachim: Sozialethik postsäkular? Diskursethik und katholische Soziallehre, in: Gruber, Franz/ Viertbauer, Klaus (Hg.): Habermas und die Religion, Darmstadt [2]2019, 277–298.

Höhn, Hans-Joachim: Zeit und Sinn. Religionsphilosophie postsäkular, Paderborn 2010.

Höhne, Florian: Darf ich vorstellen: Digitalisierung. Anmerkungen zu Narrativen und Imaginationen digitaler Kulturpraktiken in theologisch-ethischer Perspektive, in: Jonas Bedford-Strohm/ Florian Höhne / Julian Z. Quattlender (Hg.): Digitaler Strukturwandel der Öffentlichkeit. Interdisziplinäre Perspektiven auf politische Partizipation im Wandel, Baden-Baden 2019, 25–46.

Hoping, Helmut: Creatio ex nihilo. Von der Bedeutung einer schwierigen Unterscheidung für den Begriff des Monotheismus, in: JBTh 12 (1997), 291 – 307.

Horn, Christoph: Philosophie der Antike. Von den Vorsokratikern bis Augustinus, München 2013.

Horstmann, Simone/ Ruster, Thomas/ Taxacher, Gregor: Alles was atmet. Eine Theologie der Tiere, Regensburg 2018.

Illies, Christian: Blinde Evolution und Gottes Intention. Wie sich ein rationaler Theismus mit der natürlichen Selektion verbinden lässt, in: Buchheim, Thomas et al. (Hg.): Gottesbeweise als Herausforderung für die moderne Vernunft, Tübingen 2012, 431–460.

Irenäus von Lyon: Adv. Haer. II 10, 4 (Fontes Christiani, Band 8/2, Freiburg 1993).

Janowski, Bernd: Anthropologie des Alten Testaments. Grundfragen – Kontexte – Themenfelder, Tübingen 2019.

Janowski, Bernd: Biblischer Schöpfungsglaube. Religionsgeschichte – Theologie – Ethik, Tübingen 2023.

Jax, Aurica: ‘And Wisdom Became Matter’. Materialist Explorations of the Cosmic Body of Christ, in: Jax, Aurica/ Wendel, Saskia (Hg.): Envisioning the Cosmic Body of Christ, Abingdon 2020, 7–20.

Jax, Aurica/ Wendel, Saskia (Hg.): Envisioning the Cosmic Body of Christ, Abingdon 2020.

Joas, Hans: Die Macht des Heiligen. Eine Alternative zur Geschichte von der Entzauberung, Berlin 2019.

Johnson, Elisabeth: Jesus and the Cosmos: Soundings in Deep Christology, in: Gregersen, Niels (Hg.): Incarnation. On the Scope and Depth of Christology, Minneapolis 2015, 133–156.

Johnson, Elizabeth: Ask the Beasts. Darwin and the God of Love, London 2014.

Jung, Matthias: Science, Humanism, and Religion. The Quest for Orientation, Cham 2019.

Kaden, Tom: Creationism and Anti-Creationism in the United States. A Sociology of Conflict, Cham 2019.

Kehl, Medard/ Ansorge, Dirk: Und Gott sah, dass es gut war. Eine Theologie der Schöpfung, 3., durchgesehene und aktualisierte Auflage, Freiburg 2018.

Kessler, Hans: Das Leid in der Welt – ein Schrei nach Gott, Kevelaer 2007.

Kessler, Hans: Den verborgenen Gott suchen, Paderborn 2006.

Kessler, Hans: Evolution und Schöpfung in neuer Sicht, Kevelaer [4]2012.

Knapp, Markus: Art. Herrschaft Gottes, in: LThK, Bd. 5, Freiburg [3]2006, Sp. 34–37.

Knapp, Markus: Gott – Natur – Mensch. Eine theologische Standortbestimmung angesichts der Klimakrise, Freiburg 2023.

Knapp, Markus: Weltbeziehung und Gottesbeziehung. Das Christentum in der säkularen Moderne – eine anerkennungstheoretische Erschließung, Freiburg 2020.

Knop, Julia: Sünde, Freiheit, Endlichkeit. Christliche Sündentheologie im theologischen Diskurs der Gegenwart, Regensburg 2007.

Konkel, Michael: ‘Und siehe, es war sehr gut.‘ (Gen 1,31). Thesen zu Hermeneutik und Relevanz der biblischen Schöpfungserzählungen, in: ThGl 99 (2009), 588–604.

Kreiner, Armin: Das wahre Antlitz Gottes, oder: Was wir meinen, wenn wir Gott sagen, Freiburg 2006.

Lane Ritchie, Sarah: Divine Action and the Human Mind, Cambridge/ New York 2019.

Langenfeld, Aaron: Das Schweigen brechen. Christliche Soteriologie im Gespräch mit islamischer Theologie, Paderborn 2016.

Lerch, Magnus: All-Einheit und Freiheit. Subjektphilosophische Klärungsversuche in der Monismus-Debatte zwischen Klaus Müller und Magnus Striet, Würzburg 2009.

Lerch, Magnus: Monismus als Denkform christlicher Theologie? Analyse und Diskussion des Konzeptes von Klaus Müller, in: Nitsche, Bernhard/ Stosch, Klaus von/ Tatari, Muna (Hg.): Gott – jenseits von Monismus und Theismus?, Regensburg 2017, 153–167.

Lerch, Magnus/ Stoll, Christian (Hg.): Gefährdete Moderne. Interdisziplinäre Perspektiven auf die katholische Reformtheologie der Zwischenkriegszeit, Freiburg 2021.

List, Christian: Warum der freie Wille existiert, Darmstadt 2021.

Lockmann, Ute: Dialog zweier Freiheiten. Studien zur Verhältnisbestimmung von göttlichem Handeln und menschlichem Gebet, Innsbruck 2004.

Löning Karl/ Zenger, Erich: Als Anfang schuf Gott. Biblische Schöpfungstheologien, Düsseldorf 1997.

Lüke, Ulrich: Das Glaubensbekenntnis vor den Anfragen der Gegenwart, Freiburg 2019.

Lüke, Ulrich: Das Säugetier von Gottes Gnaden. Evolution, Bewusstsein, Freiheit, 3. Auflage, Freiburg 2016.

Lukrez: Über die Natur der Dinge, übers. von Eva Marie Noller, Stuttgart 2021.

Marschler, Thomas/ Schärtl, Thomas (Hg.): Herausforderungen und Modifikationen des klassischen Theismus, Band 1: Trinität, Münster 2019.

McFague, Sallie: The Body of God: An Ecological Theology, Minneapolis 1993.

McGrath, Alister: The Dawkins Delusion? Atheist Fundamentalism and the Denial of the Divine, London 2007.

Menke, Karl-Heinz: Handelt Gott, wenn ich ihn bitte? 3. Auflage, Kevelaer 2008.

Metz, Johann Baptist: Memoria Passionis. Ein provozierendes Gedächtnis in pluralistischer Gesellschaft, in: ders.: Gesammelte Schriften, Bd. 4, Freiburg 2017.

Metz, Johann Baptist: Zur Theologie der Welt, in: Ders.: Gesammelte Schriften, Bd. 1), Freiburg 2015.

Metz, Johann Baptist: Theodizee-empfindliche Gottesrede, in: ders. (Hg.): „Landschaft aus Schreien“. Zur Dramatik der Theodizeefrage, Mainz 1995, 81–102.

Müller, Klaus: Gott jenseits von Gott. Plädoyer für einen kritischen Panentheismus, hg. von Fana Schiefen, Münster 2021.

Müller, Klaus: Paradigmenwechsel zum Panentheismus?, in: Her-Korr Spezial (2/2011), 33–38.

Müller, Klaus: Über den monistischen Tiefenstrom in der christlichen Gottrede, in: ders./ Striet, Magnus (Hg.): Dogma und Denkform, Regensburg 2005, 47–84.

Murphy, Nancey: Divine Action in the Natural Order. Buridan's Ass and Schrödinger's Cat, in: Shults, F. LeRon et al. (Hg.): Philosophy, Science and Divine Action, Leiden/ Boston 2009, 263–303.

Nagel, Thomas: Geist und Kosmos. Warum die materialistische neodarwinistische Konzeption der Natur so gut wie sicher falsch ist, Berlin 2013.

Neuner, Peter: Das theologische Schöpfungsmodell, in: Schockenhoff, Eberhard/ Huber, Max G.: Gott und der Urknall. Physikalische Kosmologie und Schöpfungsglaube, Freiburg/ München 2004, 161–192.

Nietzsche, Friedrich: Über Wahrheit und Lüge im außermoralischen Sinn, in: ders.: Werke in drei Bänden, Bd. 3, Darmstadt 1997, 309–322.

Nitsche, Bernhard: Handeln Gottes. Eine schöpfungstheologische und transzendentallogische Rekonstruktion, in: Göcke, Benedikt Paul/ Schneider, Ruben (Hg.): Gottes Handeln in der Welt. Probleme und Möglichkeiten aus Sicht der Theologie und analytischen Religionsphilosophie, Regensburg 2017, 204–242.

O'Neill, Onora: Vernünftige Hoffnung. Tanner Lecture I über Kants Religionsphilosophie, in: Nagl, Ludwig (Hg.): Religion nach der Religionskritik, Wien 2003, 86–110

Ohly, Lukas: Schöpfungstheologie und Schöpfungsethik im biotechnologischen Zeitalter, Berlin/ Boston 2015.

Ökumenische Rundschau: Themenheft: „Anthropozentrik? Tiere, Menschen und Maschinen in der theologischen Diskussion“, in: ÖR 70 (3/2021).

Paley, William: Natural Theology, hg. von Eddy, Matthew/ Knight, David, Oxford 2005.

Peetz, Katharina: Der Dawkins-Diskurs in Theologie, Philosophie und Naturwissenschaften, Göttingen 2013.

Polkinghorne, John: Afterword: Reservations, in: Gregersen, Niels (Hg.): Incarnation. On the Scope and Depth of Christology, Minneapolis 2015, 355–359.

Polkinghorne, John: An Gott glauben im Zeitalter der Naturwissenschaften. Die Theologie eines Physikers, Gütersloh 2000.

Pröpper, Thomas: Theologische Anthropologie, Band 1, Freiburg i. Br. 2011.

Pröpper, Thomas: Thesen zum Wunderverständnis, in: ders.: Evangelium und freie Vernunft. Konturen einer theologischen Hermeneutik, Freiburg 2001, 225–244.

Putnam, Hilary: Mind, Language, and Reality. Philosophical Papers 2, Cambridge 1975.

Rahner, Karl: Die Assumptio-Arbeit von 1951 mit den Änderungen bis 1959, in: ders.: Maria, Mutter des Herrn, bearbeitet von Regina Pacis Meyer (Sämtliche Werke 9), Freiburg i. Br. 2004, 3–392.

Rahner, Karl: Grundkurs des Glaubens, in: ders.: Grundkurs des Glaubens. Studien zum Begriff des Christentums (Sämtliche Werke 26), Freiburg i. Br. 1999.

Remenyi, Matthias: Gottes Gegenwart denken. Eine fundamentaltheologische Programmskizze, in: Göcke, Benedikt/ Schärtl, Thomas (Hg.): Freiheit ohne Wirklichkeit?, Münster 2020, 327–374.

Rosenhauer, Sarah: Creatio ex nihilo, in: Dockter, Cornelia/ Dürnberger, Martin/ Langenfeld, Aaron (Hg.): Theologische Grundbegriffe. Ein Handbuch, Paderborn 2021, 36.

Rosenhauer, Sarah: Der nahe Gott – das Argument aus religiöser Erfahrung, in: Breul, Martin/Langenfeld, Aaron/Rosenhauer, Sarah/Schiefen, Fana: Gibt es Gott wirklich? Gründe für den Glauben. Ein Streitgespräch, Herder, Freiburg i.Br, 2022, 113–149.

Russell, Robert J. (Hg.): Quantum Mechanics. Scientific Perspectives on Divine Action, Vatican City/ Berkeley 2001.

Ryan, Phil: After the New Atheist Debate, Toronto/ Buffalo/ London 2014.

Sanders, John: The God who Risks. A Theology of Divine Providence, Westmont 2006.

Sattler, Dorothea/ Schneider, Theodor: Schöpfungslehre, in: Handbuch der Dogmatik, hg. v. Th. Schneider, Bd. 1, Düsseldorf 1992, 120–238.

Schärtl, Thomas: Deep Incarnation. Gottes Menschwerdung im Kosmos, in: Striet, Magnus/ Tück, Jan-Heiner: Jesus Christus – Alpha und Omega. Für Helmut Hoping, Freiburg 2021, 357–383.

Schellenberg, Annette, Schöpfung (AT), in: Das Wissenschaftliche Bibellexikon im Internet (www.wibilex.de), Zugriff am 06.03.2023.

Schiefen, Fana: Art. Monismus, in: Dockter, Cornelia/ Dürnberger, Martin/ Langenfeld, Aaron: Theologische Grundbegriffe. Ein Handbuch, Paderborn 2021, 114–115.

Schleiff, Matthias: Schöpfung, Zufall oder viele Universen? Ein teleologisches Argument aus der Feinabstimmung der Naturkonstanten, Tübingen 2019.

Schockenhoff, Eberhard: Kosmologie und Schöpfungsglaube. Zum Dialog zwischen Naturwissenschaft und Theologie, in: ders./ Huber, Max G. (Hg.): Gott und der Urknall. Physikalische Kosmologie und Schöpfungsglaube, Freiburg/ München 2004, 115–160.

Schockenhoff, Eberhard/ Huber, Max G. (Hg.): Gott und der Urknall. Physikalische Kosmologie und Schöpfungsglaube, Freiburg/ München 2004.

Scholtissek, Klaus: Art. Schöpfung (NT), in: HGANT ([2]2009) 361–362.

Scoralick, Ruth: Biblische Schöpfungstheologie in Gen 1–9, in: Münk, Hans/ Durst, Michael (Hg.), Schöpfung, Theologie und Wissenschaft, Freiburg 2006, 58–93.

Scott, Peter Manley: Creation, in: Cavanaugh, William T./ Scott, Peter Manley (Hg.): The Wiley Blackwell Companion to Political Theology, 2nd edition, Hoboken 2019, 376–387.

Searle, John: Speech Acts: An Essay in the Philosophy of Language, Cambridge 1969.

Seewald, Michael: Negative Referenzialität. Zum Verhältnis von Theologie und Naturwissenschaft, in: Freiburger Zeitschrift für Theologie und Philosophie 64 (2017), 111–127.

Shoukry, Zacharias: Art. Schöpfung (NT), in: Das Wissenschaftliche Bibellexikon im Internet (www.wibilex.de), Zugriff am 11.03.2023.

Spies, Franca: Let there be Light. Zur Performativität der Schöpfung, in: Wasmaier-Sailer, Margit/ Durst, Michael (Hg.): Schöpfung und Ökologie, Freiburg 2023, 96–121.

Steenberg, Matthew: Irenaeus on Creation: The Cosmic Christ and the Saga of Redemption, Leiden/ Boston 2008.

Steins, Georg: Wovon sprechen die biblischen Erzählungen am ‚Anfang'?, in: Voges, Stefan: Christlicher Schöpfungsglaube heute, Ostfildern 2020, 11–33.

Stosch, Klaus von: Gott – Macht – Geschichte. Versuch einer theodizeesensiblen Rede vom Handeln Gottes in der Welt, Freiburg 2006.

Stosch, Klaus von: Gott als Schöpfer denken, in: ders., Einführung in die Komparative Theologie, Paderborn 2021, 41–58.

Stosch, Klaus von: Gott-Macht-Geschichte. Versuch einer theodizeesensiblen Rede vom Handeln Gottes in der Welt, Freiburg 2006.

Stosch, Klaus von: Plädoyer für einen trinitätstheologisch perspektivierten Theismus, in: Nitsche, Bernhard/ ders./ Tatari, Muna: Gott – jenseits von Monismus und Theismus?, Regensburg 2017, 189–211.

Stosch, Klaus von: Theologische Impulse für eine ökologische Wende in der christlichen Theologie, in: Dürnberger, Martin/ Krain, Judith/ ders. (Hg.): Gott – Welt – Mensch. Eine Auseinandersetzung mit Hans-Joachim Höhn, Würzburg 2023, 307–328.

Striet, Magnus: Konkreter Monotheismus als trinitarische Fortbestimmung des Gottes Israels, in: ders. (Hg.): Monotheismus Israels und christlicher Trinitätsglaube (QD; 210), Freiburg u.a. 2004, 155–198.

Taxacher, Gregor: Alles nur Natur? Zum Problem der Anthropozentrik, in: Horstmann, Simone/ Ruster, Thomas/ ders.: Alles was atmet. Eine Theologie der Tiere, Regensburg 2018, 31–45.

Taylor, Charles: Das Unbehagen an der Moderne, Frankfurt 1995.

Taylor, Charles: Ein säkulares Zeitalter, Frankfurt 2009.

Theologie und Glaube: Themenheft „Theologie *nach* der anthropologischen Wende?", hg. von Aaron Langenfeld, ThGl 113 (2023).

Tomasello, Michael: Eine Naturgeschichte der menschlichen Moral, Berlin 2016.

Tomasello, Michael: Eine Naturgeschichte des menschlichen Denkens, Berlin 2014.

Tomasello, Michael: Mensch werden. Eine Theorie der Ontogenese, Berlin 2020.

Tomasello, Michael/ Call, Josep: Primate Cognition, New York/ Oxford 1997.

Tonelli, Guido: Chronos. Eine physikalische Reise zu den Ursprüngen der Zeit, München 2022.

Tonelli, Guido: Genesis. Die Geschichte des Universums in sieben Tagen, Darmstadt 2020.

Trawöger, Sibylle: Krone der Schöpfung = Nabel der Welt?, Zu einer kopernikanischen Wende in der Schöpfungstheologie, in: THPQ 171 (2023), 24–34.

Vogt, Markus: Christliche Umweltethik. Grundlagen und zentrale Herausforderungen, Freiburg 2021.

Voltaire: Candide. Die beste aller möglichen Welten, Berlin 1782.

Ward, Keith: Divine Action. Examining God's Role in an Open and Emergent Universe, Philadelphia/ London 2007.

Wendel, Saskia: Affektiv und inkarniert, Ansätze Deutscher Mystik als subjekttheoretische Herausforderung, Regensburg 2002.

Wendel, Saskia: Gott. Das Geheimnis des Anfangs, Freiburg 2011.

Wendel, Saskia: Sendschreiben an einen christlichen Panentheisten, in: dies./ Thomas Schärtl (Hg.): Gott – Selbst – Bewusstsein. Eine Auseinandersetzung mit der philosophischen Theologie Klaus Müllers, Regensburg 2015, 225–239.

Wendel, Saskia: Theismus nach Kopernikus, in: Knop, Julia/ Lerch, Magnus/ Claret, Bernd (Hg.): Die Wahrheit ist Person. Brennpunkte einer christologisch gewendeten Dogmatik (Festschrift Karl-Heinz Menke), Regensburg 2015, 17–46.

Wendel, Saskia: Theologie – rationale Rechtfertigung der Praxis der Nachfolge Jesu, in: Breul, Martin/ Viertbauer, Klaus (Hg.): Der Glaube und seine Gründe. Neue Beiträge zur Religiösen Epistemologie, Tübingen 2022, 159–183.

Werbick, Jürgen: Gott verbindlich. Eine theologische Gotteslehre, Freiburg 2007.

Wittgenstein, Ludwig: Vermischte Bemerkungen, in: ders.: Werkausgabe Bd. 8, Frankfurt 1984.

Zenger, Erich: ‚Als Gott anfing zu schaffen…' (Gen 1,1). Zur Relevanz biblischer Schöpfungstheologien, in: Langthaler, Rudolf (Hg.), Evolutionstheorie – Schöpfungsglaube, Würzburg 2008, 81–100.

Personenverzeichnis